中国法院2025年度案例

国家法官学院　最高人民法院司法案例研究院　/编

合同纠纷

中国法治出版社
CHINA LEGAL PUBLISHING HOUSE

《中国法院2025年度案例》通讯编辑名单

序

为深入学习贯彻习近平法治思想，落实习近平总书记“一个案例胜过一打文件”的重要指示精神，人民法院始终把完善中国特色案例制度，加强以案释法作为推进全面依法治国、支撑和服务中国式现代化的重要途径。人民法院案例库向社会开放一年多来，最高人民法院始终坚持高标准建设，实现入库案例对常见案由和罪名全覆盖，对于促进法律适用统一，实现严格公正司法发挥了重要作用。

“中国法院年度案例系列”丛书以及时记录人民法院司法审判工作新发展、新成就为己任，通过总结提炼典型案例的裁判规则、裁判方法和裁判理念，发挥案例鲜活生动、针对性强的优势，以案释法，以点带面，有针对性地阐释法律条文和立法精神，促进社会公众通过案例更加方便地学习法律，领悟法治精神，体现司法规范、指导、评价、引领的重要作用，大力弘扬社会主义核心价值观，积极服务人民法院案例库建设，加强对案例库案例的研究，促进统一法律适用，提升审判质效，丰富实践法学研究，增强全民法治意识和法治素养，展现新时代我国法治建设新成就。

“中国法院年度案例系列”丛书自 2012 年编辑出版以来，已连续出版 13 年，受到读者广泛好评。为更加全面地反映我国司法审判执行工作的发展进程，顺应审判执行实践需要，响应读者需求，丛书于 2014 年度新增金融纠纷、行政纠纷、刑事案例 3 个分册，2015 年度将刑事案例调整为刑法总则案例、刑法分则案例 2 个分册，2016 年度新增知识产权纠纷分册，2017 年度新增执行案例分册，2018 年度将刑事案例扩充为 4 个分册，2022 年度将土地纠纷（含林地纠纷）分册改为土地纠纷（含环境资源纠纷）分册。自 2020 年起，丛书由国家法官学院与最高人民法院司法案例研究院共同编辑，每年年初定期出版。在全国各级人民法院的大力支持下，丛书编委会现编辑出版《中国法院 2025 年度案例系列》丛书，共23册。

“中国法院年度案例系列”丛书以开放务实的态度、简洁明快的风格，在编辑过程中坚持以下方法，努力让案例书籍“好读有用”：一是高度提炼案例内容，控制案例篇幅，每个案例字数基本在3000字左右；二是突出争议焦点，力求在有限的篇幅内为读者提供更多有效信息，便于读者快速抓取案例要点；三是注重释法说理，案例由法官撰写“法官后语”，高度提炼、总结案例的指导价值，引发读者思考，为司法审判提供借鉴，为法学研究提供启迪。

“中国法院年度案例系列”丛书编辑工作坚持以下原则：一是以研究案例库案例为首要任务。自2024年起，“中国法院年度案例系列”丛书优先选用人民法院案例库案例作为研究对象，力求对案例库案例裁判要旨的基本内涵、价值导向、法理基础、适用要点等进行深入分析，增强丛书的权威性、参考性。二是广泛选编案例。国家法官学院和最高人民法院司法案例研究院每年通过各高级人民法院从辖区法院汇集上一年度审结的典型案例近万件，使丛书有广泛的精选基础，通过优中选优，可提供给读者新近发生的多种类型的典型、疑难案例。三是方便读者检索。丛书坚持以读者为本，做到分卷细化，每卷案例主要根据案由或罪名分类编排，每个案例用一句话概括裁判要旨或焦点问题作为主标题，让读者一目了然，迅速找到目标案例。

中国法治出版社始终全力支持“中国法院年度案例系列”丛书的出版，给了编者们巨大的鼓励。2025年，丛书将继续提供数据库增值服务。购买本系列丛书，扫描腰封二维码，即可在本年度免费查阅往年同类案例数据库。我们在此谨表谢忱，并希望通过共同努力，逐步完善，做得更好，探索出一条充分挖掘好、宣传好人民法院案例库案例和其他典型案例价值的新路，为广大法律工作者和社会公众提供权威、鲜活、精准的办案参考、研究素材，更好地服务司法审判实践、服务法学教育研究、服务法治中国建设。

“中国法院年度案例系列”丛书既是法官、检察官、律师等法律工作者的办案参考和司法人员培训辅助教材，也是社会大众学法用法的经典案例读本，同时为教学科研机构开展案例研究提供了良好的系列素材。当然，编者们在编写过程中也难以一步到位实现目标愿景，客观上会存在各种不足甚至错误，欢迎读者批评指正。我们诚心听取各方建议，立足提质增效，不断拓宽司法案例研究领域，创新司法案例研究方法，助推实现中国特色司法案例研究事业的高质量发展。

国家法官学院　最高人民法院司法案例研究院

2025 年 3 月

目　录

Contents

一、缔约过失责任纠纷

二、预约合同纠纷

三、确认合同无效纠纷

四、债权人代位权纠纷

五、债权人撤销权纠纷

六、拍卖合同纠纷

七、民事主体间房屋拆迁补偿合同纠纷

八、供用电合同纠纷

九、赠与合同纠纷

十、借款合同纠纷

十一、租赁合同纠纷

十二、承揽合同纠纷

十三、建设工程合同纠纷

十四、运输合同纠纷

十五、委托合同纠纷

十六、委托理财合同纠纷

十七、物业服务合同纠纷

十八、行纪合同纠纷

十九、中介合同纠纷

二十、土地承包经营权合同纠纷

二十一、合伙合同纠纷

二十二、服务合同纠纷

（一）旅游服务合同纠纷

一、缔约过失责任纠纷

1

用人单位通知劳动者被录用后又反悔的，违反诚信原则，应承担缔约过失责任

——张某诉某电子公司缔约过失责任案

【案件基本信息】

1. 裁判书字号

福建省厦门市中级人民法院（2023）闽02民终1845号民事判决书

2. 案由：缔约过失责任纠纷

3. 当事人

原告（被上诉人）：张某

被告（上诉人）：某电子公司

【基本案情】

2022年7月17日，某电子公司通过邮箱向张某发送一份《录用通知函》，载明："致：张某：我们非常荣幸地通知你，由于您出众的业务能力和优秀综合素质，您已被我司正式录用，并列明了具体聘用条件如下：入职时间：2022年8月22日，工作地点：上海，薪酬待遇：80万元/年。请于2022年7月18日前，签署您的名字并回传给公司人事。"同日，张某回复邮件接受此岗位。

同日，某电子公司回复邮件："收到您回执，谢谢！在原单位提出正式辞职后，请给我发个消息。"

2022年8月19日，张某自驾从苏州前往上海，入住某电子公司安排的上海某酒店，2022年8月21日15时46分与某电子公司法定代表人李某见面，17时56分，张某离开并当天回到江苏江阴。庭审中，某电子公司陈述："2022年8月21日，张某提出新的入职条件，要求能在江阴办公，希望某电子公司在上海租房作为员工宿舍，已经触犯某电子公司底线，且张某手上已经持有多个入职机会，张某没有给予任何回复，某电子公司有理由相信张某不想再入职了，所以某电子公司向张某发送不录用短信。"

2022年8月22日20时56分，某电子公司人事向张某发送短信："张某您好，很遗憾，综合评估下来我们觉得您目前不太符合我们的岗位需求，希望你能理解。也希望您能找到更符合您发展的机会，感谢理解和支持。"

另查明，2021年6月7日，张某（乙方）与某半导体公司签订一份《劳动合同》，约定："自2021年6月7日至2024年6月6日，乙方的月工资为29167元。"

2022年7月19日，张某向某半导体公司提出辞职。

2022年8月19日，某半导体公司出具一份《离职证明》，载明："兹证明张某，自2021年6月7日就职于我司，因个人原因提出离职，于2022年8月19日与我司正式解除劳动关系。"张某提交的《工资单》显示，张某2022年6月至8月在某半导体公司的工资分别为29167元、29167元、31205元。另外，张某在2022年9月至12月没有社保缴纳记录。

张某提出如下诉讼请求：（1）某电子公司应承担因违约给张某造成的交通费、住宿费、误工费、入职体检费损失共计10918.64元。（2）某电子公司支付张某签约费16万元。（3）某电子公司向张某支付工资损失40万元。（4）本案受理费、保全费3374.59元由某电子公司承担。

【案件焦点】

某电子公司是否应承担缔约过失责任。

【法院裁判要旨】①

福建省厦门市湖里区人民法院经审理认为：2022 年 7 月 17 日，某电子公司发给张某的《录用通知函》的内容意思表示明确，已经包含了劳动合同的主要内容，张某有理由相信其已经被某电子公司录用，将于 2022 年 8 月 22 日入职；张某基于对某电子公司的合理信赖而与原单位解除了劳动关系，造成损害结果已经实际发生。某电子公司违背诚实信用原则的行为，存在明显的缔约过失，依法应当承担相应的赔偿责任。某电子公司辩称，张某提出新的入职条件，已经触犯某电子公司底线，但是某电子公司未提交相关证据证明其主张，故本院依法不予采纳。关于张某的损失，张某主张交通费、住宿费 3135.84 元，但是张某未能提交完整的支付凭证或相应票据，且未能举证证明上述费用都是为了入职某电子公司而支出，故本院酌定某电子公司应赔偿张某交通费、住宿费 1500 元；张某主张体检费 120 元，某电子公司对此没有异议，本院予以确认；张某主张误工费 7662.8 元和工资损失 40 万元，本院认为，用人单位与劳动者订立劳动合同也必须遵循诚信原则，秉持诚实、恪守承诺，倘若用人单位承诺给予劳动者工作岗位后又取消，导致劳动者因为错误的信赖而失去原本的工作岗位，即应承担缔约过失责任，考虑到缔约过失责任的赔偿范围，除了包括为缔约合同所直接受有的损失，还应包括由于对方的过失造成订约机会丧失而受到的损失，本院综合考虑用人单位所承诺的月工资标准和劳动者寻找新工作的合理时间，本院认定某电子公司应赔偿张某三个月工资损失 20 万元（包括误工损失，参考某电子公司承诺的 80 万元年薪）。关于张某主张的签约费 16 万元，根据《录用通知函》约定，“其中三个月工资参照签约费，随第一个月工资发放，须服务满一年，否则全额退回公司”，故张某主张签约费 16 万元，没有事实和法律依据，本院依法不予支持。

福建省厦门市湖里区人民法院根据《中华人民共和国民法典》第五百条，《中华人民共和国民事诉讼法》第六十七条第一款之规定，判决如下：

---

① 本书【法院裁判要旨】适用的法律法规等条文均为案件裁判当时有效，下文不再对此进行提示。

一、某电子公司应于本判决生效之日起十日内，赔偿张某 203120 元；

二、驳回张某的其他诉讼请求。

某电子公司不服一审判决，提起上诉。

福建省厦门市中级人民法院经审理认为：某电子公司于 2022 年 7 月 17 日向张某发送《录用通知函》，系其真实意思表示，双方据此形成签订劳动合同的意向。后张某辞去原单位工作，进行新入职前体检，为与某电子公司签订劳动合同展开准备工作。虽《录用通知函》通知张某于 2022 年 8 月 22 日到上海入职，但张某已提前于 2022 年 8 月 19 日前往上海，入住某电子公司安排的酒店，并于 2022 年 8 月 21 日下午至某电子公司通知的入职地点与某电子公司的法定代表人见面会谈，后于当天返回江阴。张某的上述行为，应视为已提前履行了《录用通知函》通知的入职义务。且某电子公司于 2022 年 8 月 22 日 20 时 56 分短信通知张某不再录用时，并未提及是因为张某未按《录用通知函》通知的时间报到而不再录用。因此，某电子公司上诉主张张某未按《录用通知函》通知的时间 2022 年 8 月 22 日入职，已构成违约，缺乏依据，本院不予采纳。某电子公司主张因张某提出新的入职条件，无法达成合意才不予录用，但并未对此举证证明，应承担举证不能的法律后果。故某电子公司短信通知张某不再录用，属于单方违约，已造成了张某的可信赖利益损失，应承担相应的缔约过失责任，一审法院对此处理并无不当。某电子公司主张一审判决赔偿金额过高，缺乏依据，法院不予采纳。

福建省厦门市中级人民法院依照《中华人民共和国民事诉讼法》第一百七十七条第一款第一项之规定，判决如下：

驳回上诉，维持原判。

【法官后语】①

在司法实践中，劳动者与用人单位就订立劳动合同磋商过程中产生的纠纷

① 本书【法官后语】所涉法律问题涉及的法律法规等内容进行了时效性更新，下文不再对此进行提示。

不在少数。在劳动者因用人单位发出录取通知书后反悔而索赔的纠纷中，双方对录取通知书的性质及是否构成缔约过失存在争议。

一、录取通知书的法律性质之辩

录取通知书，通常将其理解为是劳动合同签订之前，用人单位向经过笔试、面试等考核通过的劳动者发出的书面材料，其目的是确定未来签订劳动合同的受要约对象并促成劳动关系建立，因此录用通知书中常常会明确录用意向、工作岗位、薪资待遇、入职条件、报到要求等内容。录用通知书系用人单位向拟录用求职者所发出的希望与其建立劳动关系、订立劳动合同的一种要约，该要约经劳动者承诺后即发生法律效力，具有劳动关系预约合同的性质，对作出约定的双方当事人具有法律约束力。《中华人民共和国民法典》第七百四十五条规定，要约可以撤回，撤回要约的通知应当在受要约人发出承诺通知之前到达受要约人；受要约人如已经承诺，并为此承诺作了必要的准备，不能撤销。因此，具备要约性质的录用通知书到达求职者，且求职者已为建立劳动关系付出必要准备的，不能撤销。本案中，2022 年 7 月 17 日，某电子公司发给张某的《录用通知函》的内容意思表示明确，已经包含劳动合同的主要内容，应视为某电子公司向张某发出订立劳动合同的要约，同日，张某同意了上述要约，并为此承诺做出必要准备，与原单位解除了劳动关系，故某电子公司发出的《录用通知函》（要约）应视为不可撤销，否则应承担缔约过失责任。

二、缔约过失责任理论在劳动法上的引入

劳动法虽然是一个业已取得独立地位的法律部门，但基于其与民法的渊源关系，仍要借助民法理论来建构制度体系。民法上，将缔约过失责任定义为："缔约人或其缔约磋商辅助人故意或者过失违反先合同义务而给对方造成信赖利益或固有利益的损失时应依法承担的民事责任。"在《中华人民共和国民法典》中，缔约过失责任制度则主要体现在第五百条。而在劳动合同领域，未规定缔约过失责任制度，仅能从《中华人民共和国劳动合同法》第八条、第八十六条的规定中发现缔约过失责任理论的有限引入。在劳动合同领域确立缔约过失责任制度的正当性首先体现在劳动合同与民事合同属性相通。劳动合同是特殊的民事合同，未脱离合同属性而独立存在。劳动合同缔约过失责任制度的必要性不言而喻。从保护利益角度来看，其保护的是缔约双方的信赖利益。“信赖利益是从事交易的双方当事人在合同关系未有效力之前或效力终结之后的情况下为合同目的所支付的特定成本。”因此，在劳动合同订立的过程中，此种信赖是值得法律保护的利益，也是理论上构建劳动合同缔约过失责任制度的基础。

缔约过失责任的赔偿范围以当事人的信赖利益为限，所谓信赖利益的损失，是指一方因信赖合同的成立和有效，但由于合同的不成立和无效的结果所蒙受的利益。信赖利益的损失包括直接损失和间接损失。在劳动合同未订立的情况下，赔偿范围如何界定。第一，直接损失通常有如下信赖人的直接财产的减少，包括缔约费用和准备履行支出的费用，如为准备面试的交通费用、住宿费用、体检费用等。第二，间接损失，也可以称为机会损失，是指缔约方因为基于对对方的信赖而导致的丧失与第三方订立合同的机会。例如，劳动者因与用人单位订立劳动合同而丧失了在其他单位的就职机会或者失去了在原单位就职的机会，间接损失很难确定。每一个就业机会对于求职者都是弥足珍贵的，所以机会损失对于劳动者来讲更值得法律保护。在具体裁量时，应综合考虑双方过错程度、劳动者的就业能力及意愿、劳动者的实际工资水平等多重因素。

本案中，张某基于对某电子公司的合理信赖而与原单位解除了劳动关系，造成损害结果已经实际发生。张某主张交通费、住宿费3135.84元，但是张某未能提交完整的支付凭证或相应票据，且未能举证证明上述费用都是为了入职某电子公司而支出，故本院酌定某电子公司应赔偿张某交通费、住宿费1500元；张某主张体检费120元，某电子公司对此没有异议，法院予以确认；张某主张误工费7662.8元和工资损失40万元，法院认为，用人单位与劳动者订立劳动合同也必须遵循诚信原则，秉持诚实、恪守承诺，倘若用人单位承诺给予劳动者工作岗位后又取消，导致劳动者因为错误的信赖而失去原本的工作岗位，即应承担缔约过失责任，法院经综合考虑用人单位所承诺的月工资标准和劳动者寻找新工作的合理时间，认定某电子公司应赔偿张某二个月工资损失20万元

（包括误工损失，参考某电子公司承诺的80万元年薪）。

在劳动合同领域确立缔约过失责任制度不仅有其理论基础，更有现实存在的实践基础，有利于保护劳动者的合法权益。

编写人：福建省厦门市湖里区人民法院 谢源成

2

表意反复型缔约过失责任在劳动合同缔约纠纷中的适用

——包某诉某幼儿园缔约过失责任案

【案件基本信息】

1. 裁判书字号

上海市第二中级人民法院（2022）沪02民终4378号民事判决书

2. 案由：缔约过失责任纠纷

3. 当事人

原告（被上诉人）：包某

被告（上诉人）：某幼儿园

【基本案情】

2021年10月20日，某幼儿园向包某发送《录用通知书》，其中载明要求包某必须与其他公司解除劳动关系，并通过入职体检。该通知书还载明，入职时间为同年11月1日，并载明薪酬标准、劳动合同期限、试用期等内容。当日，包某回复某幼儿园，表示同意入职，即向原工作单位提出离职申请。次日，包某的离职申请审批通过，包某亦于当日办理入职体检。包某在原工作单位最后工作至同年10月24日，原劳动关系亦于该日解除。

同年10月23日，某幼儿园人事专员联系包某。双方通话后，包某在微信聊天中向某幼儿园人事专员表示，某幼儿园既然已经选择录用其，其亦对此全方面信任，其已按《录用通知书》的要求办妥入职准备，包括申请离职并完成体检，现某幼儿园突然表示不予录用，其很难接受，心理压力不小。某幼儿园人事专员在当次微信聊天中对此并未否认，仅表示其明白，但也确实有难处。

同年10月25日，包某、某幼儿园进行了当面协商，在录音中，包某问某幼儿园，10月23日来电称职位给不到包某，为何现在又让包某入职。某幼儿园回答，实在不行只能内部协调。后包某表示了对某幼儿园的不信任，并提出赔偿。某幼儿园不同意包某提出的赔偿方案，仅同意赔偿3000元。

此后，同年10月29日、10月30日、11月1日，某幼儿园再次通过微信、邮件询问包某是否愿意入职，并表示入职时间、录用岗位、薪酬待遇等均与原《录用通知书》一致，包某均未予答复。

自2021年11月起，包某在6个月内未找到新工作。

【案件焦点】

1. 某幼儿园在向包某发出《录用通知书》后是否曾向其作出取消录用的意思表示；2. 如某幼儿园曾作出该意思表示，其此后向包某作出的希望按《录用通知书》约定条款继续履行的意思表示应如何定性；3. 某幼儿园是否应因此承担缔约过失责任，其赔偿责任的范围如何认定。

【法院裁判要旨】

上海市宝山区人民法院经审理认为：某幼儿园向包某发出的《录用通知书》系要约，包某予以承诺，意思表示到达对方，双方对某幼儿园招聘包某入职事件已达成合意。后包某基于信任进行了入职体检，并立即辞去了原工作。某幼儿园单方向包某撤销了录用通知，违反了双方之前达成的合意，虽其后又再次要求包某入职，但该意思表示系新要约，包某可以根据自己的实际情况决定是否予以承诺。某幼儿园在包某从原工作单位离职后违反约定，违背了诚信原则，使包某的利益受损，在缔约过程中存有过失，应承担缔约过失责任，支付经济损失。根据某幼儿园向包某发出的录用通知书中载明的工资标准，并综合考虑劳动者在政策调整下再就业难易程度等情况，酌情确认包某的损失金额。

上海市宝山区人民法院依据《中华人民共和国合同法》第四十二条之规定，判决如下：

一、某幼儿园于判决生效之日起十日内支付包某经济损失15000元；

二、某幼儿园于判决生效之日起十日内支付包某体检费220元，交通费200元；

三、驳回包某的其他诉讼请求。

某幼儿园不服一审判决，提起上诉。

上海市第二中级人民法院经审理认为：其一，用人单位经招聘考核决定录用劳动者，发送含有录用岗位、录用条件、入职时间、薪酬标准、合同期限、试用期等内容的录用通知书，并要求劳动者必须与原工作单位解除劳动关系，劳动者回复同意入职并为此积极准备，双方就缔结劳动合同形成预约合同关系，均应受其约束。用人单位嗣后无正当理由取消录用，违背诚信原则，构成预约合同违约责任与本约合同缔约过失责任，属于请求权竞合，劳动者可以择一主张。其二，劳动者向用人单位主张缔约过失责任，其损害赔偿应以信赖利益为基准，结合劳动者的缔约费用、合理的再就业时间、为入职而辞去的原岗位薪酬待遇情况、录用通知书载明的薪酬待遇情况及双方当事人各自的过错程度等因素综合认定。用人单位在取消录用后、原定入职时间前又向劳动者表示其仍可按原定时间、条件入职的，其性质为新要约，劳动者有权不予承诺，不宜据此认定劳动者未尽减损义务，用人单位仍应承担相应责任。

上海市第二中级人民法院依照《中华人民共和国民事诉讼法》第一百七十七条第一款第一项之规定，判决如下：

驳回上诉，维持原判。

【法官后语】

实践中，涉及录用通知书的劳动合同缔约纠纷时有发生，劳动者因此陷入就业困境，遭受经济损失。录用通知书形成于劳动合同缔约过程中，相关纠纷涉及本约缔约过失责任与预约合同违约责任之请求权竞合，应从《中华人民共和国民法典》中的实体规则出发，并结合劳动法价值目标。本案裁判认定用人单位“表意反复”构成缔约过失责任，并以信赖利益为基准、以“缔约成本+收入损失”为要点，根据在案证据酌定损害赔偿数额，以此构建裁判规则，倡导诚信缔约，促进劳动者合法权益保护与用人单位用工自主权规范。

一、表意反复型缔约过失责任的审理原则

（一）以意思自治为基础：用工自主、择业自愿

劳动合同具有更强的人身依附性及经济从属性，在缔约过程中，用人单位与劳动者各自的自主选择权利尤应尊重。用人单位具有用工自主权，即只要不违反法律规定、违背公序良俗或对劳动者公平就业权产生不当限制，用人单位即可根据本单位用工、管理的实际需要自主设定招聘条件、考核流程。而劳动者亦享有择业自主权，其可根据自身情况决定是否接受录用要约，用人单位不得单方强制缔约。

（二）以诚实信用为藩篱：权利保障、义务恪守

以诚信原则为基础产生的协力、通知、照顾、保护等先合同义务，是缔约过失责任的建立基础。[①] 诚信原则在劳动法中具有促进用人单位与劳动者动态利益平衡、维护公平秩序的功能。[②] 对缔约过失责任的构成要件、赔偿范围的认定亦应兼顾劳动法下诚信原则的特别机理。

二、表意反复型缔约过失责任的构成要件认定

（一）时间要件：以录用通知书为标志确认预约合意

缔约过失责任的事由通常发生于合同缔约过程中，双方当事人因订立合同之信赖而形成特别结合关系，基于此而使相应利益具有受保护的预期。然而，先合同义务并非自始确定，而是随债之关系进展并依事态发展而产生，[③] 且由于自愿原则的保障，当事人在秉持诚信的情况下亦可中断缔约，因此，从时间线索看，双方缔约意思的强度呈现循序变化的过程，对其意思表示的识别、界

① 王泽鉴：《民法学说与判例研究》，北京大学出版社2015年版，第439~440页。
② 饶志静：《诚实信用原则在劳动法适用的类型化》，载《北方法学》2016年第3期。
③ 王泽鉴：《民法学说与判例研究》，北京大学出版社2015年版，第439~400页。

分既有助于厘清缔约过失责任的认定标准，又对梳理缔约阶段关联法律制度的递进序列关系、明确请求权竞合下的法律后果处理具有裨益。通常，先合同义务始于要约生效，终于合同生效。缔约进程及法律效果归纳详见表1。

表1　缔约进程及法律效果

<table>
<tr><th>演进因素</th><th colspan="3">缔约意思强度递增</th></tr>
<tr><th>缔约阶段</th><th>初步磋商</th><th>缔约磋商</th><th>本约履行</th></tr>
<tr><th rowspan="2">起止时点</th><td>应聘简历投递</td><td>录用要约到达</td><td>劳动合同生效</td></tr>
<tr><td>录用要约到达</td><td>劳动合同生效</td><td>劳动合同终止</td></tr>
<tr><th>法律效果</th><td>一般注意义务</td><td>先合同义务</td><td>合同义务</td></tr>
<tr><th rowspan="3">救济途径</th><td rowspan="3">一般侵权责任</td><td>本约缔约过失责任</td><td>劳动合同违约责任</td></tr>
<tr><td rowspan="2">预约合同违约责任</td><td>工伤保险责任</td></tr>
<tr><td>一般侵权责任</td></tr>
</table>

（二）行为要件：以先合同义务为特征识别归责行为

缔约过失责任的成立以存在违反先合同义务的行为为前提。先合同义务在性质上属于法定义务，[①] 其性质与强度超过一般侵权责任法下的注意义务，而近于合同关系中的注意义务。[②] 从义务构成上看，进入缔约关系的双方均应对缔约相对方负有协力、通知、照顾、保护、忠实等先合同义务，共同推进诚信的缔约磋商。

（三）损害要件：以实益性损害为基础认定损害后果

受害方因相对方违反先合同义务的行为而受有损失，系缔约过失责任的损害要件。缔约过失责任的损害赔偿以信赖利益受损为特征，包括所受损害与所失利益。

（四）归责要件：以损害参与度为标准辨析过错归属

1. 以过错归责为原则

《中华人民共和国民法典》第五百条第一项、第二项系以故意为归责要件，

① 叶名怡：《再谈违约与侵权的区分与竞合》，载《交大法学》2018年第1期。

② 叶名怡：《再谈违约与侵权的区分与竞合》，载《交大法学》2018年第1期。

但缔约过失责任在主观归责要件上亦包括过失，在部分特定情形下还可能包含无过错归责。也有观点认为，缔约过失责任中的义务违反与过错是同一的，故无须分别考量义务违反与过错。[1] 就此，存在义务违反行为即可认定行为人具有过错。

2. 谨慎认定与有过失

根据《中华人民共和国民法典》的规定，在认定缔约过失的过错要件时并不排斥受害人与有过失的情形，学理上亦予认可。[2]

其一，从义务违反之意思表示的生效时间看，根据《中华人民共和国民法典》第一百三十七条规定了意思表示的一般生效时间规则，以对话方式作出的意思表示，系于相对人知道其内容时生效，而第一百四十一条规定撤回意思表示的通知应于意思表示到达相对人前或于其同时到达相对人时方可发生撤回的效力。

其二，如前所述，由于劳动关系具有更强的人身依附性与经济从属性，劳动合同之缔约系以“平等自愿、协商一致”为原则，用人单位不能强制劳动者缔约。

三、表意反复型缔约过失责任的损害赔偿认定

（一）以所受损害为基础确定信赖利益核心

缔约过失的损害赔偿以赔偿信赖利益为基础，应包括所受损失与所失利益。其中，所受损失应包括受害方付出的缔约费用、为缔约而支出的准备费用等，本案中，即为包某支付的体检费用、交通费用。

（二）以所失利益为补充划定损害赔偿边界

有观点认为，缔约过失责任的损害赔偿应限于直接利益，而认为间接损失属于机会利益，具有不确定性，故不应赔偿。而亦有观点认为应予赔偿间接损失。两种观点均将间接损失或所失利益理解为机会损失。

---

① 孙维飞：《〈合同法〉第42条（缔约过失责任）评注》，载《法学家》2018年第1期。

② 王泽鉴：《民法学说与判例研究》，北京大学出版社2015年版，第441页。

在本案中，某幼儿园亦辩称包某主张的损失金额无依据。就此，笔者认为：其一，信赖利益并不必然排斥间接利益或所失利益，在其具有相当确定性时，亦可予以支持；其二，对于劳动合同缔约过失责任，应结合劳动法保护劳动者权益的基本精神，劳动者因信赖录用通知书而与原工作单位解除劳动关系，并因用人单位缔约过失之不诚信行为而产生再就业成本，其损失可以根据原工作单位薪酬标准、录用通知书载明的薪酬标准及合理的再就业时间予以认定，具有确定性，可予支持。故包某主张的缔约成本及收入损失，具有依据，应予支持。

四、劳动合同缔约致损请求权竞合的处理思路

某幼儿园的缔约过失行为可以构成预约合同违约责任与本约缔约过失责任之请求权竞合，对于该情况，可结合如下思路加以处理：

其一，在请求权竞合的情况下，应由受害方择一主张。其二，二者虽在请求权上有所不同，但其赔偿范围并无显著差异，预约合同违约责任的赔偿范围亦介于信赖利益与履行利益之间加以确定。其三，即便当事人主张预约合同违约责任，鉴于劳动合同的特殊属性，双方仍应协商一致方可缔结本约合同，就此，其违约责任亦以损害赔偿为主要方式，不能据此主张强制缔约。

编写人：上海市第二中级人民法院　王晓梅　叶戈

二、预约合同纠纷

3

预约合同纠纷中违反诚信磋商义务的违约行为认定

——刘某诉某实业公司、张某预约合同案

【案件基本信息】

1. 裁判书字号

上海市第二中级人民法院（2023）沪02民终9584号民事判决书

2. 案由：预约合同纠纷

3. 当事人

原告（上诉人）：刘某

被告（上诉人）：某实业公司

被告（被上诉人）：张某

第三人：任某

【基本案情】

2021年10月26日，原告与两被告、案外人某保险经纪公司签订《股权收购意向协议》（以下简称《意向协议》），约定被告某实业公司、被告张某将持有的某保险经纪公司80%、20%股权转让给原告，转让对价为2500万元；原告应于《意向协议》签订后3个工作日内支付交易定金，并开展尽职调查工作，尽职调查完成后各方签订《股权转让协议》，原告根据《股权转让协议》的约定向两被告支付剩余股权转让对价2450万元；原告尽职调查完成后，无正当理由拒绝签订《股权转让协议》的，已支付的定金不予退还。第三人任某作为被告张某的配偶，代被告张某在协议上签名。

《意向协议》签订后，原告向被告某实业公司支付定金50万元，并开展尽职调查。2021年12月15日，原告向被告某实业公司集团总经理发送草拟的《股权转让协议》模板，要求尽快签订《股权转让协议》，被告某实业公司回复原告需限期于2022年2月底前筹集充足资金后一并签订股权转让合同、支付股权转让款。

为筹集资金，原告与案外人某信息公司约定，双方共同筹集资金2500万元收购某保险经纪公司股权，若无法按期收购则原告应向某信息公司支付违约金90万元。2022年3月，原告筹集的资金截图发送被告某实业公司，被告某实业公司、被告张某的配偶即本案第三人回复拒绝将股权出让给原告。2022年6月，原告向某信息公司支付违约金90万元。

为此，原告诉至法院，要求两被告共同双倍返还原告定金100万元、赔偿原告损失。

【案件焦点】

1.《意向协议》的合同签订主体与合同性质；2. 预约合同项下各合同签订主体是否存在违反诚信磋商行为；3. 违反预约合同一方应承担的违约责任。

【法院裁判要旨】

上海市虹口区人民法院经审理认为：关于争议焦点一，《意向协议》实质上系以同一份书面合同书为载体的两份预约合同。其中，原告与被告某实业公司均已盖章或签名，该双方之间就某保险经纪公司80%的股权转让成立预约合同。至于被告张某与原告之间是否成立预约合同，因预约合同所涉的股权交易事项第三人任某不享有当然的家事代理权，在无被告张某授权的情况下，第三人任某无权代理被告张某签订《意向协议》，本案中亦不存在表见代理外观，故原告与被告张某就某保险经纪公司 20%的股权未成立预约合同关系。根据两被告持有的股权比例，被告某实业公司多收取的定金 10 万元构成不当得利，应予返还。

关于争议焦点二，《意向协议》系原告与被告某实业公司之间约定将来一定期限内订立股权转让协议的预约合同，该预约合同项下双方当事人的主要义务系就股权转让协议与相对方进行磋商及订立，而非履行股权转让协议项下的具体义务。股权转让对价的筹集、支付均属股权转让协议即本约合同签订后的本约合同履行范畴，在预约合同无明确约定的情形下，原告于本约合同签订之前不负有先行筹措或支付股权转让对价的义务。被告某实业公司在预约合同之外为原告签订本约合同设置额外条件，以原告未先行筹措交易资金为由拒绝签订本约合同，违反其在预约合同项下诚信磋商并与原告订立本约合同的义务，应承担违约责任。

关于争议焦点三，被告某实业公司的违约行为已导致当事人无法订立本约合同，预约合同的目的据此无法实现，应依据定金条款承担预约合同项下的违约责任，双倍返还原告定金 80 万元。对于原告主张的损失赔偿，被告某实业公司签订预约合同当时，对于原告在预约合同签订后擅自与案外人达成共同收购合意并约定违约责任这一事实无法预见，对被告某实业公司无法预见的损失原告无权主张赔偿。

上海市虹口区人民法院依照《中华人民共和国民法典》第四百九十五条、第五百零九条第一款、第五百八十四条、第五百八十六条、第五百八十七条、第五百八十八条第二款，《中华人民共和国民事诉讼法》第六十七条第一款之规定，判决如下：

一、被告某实业公司于本判决生效之日起十日内双倍返还原告刘某定金 80 万元；

二、被告某实业公司于本判决生效之日起十日内返还原告刘某钱款 10 万元；

三、被告某实业公司于本判决生效之日起十日内赔偿原告刘某律师代理费损失 6 万元；

四、驳回原告刘某对被告某实业公司的其余诉讼请求；

五、驳回原告刘某对被告张某的全部诉讼请求。

原告刘某、被告某实业公司不服一审判决，提起上诉。

上海市第二中级人民法院经审理认为：同意一审法院裁判意见，依照《中华人民共和国民事诉讼法》第一百七十七条第一款第一项之规定，判决如下：

驳回上诉，维持原判。

【法官后语】

预约合同，系当事人约定在将来一定期限内就特定交易事项订立本约合同而预先成立的合同。实践中，由于订立本约合同的条件尚不成熟，或当事人欲将阶段化的谈判成果固定下来，赋予其法律约束力，同时又保留对最终是否完成交易的决策权，当事人基于交易安排会选择在本约合同订立前订立预约合同，以平衡交易风险。

预约合同订立并生效后，对当事人具有法律拘束力，当事人负有积极推进本约合同订立的义务。根据民法意思自治原则以及预约合同与本约合同在合同内容上的区别，当事人在预约合同项下，享有是否将交易推进到订立本约合同的决策权，即预约合同本身并不强人所难、强制订立本约合同。由此，当事人缔约意思自治的权利与预约合同项下当事人推进缔约的义务，通常难以识别、区分，在当事人因各种原因未订立本约合同的情况下，拒绝订立本约合同的一方是否构成违约也成为司法认定的难题。

审查当事人是否违反预约合同，关键是审查当事人是否已尽合理努力、遵守诚信磋商促成本约合同的订立。对此，应重点审查当事人在谈判订立本约合同的过程中所提出的条件是否合理。如果当事人所提条件不合理，从而导致本约合同未能订立，即可认定当事人未尽诚信磋商的义务，进而构成违反预约合同。具体何种条件是不合理，一般认为有以下几类：第一类是预约合同中已就本约合同部分合同内容、条款进行了明确约定，当事人在订立本约合同时提出明显背离预约合同约定的条件。第二类是预约合同中未涉及某项交易内容，但通过合同解释、合同漏洞填补规则等可以从预约合同中推定出该交易内容或双方均认可的交易合理范围，而当事人在订立本约合同时提出的条件明显超出该合理范围，或有违相对方在订立预约合同时的预见利益。第三类是当事人提出的条件与本约合同订立本身无关，如将追加本约合同履行的担保方式，或将其他本属合同履行范畴的义务作为订立本约合同的条件。本案中，被告某实业公司即在预约合同之外，增设额外条件，以本约合同履行范畴内的筹集资金、支付对价义务作为本约合同订立条件，增加了交易相对方的需于本约合同订立前筹集资金的负担，并以此为由拒绝订立本约合同，其行为违背预约合同项下诚信磋商、积极推进订立本约合同的义务，构成违约，应依照预约合同约定的定金罚则承担违约责任。

编写人：上海市虹口区人民法院　范毅君

三、确认合同无效纠纷

4

非集体经济组织成员借名购买因旧村改造、新农村建设等而建设的不改变土地性质的安置住房的行为效力认定

——张某诉史某确认合同无效案

【案件基本信息】

1. 裁判书字号

北京市第一中级人民法院（2023）京01民终6393号民事判决书

2. 案由：确认合同无效纠纷

3. 当事人

原告（被上诉人）：张某

被告（上诉人）：史某

【基本案情】

张某与史某华于2022年12月8日离婚。史某华与史某系亲姐妹关系。史某原为北京市密云区居民，现为北京市海淀区居民。

北京市昌平区某村村民委员会于2002年8月16日发布《致全体村民的一封信》，载明：村民购房，每人享有60平方米住房面积；独生子女和大龄未婚的独生子女，多享受20平方米的购房面积；如购买规定平方米数以外的楼房，

在新村有剩余的情况下每平方米2000元。

拆迁人某公司（甲方）与张某（乙方）于2002年12月3日签订《三期工程协议拆迁补偿协议书》，约定：乙方在拆迁范围内有正式房屋14间……双方同意实行货币补偿。张某随后选取了101室和301室房屋；购房款从拆迁补偿款中扣除。

张某于2004年12月31日向史某出具收条，载明“今收到史某房款壹拾陆万元整”。而某村村委会于2005年1月13日出具收据，载明：今收到张某交来购房款153868元。依照该村房屋登记表显示，该款所对应购买的房屋位置为102室（备注为“购买剩余楼房”。）

2005年4月1日，张某与史某约定张某将102室房屋卖给史某，史某于2004年12月31日已将这套房屋的房款全部金额壹拾陆万元整交给张某（见收据），待房屋可以过户时张某协助史某办理过户手续。而张某、史某华（卖房人）与史某（买房人）又于2009年4月23日签订《协议》，约定张某、史某华夫妻二人将102号房屋卖给史某，并同意将房主姓名张某更改为史某。该协议中还有“同意、李某”的字样。史某称该协议是在去村委会办理更名手续时依照村委会的要求书写，李某系该村委会工作人员；但张某否认其与史某到村委会办理过更名手续。

现张某诉请双方于2005年4月1日签订的《购房协议》无效，要求史某返还102号房屋，称102号房屋系该村旧村改造过程中所建房屋，房屋现未办理产权证，只有本村村民才有权购买。而史某称102号房屋并非张某拆迁时所获得的房屋，而是该村在给村民分配完回迁安置房后所剩余的房屋，属于小产权房，购买人并不限定于本村村民。

【案件焦点】

张某与史某之间形成何种法律关系及其相应行为效力认定。

【法院裁判要旨】

北京市昌平区人民法院经审理认为：当事人订立合同，可以采用书面形式、口头形式或者其他形式。本案中，张某主张其与史某签订购房协议，因而双方形成房屋买卖合同关系。但根据查明事实，张某系先收到史某的购房款后再到村委会交购房款并选定涉案房屋，其购买涉案房屋的时间晚于史某向其交纳购房款的时间，该情形与房屋买卖交易习惯并不一致，二人之间不具有房屋买卖的真实意思表示，故法院对张某主张双方系房屋买卖合同关系的主张不予采信。史某主张其委托张某代为购买涉案房屋，双方形成委托合同关系。但张某系以自己名义向村委会购房，史某在得知张某以自己名义交纳购房款后即拟定购房协议并与张某签订购房协议；协议中也未载明双方系委托关系。因此，双方并未形成委托合同关系。综合全案事实，史某系借用张某名义购买涉案房屋，双方事实上形成借名买房合同关系。

涉案房屋未经规划与建设审批，未办理房屋产权登记。房屋所在土地属于村集体所有的土地，非本集体经济组织成员无权取得或变相取得该集体土地使用权。史某非该集体经济组织成员，不具备购房资格，故双方的借名买房合同关系因违反法律、法规的强制性规定，应认定无效。民事法律行为无效、被撤销或者确定不发生效力后，行为人因该行为取得的财产，应当予以返还；不能返还或者没有必要返还的，应当折价补偿。有过错的一方应当赔偿对方由此所受到的损失；各方都有过错的，应当各自承担相应的责任。法律另有规定的，依照其规定。涉案房屋现由史某实际控制，应当向张某返还。因史某未在本案中提起反诉，房款返还和双方过错问题可以另案解决。

北京市昌平区人民法院依照《中华人民共和国民法典》第一百五十三条、第一百五十七条及《中华人民共和国民事诉讼法》第六十七条之规定，判决如下：

一、张某与史某之间就位于北京市昌平区案涉102室成立的借名买房合同关系无效；

二、史某于本判决生效后三十日内将北京市昌平区案涉102室的房屋返还给张某；

三、驳回张某的其他诉讼请求。

史某不服，提起上诉。

北京市第一中级人民法院经审理认为：认定双方成立借名买房合同关系，同意一审法院裁判意见，依照《中华人民共和国民事诉讼法》第一百七十七条第一款第一项之规定，判决如下：

驳回上诉，维持原判。

【法官后语】

因旧村改造、新农村建设等为节约集体土地但不改变土地性质而进行的安置住房，是集体经济组织成员基于特定身份关系而所享有的特定权利，非集体经济组织成员一般不具有购买资格。同时，基于房地一体原则，非集体经济组织成员以买卖或变相买卖的方式购买安置住房，实质是变相取得集体土地使用权，有可能损害集体经济组织利益。因此，该买卖合同的效力应当参照农村房屋买卖合同的原则处理。具体而言：

首先，审查是否为“同一农村集体经济组织成员”。《中华人民共和国农村集体经济组织法》第二条规定：“本法所称农村集体经济组织，是指以土地集体所有为基础，依法代表成员集体行使所有权，实行家庭承包经营为基础、统分结合双层经营体制的区域性经济组织，包括乡镇级农村集体经济组织、村级农村集体经济组织、组级农村集体经济组织。”关于“同一农村集体经济组织成员”的法律概念，实践中，其一般是指在本村有农业户籍的村民、农村集体经济合作社社员、经股份制改造的农村集体经济组织股东等人员。另外，因婚姻、升学、入伍等原因离开一直生活的村庄，变更户籍为居民，后又返回原村庄持续生活的，也可视为本集体经济组织成员。对于其他情形，可结合村规民约、村集体决议以及村集体开具的证明材料确认当事人是否属于本集体经济组织成员。

其次，农村房屋买卖合同以认定无效为原则，以认定有效为例外。非同一农村集体经济组织成员之间买卖农村房屋多表现为不同村村民之间或城镇居民和农村村民之间签订的农村房屋买卖合同。《第八次全国法院民事商事审判工作会议（民事部分）纪要》指出，北京作为非试点地区，农民将其宅基地上的房屋出售给本集体经济组织以外的个人，应认定该房屋买卖合同无效。

最后，此类案件成讼多缘于土地增值以及因土地征收、房屋拆迁将获得补偿安置等原因，出卖人受利益驱动而起诉。民事法律行为无效、被撤销或者确定不发生效力后，行为人因该行为取得的财产，应当予以返还；不能返还或者没有必要返还的，应当折价补偿。有过错的一方应当赔偿对方由此所受到的损失；各方都有过错的，应当各自承担相应的责任。在合同无效的原因方面，出卖人负有主要责任，买受人负有次要责任；在合同无效的处理上，应全面考虑出卖人因土地升值或拆迁、补偿所获利益，以及买受人因房屋现值和原买卖价格的差异造成损失两方面因素，平衡买卖双方的利益，避免认定合同无效给当事人造成利益失衡；对于买受人已经翻建、扩建房屋的，应对其添附价值进行合理补偿；买受人确实无房居住的，应予以妥善安置。

编写人：北京市第一中级人民法院　杜占石

5

合同纠纷中“最有利于被监护人原则”的理解与适用

——李甲诉李乙、李丙确认合同无效案

【案件基本信息】

1. 裁判书字号

北京市丰台区人民法院（2023）京0106民初13972号民事判决书

2. 案由：确认合同无效纠纷

3. 当事人

原告：李甲

被告：李乙、李丙

【基本案情】

李某与周某夫妇共生育子女三人：李甲、李丙、李丁。周某于 1997 年 8 月 19 日死亡，李某于 2021 年 3 月 3 日死亡，李丁于 2022 年 11 月 25 日死亡。

经李丙申请，本院于 2021 年作出（2021）京 0106 民特 889 号民事判决书，判决：（1）李丁为限制民事行为能力人；（2）指定李丙为李丁的监护人。该判决书载明："本院委托首都医科大学附属北京安定医院对被申请人李丁的民事行为能力进行鉴定，该机构出具医院精神疾病司法鉴定意见书，鉴定意见为：被鉴定人李丁诊断为中度精神发育迟滞，显著的行为缺陷，需要加以关注或治疗。受所患疾病影响，辨认能力削弱，应评定为限制民事行为能力。"

1805 号房屋原系李某、李丁按份共有，二人各占 50%份额。2021 年 12 月 6 日，李丁、李丙以遗嘱继承纠纷起诉李甲，本院于 2021 年 12 月 7 日作出调解书，确认被继承人李某名下 1805 号房屋 50%的份额由李丁继承。

2022 年 1 月 17 日，出卖人李丁与买受人李乙签订《北京市存量房屋买卖合同》，载明：出卖人所售房屋为 3 号楼 18 层 1805，建筑面积 125.65 平方米；该房屋成交价格为 60 万元。该合同出卖人及法定代理人处分别签有李丁、李丙的名字。当日，该房屋转移登记至李乙名下。李甲向本院提出诉讼请求：（1）判令李丙代理李丁与李乙于 2022 年 1 月 17 日签订的《北京市存量房屋买卖合同》无效。（2）案件受理费、保全费 5000 元及担保费 7000 元由被告承担。李乙、李丙辩称，原告所述房屋买卖情况属实，我们不同意原告的诉讼请求，理由如下：（1）原告主体不适格。原告并非案涉合同的当事人，且李乙系李丁的养子，原告既不是李丁的监护人，又不是李丁的第一顺序继承人，案涉合同有效与否与原告没有利害关系。李丁没有生育能力，为了以后能够有人给他养老送终，李丙和王某替李丁生一子李乙，李乙是李丁的养子。（2）案涉合同不存在合同无效的法定事由，应属合法有效。（3）监护人李丙代理被监护人李丁与李乙签署案涉合同，并未侵犯被监护人的利益。首先，李丁虽然是限制民事行为能力人，但在日常生活中完全有能力清晰、完整地表达自己的思想。与李乙签署案涉合同，将房屋过户至李乙名下，系由李丁本人提出，李丙只是代为签字，且在过户过程中其本人也一同前往丰台区不动产登记事务中心。其次，李丁与李乙系养父子关系，李丁自李某去世后一直由李丙和李乙负责照顾其生活，共同居住在案涉房屋内。在房屋过户后，依然共同居住在该房屋，并未影响李丁对案涉房屋的居住使用。最后，李丙身体不好，原告远在广西，因此照顾李丁的“接力棒”势必要交到李乙手中，在此情况下，李丙代理李丁与李乙签订案涉合同，完全是出于维护被监护人的利益考虑。房屋过户后，方便李乙更好地照顾李丁，更好地管理使用案涉房屋。

【案件焦点】

明显不合理低价售卖被监护人财产的行为是否有效。

【法院裁判要旨】

北京市丰台区人民法院经审理认为：依据《中华人民共和国民法典》第一百四十三条的规定，具备下列条件的民事法律行为有效：（1）行为人具有相应的民事行为能力；（2）意思表示真实；（3）不违反法律、行政法规的强制性规定，不违背公序良俗。第二十二条规定，不能完全辨认自己行为的成年人为限制民事行为能力人，实施民事法律行为由其法定代理人代理或者经其法定代理人同意、追认；但是，可以独立实施纯获利益的民事法律行为或者与其智力、精神健康状况相适应的民事法律行为。本案中，李丁于2021年被宣告为限制民事行为能力人，仅可独立实施纯获利益的民事法律行为或者与其智力、精神健康状况相适应的民事法律行为。根据鉴定意见记载，李丁诊断为中度精神发育迟滞，显著的行为缺陷。而房产买卖涉及价值较大，且本案涉案合同约定房屋价款仅为60万元，明显低于该房屋市场价值，李丁应不具备签订该合同的相应行为能力。且监护人应当按照最有利于被监护人的原则履行监护职责，监护人除为维护被监护人利益外，不得处分被监护人的财产。本案中，李丙作为李丁的监护人，作为李丁的法定代理人在涉案合同中签字，并非为维护李丁的利益。现李甲要求确认2022年1月17日李丙代理李丁与李乙签订的《北京市存量房屋买卖合同》无效，具备事实及法律依据，本院予以支持。李甲要求李乙、李丙负担保全担保费，缺乏依据，本院不予支持。

北京市丰台区人民法院依据《中华人民共和国民法典》第二十二条、第三十五条第一款、第一百四十三条之规定，判决如下：

一、确认李丁与李乙于 2022 年 1 月 17 日签订的《北京市存量房屋买卖合同》无效；

二、驳回李甲的其他诉讼请求。

判决后，双方当事人均未上诉，本判决现已生效。

【法官后语】

本案争议焦点为以明显不合理低价售卖被监护人财产的行为是否有效。

首先，监护人处分被监护人财产，要遵循最有利于被监护人的原则。如何理解最有利于被监护人的原则。从财产方面理解，《中华人民共和国民法典》规定了“监护人除为维护被监护人利益外，不得处分被监护人的财产”的内容。判断监护人的处分行为是否为了被监护人的利益，应当以一个处于与监护人同等情境下的理性人的判断为标准，但不应以财产得失为唯一标准。监护人在保护被监护人的人身权利、财产权利及其他合法权益的过程中，要综合各方面因素进行权衡，选择最有利于被监护人的方案，采取最有利于被监护人的措施，使被监护人的利益最大化。本案中，监护人李丙以明显低于市场的价格售卖房屋，不管所得款项是否用于被监护人生活，均损害了被监护人利益，况且本案中李丙售卖房屋的理由并不合理，故其行为不符合最有利于被监护人的原则，应为无效。从监护人角度理解，该内容是对监护人法定代理权的法定限制。监护人如果不是为了被监护人的利益而以被监护人的名义处分其财产，超越了法定代理权限，应当认为构成了无权代理，该处分财产的行为对被监护人不发生法律效力，而应当由监护人自己承担相应的法律责任。

其次，尊重被监护人真实意愿的原则与被监护人原则应如何并行适用。一是凡是成年被监护人能够表达自己真实意愿的，应当依照其真实意愿处理监护事宜；成年被监护人不能正确表达自己的真实意愿的，也应当根据其利益推定其真实意愿，最大限度地按照其真实意愿处理监护事宜。二是保障并协助被监护人独立实施与其智力、精神健康状况相适应的民事法律行为，监护人应当对该成年被监护人实施这类民事法律行为予以保障，并且协助完成。三是如果根据成年被监护人的智力和精神健康状况，其有能力独立处理的事务，应当让成年被监护人独立实施该民事法律行为，处理自己的事务，监护人不得干涉，要促进被监护人按照自己的意愿独立、正常生活。但如果该民事法律行为完全超出被监护人的行为能力，且所做行为可能发生的后果明显不利于被监护人，监护人应及时介入，遵循最有利于监护人原则处理该项事务。本案中，李丁虽为限制民事行为能力人，但诊断为中度精神发育迟滞，显著的行为缺陷，对于签署卖房合同而言，李丁应不具备签订该合同的相应行为能力，且售卖的价格明显低于市场价，不利于被监护人的利益，应属无效行为。

编写人：北京市丰台区人民法院　张倩　邵胜凯

四、债权人代位权纠纷

6

债权人代位权纠纷举证责任分配规则

——黄某诉吴甲、吴乙债权人代位权案

【案件基本信息】

1. 裁判书字号

福建省宁德市中级人民法院（2023）闽09民终1360号民事判决书

2. 案由：债权人代位权纠纷

3. 当事人

原告（上诉人）：黄某

被告（被上诉人）：吴甲、吴乙

第三人：陈甲、陈乙、林某

【基本案情】

2020年3月24日，福州市中级人民法院作出民事判决，判决陈乙、林某共同偿还黄某借款本金1723万元及利息（利息以1723万元为基数，自2019年1月16日起计至款项还清之日止，按月利率2%计算）。福州市中级人民法院于2020年7月13日立案执行，并于2022年5月10日裁定终结本次执行程序，执行标的为1723万元，未履行金额为1723万元。执行过程中，黄某发现陈乙于

2012年2月13日至2012年12月28日多次向吴甲转账合计1190万元并备注借款，陈甲于2013年1月9日至2013年3月12日向吴乙转账259万元，备注吴甲借款。黄某遂提起债权人代位权诉讼并提出如下诉讼请求：(1) 判决吴甲向黄某偿还借款1449万元，以清偿福州市中级人民法院民事判决确定的陈乙、林某对黄某所负的金钱债务。(2) 判令吴乙在吴甲向黄某偿还借款1449万元中的259万元范围内承担连带偿还责任。

吴甲辩称其与陈乙之间不存在借贷关系，而是共同对外出借资金的合作关系，双方已经结清。吴乙辩称其与陈乙之间不存在借贷关系。第三人陈乙、林某提交书面答辩状，述称其与吴甲之间的债权债务关系已于2013年结清。

另查明：2012年5月2日至2013年5月31日，吴甲多次向陈乙转账合计661.4万元。2012年7月6日至2012年9月19日，吴甲向林某转账合计171.5万元，其中2012年7月6日转账40万元（备注陈乙还），2012年7月26日转账80万元（备注林某还），2012年9月19日转账51.5万元（备注陈乙还）。

证人郑某陈述，吴甲向郑某转账的680万元的款项系吴甲与陈乙通过吴甲的账户向其支付的投资款，款项已用于投资钢贸市场并已亏损。

【案件焦点】

陈乙、林某对吴甲、吴乙是否享有明确的到期债权。

【法院裁判要旨】

福建省宁德市蕉城区人民法院经审理认为：黄某主张陈乙、林某对吴甲、吴乙享有明确的到期债权，应对此承担举证责任。根据《最高人民法院关于审理民间借贷案件适用法律若干问题的规定》第十六条的规定，原告仅能提供证据证明款项支付事实，而未能提供借条、借据等债权凭证证明当事人存在借贷合意的，应当适用本条对双方当事人举证责任的规定，对案件事实作出认定。原告提交转账凭证以证明其主张后，被告需对所持反对主张提供证据。若被告对其反对主张提供了相应证据，使得待证事实的存在与否不能确定时，原告应进一步举证，回应被告提出的反对主张及相应证据。在原告不能提供更充分的证据证明其主张的情况下，应承担举证不能的不利后果。本案中，黄某主张陈乙向吴甲出借借款1449万元，并提供了陈乙向吴甲转账1190万元及陈甲向吴乙转账259万元的转账凭证。吴甲主张其与陈乙之间不存在借贷关系，而是共同对外出借资金的合作关系，并提供了其与陈乙、林某、证人郑某的转账记录，并申请证人郑某出庭作证。吴甲提供的证据虽不足以达到确证其主张，但对于黄某主张的陈乙、林某与吴甲之间存在明确的债务关系已经起到对抗对方证据以及阻却对方事实形成的作用，使得本案待证事实无法确定。陈乙、林某作为当事人亦在答辩状中述称其与吴甲之间的债权债务关系已于2013年结清。对此，黄某主张吴甲与陈乙、林某之间的债务并未结清，应进一步提交证据予以补强，但其未能举证，故黄某所举证据不足以证明陈乙、林某与吴甲之间存在1449万元的借贷关系，本案债权人代位权不成立。

福建省宁德市蕉城区人民法院依据《中华人民共和国民法典》第五百三十五条，《最高人民法院关于审理民间借贷案件适用法律若干问题的规定》第十六条，《中华人民共和国民事诉讼法》第六十七条及《最高人民法院关于适用〈中华人民共和国民事诉讼法〉的解释》第九十条、第一百零八条之规定，判决如下：

驳回黄某的诉讼请求。

黄某不服一审判决，提起上诉。

福建省宁德市中级人民法院经审理认为：黄某提起本案债权人代位权诉讼，主张陈乙对吴甲、吴乙享有相应债权，对此其应承担相应举证责任，举证不能的，应承担不利后果。本案中，黄某所举证据未达到高度盖然性的证明标准，对次债务的存在主张无法令人形成内心确信，本院难以支持。

福建省宁德市中级人民法院依照《中华人民共和国民事诉讼法》第一百七十条第一款第一项之规定，判决如下：

驳回上诉，维持原判。

【法官后语】

债权人在执行过程中，常因查询债务人银行流水发现债务人对外转账的情况，以债务人对外出借款项对第三人享有债权为由提起债权人代位权纠纷，主张债务人对第三人享有债权，从而要求第三人清偿债务。如何在审判中明确债权人的举证责任分配，引导当事人依法维权，是本案中值得研究探讨的重点问题。

《中华人民共和国民法典》第五百三十五条规定："因债务人怠于行使其债权或者与该债权有关的从权利，影响债权人的到期债权实现的，债权人可以向人民法院请求以自己的名义代位行使债务人对相对人的权利，但是该权利专属于债务人自身的除外。代位权的行使范围以债权人的到期债权为限。债权人行使代位权的必要费用，由债务人负担。相对人对债务人的抗辩，可以向债权人主张。"债权人代位求偿权的成立应符合以下要件：一是债权人对债务人享有确定的合法到期债权；二是债务人对次债务人享有确定的合法到期债权；三是债务人怠于行使其对次债务人的债权或与债权有关的从权利；四是债务人对次债务人的权利，不属于专属于债务人自身的权利。主债务和次债务的成立是债权人代位求偿权成立的前提。此类案件常因债务人不到庭参加诉讼，导致次债务是否成立成为案件的争议焦点。对此债权人作为主张一方应当承担举证责任。

关于次债务是否成立。若债权人仅提供金融机构的转账凭证以证明其主张，未能提供借条、借据等债权凭证证明当事人存在借贷合意的，应当适用《最高人民法院关于审理民间借贷案件适用法律若干问题的规定》第十六条"原告仅依据金融机构的转账凭证提起民间借贷诉讼，被告抗辩转账系偿还双方之前借款或者其他债务的，被告应当对其主张提供证据证明。被告提供相应证据证明其主张后，原告仍应就借贷关系的成立承担举证责任"规定对双方当事人进行举证责任分配，从而对案件事实作出认定。债权人提交转账凭证以证明其主张后，债务人或次债务人需对所持反对主张提供证据。若债务人或次债务人对其反对主张提供了相应证据，即使该证据的证明力难以达到确证案外其他债权债务关系不存在，但已使得债权人的待证事实真伪不明的情况下，需要债权人进一步举证，回应债务人或次债务人提出的反对主张及相应证据。在债权人不能提供更充分的证据证明其主张的情况下，应由债权人承担举证不能的不利后果。

债权人代位权纠纷中，明确债权人的举证责任和诉讼风险，既有利于引导债权人完成举证责任实现债权，亦能规范债权人合理行使债权人代位权，避免给更多的第三人造成诉累。

编写人：福建省宁德市蕉城区人民法院　林红

五、债权人撤销权纠纷

7

债务人在负债后，将唯一可供执行的房屋赠与，债权人能否行使撤销权

——李某诉冯某、梁甲债权人撤销权案

【案件基本信息】

1. 裁判书字号

湖南省湘西土家族苗族自治州中级人民法院（2023）湘31民终1340号民事判决书

2. 案由：债权人撤销权纠纷

3. 当事人

原告（被上诉人）：李某

被告（上诉人）：冯某

被告：梁甲

【基本案情】

2020年，冯某（女）分多次向李某借款共计17万元。经催讨无果，李某于2021年10月8日诉至凤凰县人民法院。该院于2021年10月15日作出民事判决，判令冯某偿还李某借款本金17万元及利息。判决生效后，冯某未履行还

款义务。李某向法院申请强制执行。在执行过程中，2022 年 3 月，双方达成执行和解协议，其中第四条约定：如果不按上述协议第一、二项履行，冯某自愿用案涉小产权房抵押偿还；申请执行人李某有权向法院申请恢复判决执行。执行和解后，冯某仍未按照约定还款。李某申请恢复执行。在执行过程中，凤凰县人民法院发现冯某与案外人梁乙于 2020 年 10 月 10 日办理了离婚登记并签署《离婚协议书》，其中约定："男女双方夫妻关系存续期间无共同财产分割，现有 1 套房子归女方冯某终生居住使用，没有处理权，最终房子归儿子梁甲所有。"

李某认为冯某将其承诺用于抵押还款的案涉房屋赠与儿子梁甲的行为侵害了其作为债权人的合法权益，诉请判令撤销该行为，判令梁甲将房屋财产权益返还给冯某。

冯某辩称，案涉房屋属于小产权房，至今未办理不动产登记手续，根据不动产物权登记取得原则，冯某不享有案涉房屋的所有权。

梁甲辩称，冯某债务系个人债务；案涉房屋处置给梁甲的行为不具有可撤销性，案涉房屋属于梁乙家庭共同成员的财产，案涉房屋不属于梁乙与冯某的夫妻共同财产，双方在离婚时约定梁乙和冯某都将该房屋所享有的份额赠与梁甲。冯某无权处置小产权房。

【案件焦点】

1. 离婚时夫妻一方将其所有的小产权房赠与子女的行为定性；2. 李某是否有权行使债权人撤销权。

【法院裁判要旨】

湖南省凤凰县人民法院经审理认为：案涉离婚协议关于案涉小产权房的约定内容属于对实体权益的处置。根据《中华人民共和国民法典》第五百三十八条规定，债权人行使撤销权应当具备下列要件：一是债权人对债务人必须存在有效的债权；二是债务人实施了一定的处分财产或者权利的行为，且已发生法律效力；三是债务人实施的处分行为须发生于债成立之时或之后；四是债务人的处分行为必须损害债权，可能导致债权人的债权难以实现或者完全不能实现。本案中，原告李某对被告冯某有 17 万元本金及利息的债权，且该债务形成于冯某与案外人梁乙协议离婚之前。冯某在未清偿所欠李某债务情况下，在离婚协议中约定将案涉房屋归属于被告梁甲所有的行为，对李某的债权实现造成损害。虽然冯某辩称案涉房屋非夫妻共同财产，属于家庭共同财产，但作为家庭共同财产，其依法享有份额。冯某在明知其与李某存在债务纠纷情况下，将其依法享有份额的案涉财产全部无偿转给梁甲，属于法律规定的无偿转让财产行为。该行为导致冯某名下无财产可供强制执行，明显影响了其偿债能力，损害了李某作为债权人的利益。李某主张撤销案涉离婚协议的相关内容，于法有据，应予以支持。

湖南省凤凰县人民法院依照《中华人民共和国民法典》第五百三十八条、第五百四十条、第五百四十一条，《中华人民共和国民事诉讼法》第六十七条之规定，判决如下：

一、撤销被告冯某与案外人梁乙于 2020 年 10 月 10 日在凤凰县民政局签订的《离婚协议书》中“男女双方夫妻关系存续期间无共同财产分割，现有 1 套房子归女方冯某终生居住使用，没有处理权，最终房子归儿子梁甲所有”的约定；

二、被告冯某于本判决生效之日起十日内给付原告律师代理费 7000 元；

三、驳回原告李某的其他诉讼请求。

冯某不服一审判决，提起上诉。

湖南省湘西土家族苗族自治州中级人民法院经审理认为：二审法院同意一审法院裁判意见，并强调指出：冯某主张案涉房屋是小产权房，不是其直接购买，其不享有房屋所有权，但未提交证据予以证明，应承担举证不能后果。影响到债权人债权的实现是指因债务人无偿处分其财产权益，导致其责任财产减少，使债权人的债权有难以实现的危险，或者债务人的清偿能力原已薄弱，因此雪上加霜，致使不能完全履行对债权人的债务。本案中，执行法院在执行中未发现冯某有可供执行的其他财产。一审认定冯某在负有债务的情况下，无偿处置属于自己所有的部分财产权益，侵犯了李某实现债权的合法权益，并无不当。

湖南省湘西土家族苗族自治州中级人民法院依照《中华人民共和国民事诉讼法》第一百七十七条第一款第一项之规定，判决如下：

驳回上诉，维持原判。

【法官后语】

本案核心争议在于：债务人在负有债务情况下，在其后离婚协议中约定无偿赠与小产权房权益的行为定性，以及债权人为此行使撤销权应否支持。

一、小产权房也应认定为债务人的责任财产

根据法律法规及政策，小产权房虽然无法取得所有权，也无法通过产权登记完成物权转移，但建造、购买、继承人对其享有的占有、使用甚至交易等财产权益仍具备实实在在的经济价值，可认为在相当程度上享有准物权或曰物权期待权，因而应认为属于建造、购买、继承人的责任财产范畴。本案中，案涉小产权房虽然没能进行产权登记，但梁乙、冯某夫妻所在家庭已在该房屋实际居住，该房屋显然属于家庭共同财产。冯某作为家庭成员，对该家庭共同财产依法享有份额。因此，冯某对该房屋依法享有的份额，就应该认定为属于其责任财产范畴。

二、对离婚协议中“赠与子女”行为的审查判断

司法实践中对“赠与子女”行为的定性，需重点把握三个关键：第一，实质判断财产分割是否合理。如果债务人在负债后，将唯一可供执行的房屋权益无偿让渡，既未保留必要偿债能力，也未证明存在子女抚养等正当、紧迫需求，法院通过审查债务形成时间、财产处置紧迫性等要素，就应确认其行为超出合理财产处置范畴。第二，以用益物权视角评价财产权益。应坚持认为小产权房是债务人的责任财产，债务人的无偿处分行为直接导致责任财产减损。第三，平衡保护与干预的尺度。在否定离婚协议对不合理财产分割内容的同时，法院要严格审查是否存在抚养必要、过错补偿等家庭法益因素，以避免对家庭财产合理安排的过度干预。

三、债权人撤销权行使的裁判规则细化与路径

本案裁判思路为：一是确立“实质损害”标准。以债务人责任财产是否实质性减损、债权实现是否陷入客观不能为核心审查要件，避免单纯依赖夫妻共同财产形式或分割比例。二是建立“主观目的+客观结果”双阶审查模式。通过债务形成时间、离婚背景、财产处置紧迫性、履行诚信度等动态因素，锁定恶意逃债行为。三是对撤销权的行使需严格举证责任和综合考量家庭因素，避免机械适用“均等分割”原则。离婚协议关于财产约定往往承载子女抚养、过错补偿等家庭法益，司法应尊重其特殊性。因此，既要肯定小产权房的财产权益属性，将其纳入责任财产范围，防止债务人以“无法过户”为由逃避履行义务，也要明确审查重点并非单纯分割比例，而是财产处置是否导致债务人责任财产“实质性减损”。若分割协议虽不均等，但未显著削弱偿债能力，或已通过抚养费负担、过错补偿等实现利益平衡，则不宜轻易撤销。本案中，冯某在债务存续期间，将其名下唯一具备处置可能的财产权益无偿转让，既未保留维持基本偿债能力的财产，亦未能举证证明该赠与存在保障子女生活、医疗等正当事由，明显有害债权实现，故判决撤销该赠与行为，符合法律规定。

需要指出的是，《中华人民共和国民法典》第五百三十八条、第五百三十九条与《最高人民法院关于适用〈中华人民共和国民法典〉婚姻家庭编的解释（二）》第三条共同构建了规制离婚逃债行为的双重防线，而本案判决厘清婚姻家庭领域的财产处分自由与债权人权益保护的边界，为规制以离婚协议形式恶意逃债的行为提供了实践样本，亦为平衡多方利益冲突搭建了裁判指引。

编写人：湖南省凤凰县人民法院　杨茜　杨昭

8

恶意串通损害他人合法权益的，债权人可行使撤销权

——陈某诉陶甲等债权人撤销权案

【案件基本信息】

1. 裁判书字号

广西壮族自治区柳州市中级人民法院（2023）桂 02 民终 1513 号民事判决书

2. 案由：债权人撤销权纠纷

3. 当事人

原告（上诉人）：陈某

被告（被上诉人）：陶甲、陶乙、温某、韦某

【基本案情】

一、陶甲对陈某负有债务

陈某于 2014 年 12 月 17 日将其所有的商铺作价 16676825 元出售给陶甲，并于 2018 年 3 月 13 日将该商铺登记至陶甲名下。但陶甲未支付款项。陈某于 2018 年 3 月 13 日向法院提起诉讼。法院判决：陶甲向陈某支付购房款 16676825 元及利息。但经法院强制执行，陶甲仍未清偿债务。

二、陶甲 2021 年期间将房产转移登记至其近亲属名下

据当事人陈述，温某是陶甲的母亲，陶甲是张某、陶乙的母亲，张某与韦某是夫妻关系。

1. 2021 年 5 月 16 日，陶甲与温某签订《不动产买卖合同》，并于 2021 年 7 月 16 日将其名下的 1 号房屋过户登记给温某。

2. 2021年3月3日，陶甲与张某、韦某签订《不动产买卖合同》，并于2021年7月30日将其名下的7号房屋过户登记给张某、韦某。

3. 2021年7月8日，陶甲与张某签订三份《不动产买卖合同》，并于2021年7月22日将其所有的窑埠古镇三套房屋各1%份额过户登记给张某。

4. 2021年7月12日，陶甲与其作为法定代理人的陶乙签订《不动产买卖合同》，于2021年7月23日将其所有的27-1号房屋10%份额过户登记给陶乙。

另查，银行流水显示，除了陶甲等人主张的用于案涉房屋买卖款项交付外，温某、陶甲、张某银行账户之间还存在极为频繁的大额转账。

陈某提起本案诉讼，请求：（1）撤销陶甲与温某、张某、韦某签订的不动产买卖合同，温某、张某、韦某向陶甲归还相应房屋。（2）确认陶甲与陶乙签订的不动产买卖合同无效，陶乙向陶甲归还相应房产。

【案件焦点】

1. 涉案买卖合同的法律效力应如何认定，是否存在法定撤销情形；2. 陈某关于返还涉案房屋的诉讼请求是否成立。

【法院裁判要旨】

广西壮族自治区柳州市鱼峰区人民法院经审理认为：首先，陶甲与温某、张某、韦某之间签订的《不动产买卖合同》，不存在以明显不合理低价转让财产情形，且均已足额支付房款，不符合法定撤销情形。其次，陶甲与陶乙签订的《不动产买卖合同》，因所涉房屋的原所有人黄某确认系其赠与陶乙，故该合同名为买卖，实为归还代持的房屋；则归还行为有效，买卖合同无效。

广西壮族自治区柳州市鱼峰区人民法院依照《中华人民共和国民法典》第一百四十六条、第五百三十九条，《中华人民共和国民事诉讼法》第六十七条，《最高人民法院关于适用〈中华人民共和国民事诉讼法〉的解释》第九十条之规定，判决如下：

一、确认陶甲、陶乙于2021年7月12日签订的《不动产买卖合同》无效；

二、驳回陈某的其他诉讼请求。

陈某不服一审判决，提起上诉。

广西壮族自治区柳州市中级人民法院经审理认为：关于合同效力问题。首先，陶甲、温某、张某、韦某是亲属关系，存在共同利益，相互之间进行协议签订、款项流转等操作较便利且风险性小。本案除主张的房款支付外，陶甲等人之间还存在大量的相互转款，且数额大、时隔短。当事人未能证明或合理解释每一笔大额转账的交易事实。并且，温某、张某、韦某均未能证明本人收入状况及有真实购房需求。综合来看，陶甲在 2014 年购买陈某商铺时，即负有支付房款的义务，但其通过借款抵押、出售等形式处置个人房产，所得款项并非用于偿债，反而将自己置于无财产可供执行的状态。温某、张某、韦某作为陶甲亲属，实际上参与了陶甲实施转移财产规避履行债务的行为。因此，陶甲与温某、张某、韦某签订的不动产买卖合同，是恶意串通损害他人合法权益的行为，应当依法认定无效。其次，陶甲作为陶乙的法定代理人，以陶乙的名义与自己签订了《不动产买卖合同》。因没有充分证据证明代持事实，故其关于返还代持房产的主张不能成立。综合全案事实，该合同实际上是陶甲恶意转移财产以规避债务，并非真实的交易，故应当无效。

因不动产买卖合同无效，温某、张某、韦某、陶乙应当将案涉房屋恢复登记至陶甲名下。

广西壮族自治区柳州市中级人民法院依照《中华人民共和国民法典》第七条、第一百五十四条，《中华人民共和国民事诉讼法》第一百七十七条第一款第二项之规定，判决如下：

一、撤销广西壮族自治区柳州市鱼峰区人民法院（2022）桂 0203 民初 4131 号民事判决；

二、确认陶甲与温某于 2021 年 5 月 16 日签订的《不动产买卖合同》无效，陶甲、温某将 1 号房屋恢复登记至陶甲名下；

三、确认陶甲与张某、韦某于 2021 年 3 月 3 日签订的《不动产买卖合同》无效，陶甲、张某、韦某将 7 号房屋恢复登记至陶甲名下；

四、确认陶甲与张某于 2021 年 7 月 8 日签订的三份《不动产买卖合同》无效，陶甲、张某将古镇三套房屋各1%份额恢复登记至陶甲名下；

五、确认陶甲与其作为法定代理人的陶乙于2021年7月12日签订的《不动产买卖合同》无效，陶甲、陶乙将27-1号房屋10%份额恢复登记至陶甲名下；

六、驳回陈某其他诉讼请求。

【法官后语】

本案中，债权人陈某基于撤销权规则主张权利，但经审查，债务人陶甲将其名下房产转让给自己的近亲属，约定了合理价格，并能够指出特定的几笔转款属于交易对价，因此，即便其与近亲属相互之间除此之外还存在大量的账款往来，从形式上看，该交易行为亦仍难以符合法律规定的撤销权情形。但是，综合全案事实，可以确认其与近亲属实施了恶意串通规避债务履行以损害债权人陈某合法权益的行为。在此特殊情形下，如何克服债权人选择法律关系与法院认定之间的冲突，实质性保障当事人的诉讼权利和实体权利，是本案探讨的问题。本案观点如下：

一、法院应当依职权审查合同的效力

恶意串通规则和债权人撤销权规则是两种不同的制度，分别属于合同效力认定与债的保全制度。当债务人与相对人实施恶意诈害债权行为，则发生了恶意串通规则与债权人撤销权规则竞合，债权人可以选择其中一种救济途径主张权利。虽然债权人未以恶意串通规则请求确认债务人与相对人之间的合同行为无效，但其行使撤销权，包含了使合同行为自始没有法律约束力的实体后果，与确认无效的法律后果相同，且诉争法律行为效力属人民法院应予审查的范畴。因此，即便当事人诉请的合同不符合债权人撤销权情形，人民法院亦应当依职权审查合同效力。

具体到本案中，一是陶甲在2014年购买陈某商铺时，即负有支付购房款的义务，但其不仅分文未付，反而通过借款抵押、出售等形式处置个人房产，亦未将处置房产所得款项用于偿还债务，而是将自己置于无财产可供执行的状态。由此可以确认陶甲存在恶意转移财产规避执行的行为。二是除陈某所主张的房款支付外，陶甲与其近亲属相互之间还存在大量的转款，数额大、时隔短，账目混乱，且当事人未能证明或合理解释每一笔大额转账的交易事实。三是陶甲、温某、张某、韦某是近亲属关系，相互之间进行协议签订、款项流转等操作较为便利且风险性较小。加之，温某、张某、韦某均未能证明本人收入状况及真实的购房需求。因此，温某、张某、韦某签订案涉合同实质上是与陶甲一同实施转移财产规避履行债务，以侵害债权人陈某的权益。该行为属于恶意串通损害他人合法权益的行为，应当依法认定无效。

二、法院确认合同无效后，应当就法律后果作出判决

根据《中华人民共和国民法典》第一百五十五条、第一百五十七条的规定可知，合同确认无效和被撤销的法律后果相同，则债权人以撤销权诉请的相对人向债务人返还财产的内容，与法院认定合同无效后相对人应当依法向债务人返还财产的内容，性质上均是合同不具有法律约束力的后果。因此，法院可以基于当事人的诉讼请求，对财产返还问题作出判决。

本案中，陶甲和温某、张某、韦某签订的涉案合同无效，故行为相对人温某、张某、韦某应当将相应房屋返还给陶甲，并配合其办理过户登记。至于陶甲是否应当向温某、张某、韦某返还款项，因当事人没有提出诉讼请求，故法院不予审理。

值得注意的是，根据《最高人民法院关于适用〈中华人民共和国民法典〉合同编通则若干问题的解释》第四十六条的规定，基于债权人撤销权而判决相对人向债务人返还财产的内容，可以作为申请执行的依据，即债权人可以据此申请执行相对人财产，以实现自己的债权。但是，基于合同无效的财产返还，应当严格遵循“入库原则”，即该财产应当首先归入债务人的财产范围，再由债权人申请对债务人的财产进行执行。

编写人：广西壮族自治区柳州市中级人民法院　丘洪兵　周学健

9

处于诉讼中的债权不影响债权人行使撤销权

——某商业银行诉某制钢公司、梁某债权人撤销权案

【案件基本信息】

1. 裁判书字号

山东省冠县人民法院（2023）鲁1525民初5126号民事判决书

2. 案由：债权人撤销权纠纷

3. 当事人

原告：某商业银行

被告：某制钢公司、梁某

【基本案情】

某商业银行对某制钢公司享有债权，并经法院系列生效法律文书所确认。涉及的债权进入执行程序后，未执行到位。2023年5月5日，某制钢公司与梁某签订《债权转让协议》，将某制钢公司对案外人某科技公司享有的300万元债权转让给梁某，并向某科技公司发送了《债权转让通知书》。随后，梁某依据《债权转让协议》以某科技公司为被告诉至法院。在该案审理过程中，某商业银行得知某制钢公司转让债权，随即向法院提起本案诉讼，请求撤销某制钢公司向梁某转让债权的行为及某制钢公司与梁某签署的《债权转让协议》。某商业银行提交的对某制钢公司的债权明细表，包括9份生效民事判决书和相应的执行案件，涉及的债权金额总计超3.6亿元。

某制钢公司和梁某辩称，梁某对某科技公司提起的诉讼具有不确定性，涉及的300万元债权是否能实现难以确定，不会影响某商业银行的债权实现，债

权人撤销权不应适用于不确定的债权，请求法院驳回某商业银行的诉讼请求。某制钢公司称，债权转让时未向梁某告知某制钢公司负担债务的情况。梁某称，对某制钢公司欠付某商业银行债务不知情。

【案件焦点】

债务人将债权转让给第三人，第三人为实际取得该债权诉至法院，对以诉讼中的债权为标的的债权转让行为，债权人能否行使撤销权。

【法院裁判要旨】

山东省冠县人民法院经审理认为：某商业银行对某制钢公司享有的债权系经冠县法院系列生效法律文书所确认，为合法、有效债权。对于《债权转让协议》载明转让的债权是有偿还是无偿，某制钢公司称因与梁某之间存在债权债务关系，故而转让给梁某，但某制钢公司未提交证据证明自己的主张，且《债权转让协议》中未有支付对价的内容，故不能认定《债权转让协议》载明转让的债权为有偿转让，根据《中华人民共和国民法典》第五百三十八条、第五百三十九条的规定，不需要受益人或受让人梁某具有恶意，即不需要梁某知道或者应当知道某制钢公司处分财产的行为影响债权人某商业银行的债权实现。案涉《债权转让协议》的签订时间为 2023 年 5 月 5 日，发生在某商业银行对某制钢公司享有债权之后，某制钢公司亦表示向梁某转让《债权转让协议》载明的债权后没有足以清偿对某商业银行负担债务的其他财产，故某制钢公司实施的处分财产的行为即其与梁某签订的《债权转让协议》影响了债权人某商业银行的债权实现。且某商业银行是在《中华人民共和国民法典》第五百四十一条规定的双重除斥期间内行使的撤销权。梁某已经依据《债权转让协议》以某科技公司为被告提起诉讼，且签订《债权转让协议》的行为本身已经影响到债权人某商业银行的债权实现，故某制钢公司认为因转让的债权为不确定性债权，某商业银行债权人撤销权不成立的主张，有悖于债权人撤销权法律制度的立法目的，某制钢公司的该主张缺乏法律根据，不予支持。综上所述，某制钢公司与梁某于 2023 年 5 月 5 日签订的《债权转让协议》应予撤销，撤销后，该协议自始没有法律约束力。

山东省冠县人民法院依照《中华人民共和国民法典》第五百三十八条、第五百三十九条、第五百四十条、第五百四十一条、第五百四十二条，《中华人民共和国民事诉讼法》第六十七条、第一百四十七条，《最高人民法院关于适用〈中华人民共和国民事诉讼法〉的解释》第九十条之规定，判决如下：

撤销被告某制钢公司与被告梁某于2023年5月5日签订的《债权转让协议》。

判决后，双方当事人均未上诉，本判决现已生效。

【法官后语】

债权人撤销权是指当债务人无偿处分或以不合理的对价交易导致其财产权益减少或责任财产负担不当加重，对债权人的债权实现有影响时，债权人可以请求人民法院撤销债务人所实施行为的一项民事权利。本案主要涉及债权人能否对以处于诉讼中的债权为标的的债权转让行为行使撤销权。根据债权人撤销权制度，债务人放弃到期债权或无偿转让财产等，对债权人造成损害的，债权人可以行使撤销权，向人民法院请求撤销债务人的行为。一般而言，此处转让的“财产”主要指金钱、土地、房屋、股权等实际确定的财产。针对以诉讼中具有不确定性的债权为标的的债权转让行为，能否行使撤销权，法律并无明确规定，对此，可以从以下三个方面把握。

一、从债权人行使撤销权的构成要件来看

债权处于诉讼中，债权人是否有权行使债权人撤销权，本质上也是对原告主体是否适格进行审查，如果债权人无权行使撤销权，应当裁定驳回原告的起诉。债权人行使撤销权的要件一般包括：（1）债权人对债务人的债权为合法、有效之债权。（2）债务人在对债权人负担债务之后实施了处分财产的行为。（3）债务人的财产处分行为有害于债权的实现。（4）债权人在规定的除斥期间内行使撤销权。此外，根据《中华人民共和国民法典》第五百三十八条、第五百三十九条的规定，若债务人的行为系无偿行为，则不需要相对人存在恶意；若债务人的行为系有偿行为，需要相对人存在恶意。本案中，某商业银行对某制钢公司享有的债权系经法院系列生效法律文书所确认，为合法、有效债权。案涉《债权转让协议》的签订发生在某商业银行对某制钢公司享有债权之后，某制钢公司实施的转让财产的行为损害到了债权人某商业银行的债权。根据相关证据不能认定《债权转让协议》涉及的转让债权为有偿转让，不需要受让人梁某具有恶意，也就是不以梁某知道或者应当知道某制钢公司转让财产的行为影响债权人某商业银行的债权实现为条件。因此，某商业银行持有合适的债权，具备行使撤销权的构成要件，属于提起诉讼的适格主体。梁某关于其不知某制钢公司欠付某商业银行债务的抗辩，不能对抗某商业银行享有的债权人撤销权。

二、从债权人撤销权的立法目的来看

具有债权保全功能的债权人撤销权制度目的在于，债务人以不当方式减少其责任财产，并因此损害债务人之债权人的债权时，债权人可以自己的名义行使债权人撤销权，以维持或者恢复债务人的责任财产，保全债权。债权人撤销权适用对象的标的，即债务人处分行为的标的须表现为财产。诸如请求债务人提供劳务的债权、请求债务人不作为的债权等，因债权内容的实现不以债务人处分一定的责任财产为基础，就不具备行使债权人撤销权的前提。撤销权针对的是债务人实施的诈害行为，主要包括债务人无偿处分财产权益、以不合理价格处分财产权益或者恶意延长其到期债权履行期限等导致其责任财产不当减少的行为。本案中，《债权转让协议》为债务人的无偿转让，但因转让的标的为债权且处于诉讼中，受让人因此提出该债权无法确定数额，具有不确定性，债务人的转让行为不能成为撤销权的对象。不确定债权可能涉及债权存在与否、债权所涉金额确定等问题，但是在债务人无其他责任财产可供执行的情况下，债务人的不确定债权也是利于实现债权人债权的可期待财产利益。因此，应当认为案涉《债权转让协议》构成诈害行为，属于债权人行使撤销权的对象。故本案支持了某商业银行撤销该协议的请求。

三、从债权人行使撤销权的法律效果来看

债权人行使撤销权后，债务人责任财产恢复到没有实施诈害行为的状态，原则上适用了“入库规则”，即行使撤销权取得的财产应先归入债务人的一般财产，然后再由债务人依据债的清偿规则履行对债权人的债务，行使撤销权的债权人对于被撤销的诈害行为所涉及的财产不具有优先受偿的权利。具体而言，撤销权行使的法律效果是，债务人的诈害行为一经撤销自始无效，第三人应将从债务人处取得的财产返还给债务人。就本案而言，某制钢公司与梁某签订的《债权转让协议》被撤销后，相应的债权归入某制钢公司的责任财产，某商业银行可以依法向某制钢公司主张实现债权。《债权转让协议》受让人梁某如果确因该协议的撤销受到损害，亦可向某制钢公司主张违约请求权以保障自己合法权益，亦即，即便梁某所称“不知情”属实，由于《债权转让协议》系属无偿转让债权性质，因此赋予某商业银行债权人撤销权也不会实质损害梁某的利益。

综上，债务人无偿转让债权对债权人造成损害的，债权人可以行使撤销权，请求撤销债务人的行为。无偿受让人以受让的债权正在诉讼中、债权不确定为由，主张驳回债权人撤销请求的，为保护债权人的合法权益，维护交易秩序与市场诚信，该抗辩不应得到人民法院的支持。

编写人：山东省冠县人民法院　任召兵

最高人民法院司法案例研究院实习生　宋林清

六、拍卖合同纠纷

10

竞买人对拍卖标的价值的认知度应认定为竞买人自身应当承担的交易风险

——某回收公司诉某建设公司拍卖合同案

【案件基本信息】

1. 裁判书字号

重庆市第五中级人民法院（2023）渝 05 民终 8811 号民事判决书

2. 案由：拍卖合同纠纷

3. 当事人

原告（上诉人）：某回收公司

被告（被上诉人）：某建设公司

第三人：某产权交易所某支所、某资产评估公司

【基本案情】

2023 年 2 月 13 日，被告某建设公司通过某产权交易所某支所发布资产处置交易公告，拟转让其位于某煤矿风机房的主通风机 4 台，交易方式为网络竞价。原告某回收公司经实地勘察后决定参与竞买，并通过网络平台向联交所递交了相关申请资料，承诺已认真阅读项目公告及相关资料，对标的进行了现场

查勘，已充分了解标的及瑕疵情况，愿意接受披露的受让条件且承担可能存在的一切交易风险。同日，原告按公告要求交纳了保证金28万元，取得了报价账号。涉案资产挂牌竞价公告期满后，原告为唯一的符合条件的意向受让方，联交所于2月27日通知原告最终确定其为涉案项目的受让方，在收到函件次日起5个工作日内，请原告与转让方按公告约定及相关规定，以不低于转让底价的价格签订资产交易合同等内容。原告随后知道其竞买成功，要求取消交易并返还保证金。原因系其在申请竞价前去资产存放现场查勘时，因被告工作人员未携带钥匙，未能实地查勘标的物，由于披露的资产评估报告中载明设备可用，基于对被告承诺的信任，才报名参与竞拍，后在实地查勘后发现资产与公告不一致。并提起本案诉讼要求被告立即返还交易保证金28万元。

【案件焦点】

某回收公司主张拍卖资产与公告不一致请求返还保证金的诉求是否成立。

【法院裁判要旨】

重庆市綦江区人民法院经审理认为：本案《竞价公告交易条件》第四条载明“转让方设定如下内容作为要约，意向受让方一旦通过交易资格确认且交纳保证金，即视为对此的承诺，若非转让方原因，意向受让方（受让方）出现下列情形导致交易无法推进或影响交易秩序的，交纳的交易保证金不予退还”。某回收公司在查阅公告内容后，通过互联网平台签名提交了《受让申请与承诺》《网络竞价方案》等，并交纳保证金成为意向受让人，这是对前述竞价公告中转让方明示设定要约内容的承诺，故双方关于保证金退还的特别约定系双方真实意思表示，不违反法律法规的强制性规定，合法有效。某回收公司已被确定为以底价成交的受让方，但在出让人某建设公司以及联交所多次通知催促的情况下，均不履行签订交易合同的义务，其已构成违约，故按上述关于保证金退还的特别约定，本院对某回收公司主张退还保证金的诉讼请求不予以支持。

综上，重庆市綦江区人民法院依据《中华人民共和国民法典》第三条、第七条、第一百一十九条、第一百三十七条、第一百四十二条、第一百七十六条、

第四百六十五条、第四百七十一条、第四百七十二条、第四百七十三条、第四百七十四条、第四百七十九条、第四百八十条、第五百零二条、第五百零九条、第六百四十五条、第九百一十九条,《中华人民共和国拍卖法》第三条、第四条、第六十一条第二款,《中华人民共和国民事诉讼法》第六十七条、第一百四十七条,《最高人民法院关于适用〈中华人民共和国民事诉讼法〉的解释》第九十条之规定,判决如下:

驳回某回收公司的诉讼请求。

某回收公司不服一审判决,提起上诉。

重庆市第五中级人民法院经审理认为:某回收公司作为专业的废旧金属回收公司,在知悉上述竞价公告内容后仍通过互联网平台签名提交《受让申请与承诺》《网络竞价方案》,并交纳保证金成为意向受让人,应是在结合自身专业认知并全面了解资产情况下作出的抉择。其他意见同意一审法院裁判意见。

综上,重庆市第五中级人民法院依照《中华人民共和国民事诉讼法》第一百七十七条第一款第一项之规定,判决如下:

驳回上诉,维持原判。

【法官后语】

本案为互联网公开拍卖过程中,竞买人通过交易资格确认且交纳保证金后,因交割前查勘时竞买人认为交易资产有缺失,与评估报告载明的设备状态“可用”不符,要求取消交易并返还交易保证金引起的诉讼。而蕴含在其中的问题即是拍卖交易中,竞买人对拍卖价值的认知度不够是否应当作为其应当承担的交易风险。

首先,拍卖竞价公告明确转让底价的情况下,即使交易条件明确对于意向受让方采取协议方式成交的约定,也应当认定在公告设定条件内不低于底价成交。因此,对于已经签名提交相关材料,承诺出价不低于底价的竞买人,如其按照规定参与拍卖,并最终中标,都应当认定其对于成交价格不低于底价作出了承诺。

其次，竞买人对拍卖标的价值的认知度，应认定为竞买人自身应当承担的交易风险。本案中，案涉公告已明示披露“严格按现状交易”“须实地踏勘详细了解标的”“一旦提交受让申请即视为对标的现状的充分了解与认可”等重要拍卖信息，由于拍卖本身具有特殊的交易性质，其更加强调出让方和竞买方的诚信，一旦拍卖公告明确了拍卖标的的现状或者要求竞买方自行了解标的现状，则竞买人需充分了解拍卖标的现状后再行决定是否参与拍卖，即在拍卖公告中对竞买人应当承担的交易风险提前进行了公示，则竞买人在提交了受让申请书并交纳保证金后，应自行承担对竞买标的未充分了解而产生的风险。

如今的拍卖在互联网工具的加持下，已大量消解了传统拍卖活动中信息不对称、交易效率低等问题。网络拍卖应适用《中华人民共和国拍卖法》等拍卖相关法规规定。《中华人民共和国拍卖法》规制的是委托人委托拍卖人在特定范围的竞买人中确定买受人的行为，而《中华人民共和国消费者权益保护法》《网络交易监督管理办法》规制的是作为货权主体的经营者，面向不特定消费者，直接销售商品/服务的行为。在网络拍卖中，买受人对标的有异议的，如果拍卖人、委托人在拍卖前声明不能保证拍卖标的的真伪或者品质的，不承担瑕疵担保责任。这不同于面向普通网络交易的消费者，而是对买受人提出了较高的注意义务。

为何会对买受人提出更高的注意义务，因为在网络拍卖的竞买过程中，具体而言是从对拍卖财产的查询到竞买成功，唯独竞买人在竞买环节的出价行为具有关键性作用，其余的查找对比、咨询了解、实地看样乃至报名交纳保证金等，均不至于承担违约责任。因为只有竞买人出价且出价为最高价时，网络拍卖才得以成交，而该次拍卖成功与否，则直接决定了拍卖财产的价值与相关当事人的合法权益保护程度。如果竞买人在规定的期限内没有足额缴纳余款，也即通过自己的后续行为来拖延甚至反对此前的出价行为，便须承担相应的不利后果，人们对自己行为所承担的法律责任，属于需要承担的风险，这就导致竞买人必须在行为时有个适当的预知判断。因此，各竞买人在竞买过程中，必须充分考量出价后无人出价成为买受人的可能性，准确估计由此而生的各种风险并承担相应后果。这对于维护公平竞争的拍卖市场秩序和拍卖行业的健康发展具有重要意义。

编写人：重庆市綦江区人民法院　廖嘉莉

11

网络拍卖的法律适用及违反规则的拍卖行为的效力认定

——韩某诉某资产公司、某经营公司拍卖合同案

【案件基本信息】

1. 裁判书字号

北京市第二中级人民法院（2022）京 02 民终 675 号民事判决书

2. 案由：拍卖合同纠纷

3. 当事人

原告（反诉被告、被上诉人）：韩某

被告（反诉原告、上诉人）：某资产公司

被告：某经营公司

第三人：某网络公司、某软件公司

【基本案情】

某资产公司委托某经营公司对涉案债权资产公开竞价转让。经第一次网络公开竞价流拍后，2020 年 12 月 25 日，某资产公司宁夏业务部再次在报纸上刊登对某置业公司债权资产的公开竞价转让公告，载明竞买网址为某资产竞价网络平台，竞买时间为 2020 年 12 月 30 日 0 时起至 2020 年 12 月 31 日 0 时止，起拍价为 1480 万元，设有保留价，低于保留价不成交。同日，宁夏业务部在资产竞价网络平台发布《拍卖公告》，主要内容与报纸公告一致。本次竞拍中的

《竞买公告》和《竞买须知》载明的竞买时间、起拍价、保留价、转让标的均与报纸公告和《拍卖公告》一致。《竞买须知》还载明，竞买成交后，双方签订《成交确认书》及《债权资产转让协议》。至少要有两名（含两名）竞买人报名参加竞价，方能成交转让，否则竞价无效。资产转让过程中其他有关方提出争议时，宁夏业务部有权终结资产转让活动。

2020年12月28日14：47：26，宁夏业务部在网络公开竞价平台开设拍卖窗口，竞价时间为2020年12月30日0时起至2020年12月31日0时止。此拍卖窗口在竞价时间内无人报名竞拍。

2020年12月30日10：47：55，因发现前述拍卖窗口名称错误，宁夏业务部另行开设名称为“某置业公司债权资产”的拍卖窗口（以下简称“债权资产”拍卖窗口），设定竞价时间为2020年12月30日10：50至2020年12月31日00：00。在该窗口下，韩某于2020年12月30日23：31：13交纳保证金500万元，当日23：50：01出价1480万元。案涉网络竞价平台自动生成的《竞价确认书》载明，网拍已成交，成交金额为1480万元，成交时间为2020年12月31日0时，成交人为韩某，报名人两人，一人出价。

“抵押物”拍卖窗口与“债权资产”拍卖窗口网址链接不同，但拍卖标的物描述、《竞买公告》《竞买须知》等项内容基本相同。

韩某要求签署《成交确认书》及《债权资产转让协议》并多次支付竞拍价款，均被宁夏业务部拒绝。成交当日，某置业公司向宁夏业务部就参与竞拍人以及竞拍周期提出书面异议。

【案件焦点】

1. 本案案由是否应为拍卖合同纠纷；2 某资产公司与韩某之间是否成立合法有效的合同关系及涉案某置业公司债权资产是否由韩某竞拍成功。

【法院裁判要旨】

北京市西城区人民法院经审理认为：韩某与某资产公司、某经营公司在《中华人民共和国民法典》施行前已经就拍卖合同的效力及应否继续履行产生了争议，故本案应适用《中华人民共和国合同法》的相关规定。关于拍卖合同效力一节。就同一拍卖标的宁夏业务部于2020年12月28日、2020年12月30日在网络平台开设两个拍卖窗口，且两个拍卖窗口除处置标的物名称不一致外，其他有关拍卖的核心内容如拍卖轮次、标的物描述、《竞买公告》《竞买须知》内容基本一致。第三人某网络公司针对“债权资产”拍卖窗口竞价出具《竞价确认书》，确认该次竞价有效，且成交人为韩某。一审法院认定某资产公司、某经营公司以拍卖某置业公司债权资产的竞价周期不足24小时为由主张竞价无效，缺乏事实及法律依据，故一审法院不予支持。结合以上分析，一审法院认定韩某主张竞价有效的事实依据更为充分，一审法院予以采纳。在竞价有效的前提下，韩某充分按照《竞买公告》和《竞买须知》所附条件按时足额支付了竞价款，并积极向宁夏业务部催告要求签署《成交确认书》及《债权资产转让协议》，在宁夏业务部明确拒绝并向韩某多次退回竞价款的情形下，韩某及时将竞价款提存至公证处。以上事实足以使得一审法院认定韩某与宁夏业务部成立拍卖合同关系，且该合同不违反法律、行政法规的强制性规定，应属合法有效。宁夏业务部作为某资产公司的内设机构，无法独立承担民事责任，其在拍卖合同项下的权利、义务应由某资产公司承担。

北京市西城区人民法院依照《中华人民共和国合同法》第六十条、第一百零七条，《中华人民共和国拍卖法》第三十一条、第三十八条，《最高人民法院关于适用〈中华人民共和国民法典〉时间效力的若干规定》第二十条，《最高人民法院关于适用〈中华人民共和国民事诉讼法〉的解释》第九十条、第一百零八条，《最高人民法院关于民事诉讼证据的若干规定》第三条之规定，判决如下：

一、确认某资产公司在网络平台组织的“第二次某置业公司债权资产”拍卖已由韩某竞拍成交；

二、某资产公司于判决生效之日起三十日内向韩某交付某置业公司债权资产，并办理相关移交手续；

三、某资产公司于判决生效之日起十五日内向韩某支付律师费10万元、公证费 47400 元；

四、驳回韩某的其他诉讼请求；

五、驳回某资产公司的全部反诉请求。

某资产公司不服一审判决，提起上诉。

北京市第二中级人民法院经审理认为：本案涉及以下关键问题。

第一，关于本案案由是否应为拍卖合同纠纷问题。

《中华人民共和国拍卖法》规制的是传统意义上由拍卖企业进行的拍卖行为。本案中，某网络公司、某软件公司仅系网络公开竞价平台的提供者，涉案拍卖程序中的《拍卖公告》《竞买公告》《竞买须知》等，均系某资产公司使用该平台自行发布，某网络公司、某软件公司亦不负有与买受人签署《成交确认书》等拍卖文件的义务，故某网络公司、某软件公司并非《中华人民共和国拍卖法》意义上的拍卖人。涉案某置业公司债权资产的转让方式虽然符合《中华人民共和国拍卖法》关于拍卖的定义，但是本案不应直接适用《中华人民共和国拍卖法》。对于通过网络公开竞价平台进行拍卖的行为，目前尚未有明确的法律、法规规定。《中华人民共和国合同法》第一百二十四条规定："本法分则或者其他法律没有明文规定的合同，适用本法总则的规定，并可以参照本法分则或者其他法律最相类似的规定。"鉴于通过网络公开竞价平台进行拍卖的行为，与《中华人民共和国拍卖法》规制的拍卖行为最相类似，故可以参照适用《中华人民共和国拍卖法》的相关规定。故一审法院将本案案由确定为拍卖合同纠纷，并无不当。

第二，关于某资产公司与韩某之间是否成立合法有效的合同关系及涉案某置业公司债权资产是否由韩某竞拍成功问题。

《中华人民共和国拍卖法》第四条规定："拍卖活动应当遵守有关法律、行政法规，遵循公开、公平、公正、诚实信用的原则。"在资产竞价网络平台上进行的网络拍卖，拍卖程序同样必须遵循公开、公平、公正、诚实信用原则。《中华人民共和国合同法》第十三条规定："当事人订立合同，采取要约、承诺方式。"一般情况下，参照《中华人民共和国拍卖法》第五十一条关于"竞买人的最高应价经拍卖师落槌或者以其他公开表示买定的方式确认后，拍卖成交”等相关规定，在资产竞价网络平台上进行的拍卖中，拍卖公告系要约邀请，竞买人参与竞价并出价的行为属于要约，资产竞拍网络平台自动确认竞拍成功应属于竞买人的最高应价以“其他公开表示买定的方式确认”，构成承诺。此时，拍卖成交，双方合同关系已经成立。《竞买公告》和《竞买须知》中要求某资产公司与韩某签订的《成交确认书》及《债权资产转让协议》既是履行《竞买须知》义务的行为，也是对于双方合同权利义务的确认，而不是合同订立中的承诺。如果不存在本案前述拍卖程序问题，韩某本可以合法有效地竞拍获得拍卖标的物。但是由于本案前述拍卖程序问题的存在，案涉资产竞拍网络平台自动确认韩某竞拍成功不能视为有效的承诺。某资产公司与韩某就拍卖标的物的拍卖合同未能成立，故无法确认韩某就涉案“某置业公司债权资产”竞拍成功。

北京市第二中级人民法院依照《中华人民共和国合同法》第十三条、第十四条、第十五条、第二十一条，《最高人民法院关于适用〈中华人民共和国民法典〉时间效力的若干规定》第一条第二款，《中华人民共和国民事诉讼法》第一百七十七条第一款第二项之规定，判决如下：

一、撤销北京市西城区人民法院（2021）京 0102 民初 8333 号民事判决；

二、驳回韩某的诉讼请求；

三、驳回某资产公司的反诉请求。

【法官后语】

网络拍卖采用公开竞价、竞争性缔约的方式，有利于充分实现资产价值，在国有资产处置特别是金融不良资产处置工作中，已经成为一种不可或缺的资产转让方式。但不同于传统拍卖，网络拍卖的法律依据尚不明确，法律性质、合同订立规则、违反拍卖规则等问题的理论和实务研究薄弱。

一、网络拍卖的含义及特征

拍卖与招投标、挂牌转让、竞争性谈判等方式均属于公开竞价的竞争性缔约方式。在传统拍卖法律关系中，拍卖人的权利义务是核心。网络拍卖则不同。

在网络拍卖中，网络服务提供者提供网络平台及相关服务，转让方自行组织拍卖，自行发布拍卖公告，自行设置拍卖窗口内容，竞买人根据拍卖公告进入拍卖窗口，报名并交纳保证金后在特定的竞价期间公开参与竞价，竞价结束后，出价最高的竞买人竞拍成交，由网络拍卖平台信息系统确认成交后，出卖人和竞买人自行交割。网络拍卖具有如下特征：一是公开性和竞争性，遵循“公开竞价、价高者得”的成交规则。二是遵循公开、公平、公正和诚实信用原则，这一特性是由网络拍卖的公开性和竞争性决定的。应当强调，公开既是网络拍卖的属性，也是其基本原则。三是买卖双方直接交易，网络拍卖中，转让方和买受人是合同当事人，网络拍卖平台不是拍卖人，不是拍卖合同关系的当事人。四是从拍卖公告到拍卖标的交割前，所有程序和环节均在网络拍卖平台上进行。

二、网络拍卖的法律适用

现行法律、行政法规或者规章并未对网络拍卖进行直接规定，仅有《网络拍卖规程》（GB/T 32674-2016），但该规程仅是一项国家标准。网络拍卖区别于传统拍卖的最主要标志是没有拍卖人作为中介服务机构，而是买卖双方直接交易，该特征决定了网络拍卖不能直接适用《中华人民共和国拍卖法》。

网络拍卖与传统拍卖具备极高的相似度，可以参照适用《中华人民共和国拍卖法》，特别是公开、公平、公正和诚实信用原则，拍卖成交合同的订立方式等的规定，主要理由：第一，网络拍卖和传统拍卖的基本逻辑均为“公开竞价、价高者得”，均具备公开性和竞争性，二者具备同源性，进而都应当遵循公开、公平、公正、诚实信用原则。第二，符合《中华人民共和国拍卖法》立法目的。《中华人民共和国拍卖法》凝结了长期以来对拍卖这种特殊缔约方式的规律性共识，参照适用《中华人民共和国拍卖法》有助于弥补立法的缺失，规范网络拍卖市场的交易秩序，充分实现资产价值。第三，网络拍卖和传统拍卖的差异性集中体现在没有拍卖人作为中介服务机构，这一主体上的差别仅导致原来由拍卖人承担的职责由转让方和网络平台承担，即减少了委托拍卖合同及其相关程序，核心交易程序即拍卖公告和拍卖实施并无本质不同。正是由于网络拍卖和传统拍卖的极高相似度，有观点甚至认为网络拍卖可以直接适用

《中华人民共和国拍卖法》。[①] 当然，并非《中华人民共和国拍卖法》的全部规范都可以参照，判断能否参照适用应当具体到《中华人民共和国拍卖法》的个别法律规范。

三、违反拍卖规则的网络拍卖合同的效力

拍卖合同的成交不仅需要经过要约和承诺的过程，还应当符合法定和约定的拍卖规则与程序。网络拍卖规则由如下部分构成：一是《中华人民共和国拍卖法》等法律、行政法规；二是转让方发布的《拍卖公告》以及在网络拍卖平台公开展示的其他事项；三是网络拍卖平台的规则。当然，后两部分内容成为拍卖规则的前提是不违反法律、行政法规的规定，且符合法律关于格式条款的规定。

公开是网络拍卖最重要的属性和原则，是实现充分竞价的基础。网络拍卖规则中，拍卖公告和拍卖实施是最重要的环节，也是集中反映和保障网络拍卖公开的核心。拍卖公告环节使得潜在竞买人了解拍卖标的、拍卖价格、时间、场所等信息，拍卖实施环节实际上是将拍卖公告付诸实践的结果，故拍卖实施活动必须和拍卖公告内容相符。在各项公告内容中，拍卖标的、拍卖价款、拍卖时间和网络拍卖平台是最主要的内容。特别是拍卖时间和网络拍卖平台，这两个要素决定了网络拍卖的时间和空间要素，属于拍卖活动不可或缺的交易要素。网络拍卖应当按照公告确定的拍卖时间和网络拍卖平台进行，转让方不得随意变更拍卖的时间和拍卖平台，否则将导致潜在的竞买人不能参加竞买，严重侵蚀网络拍卖的公开性和竞争性，违反公开、公平、公正和诚实信用的基本原则，破坏拍卖活动的交易秩序。因此，违反拍卖公告确定的拍卖时间和网络平台等交易要素进行拍卖的行为属于严重违反拍卖规则的行为，竞买人的要约和转让方的承诺均不生效，即使网络拍卖平台出具了成交确认信息，拍卖亦不成交。如果由于转让方或者网络拍卖平台的原因导致不能成交的，竞买人可以依法主张权利。

---

① 霍玉芬：《拍卖法要论》，中国政法大学出版社2012年版，第246~247页；袁翔珠：《网络拍卖的法律障碍与对策》，载《北京邮电大学学报（社会科学版）》2003年第4期。

本案中，“抵押物”拍卖窗口和“债权资产”拍卖窗口均与《拍卖公告》等不符：前者是拍卖标的名称不符，后者是竞价时间和竞价周期不符。后者因为竞价时间和竞价周期与《拍卖公告》等不符，严重违反拍卖程序，资产竞拍网络平台自动确认韩某竞拍成功不能视为有效的承诺，某资产公司与韩某之间的拍卖合同未成立。

编写人：北京市第二中级人民法院　葛红　苏琪越　牛晓煜

七、民事主体间房屋拆迁补偿合同纠纷

12

预约合同未告知公摊面积的法律适用及认定标准

——张某诉某房地产公司民事主体间房屋拆迁补偿合同案

【案件基本信息】

1. 裁判书字号

北京市第三中级人民法院（2023）京 03 民终 19922 号民事判决书

2. 案由：民事主体间房屋拆迁补偿合同纠纷

3. 当事人

原告（上诉人）：张某

被告（被上诉人）：某房地产公司

【基本案情】

张某就案涉 32 号房屋拥有合法产权，房屋用途为商业、办公。因项目改造需要，张某房屋被列入改造范围，某房地产公司与张某签订《补偿协议书》，约定双方对认定的商业用房面积采取房屋回迁安置方式、办公用房面积采取货币补偿方式补偿，安置房屋交付时间为 2019 年 1 月 1 日，同时约定了安置房屋的面积、补偿款、违约责任等内容，但未约定公摊面积。其后张某于 2018 年 11 月 13 日向某房地产公司交付了 32 号房屋，但某房地产公司未按期履行交房义务，且张某因对安置房公摊面积较大以致减少了实际交付安置房屋的面积不满而拒不接收某房地产公司所交付的房屋，2019 年 7 月 30 日某房地产公司向张某送达《交房通知书》，承认公司存在逾期交房事实，但认为公摊面积不应成为张某拒绝接受安置房屋的理由，并要求张某及时签署《安置购房合同》并办理安置房屋交付手续。2019 年 11 月 20 日，张某向北京市怀柔区人民法院起诉（以下简称怀柔法院），怀柔法院作出民事判决，认定某房地产公司逾期交房，对于公摊面积等拆迁补偿利益损失要求张某另行主张；其后某房地产公司提起了二审和再审，北京市第三中级人民法院作出民事判决，维持原判并已生效。而后，某房地产公司提起要求解除双方签订的《补偿协议书》之诉，经法院调解，结果为由张某先办理收房手续，对于争议问题另行诉讼解决。2022 年 10 月 8 日，某房地产公司起诉要求解除与张某之间的《补偿协议书》，经法院调解达成和解协议，张某同意接收安置房屋，但对应安置面积、公摊面积仍存在异议。截至 2023 年 9 月 25 日，因安置房屋面积存在争议，怀柔区住建委未对房屋面积进行备案，亦未办理不动产权证书。

【案件焦点】

1. 公摊面积是否合理；2. 安置房屋首层建筑面积是否符合《补偿协议书》约定。

【法院裁判要旨】

北京市怀柔区人民法院经审理认为：第一，关于分摊面积是否合理问题。《商品房销售面积计算及公用建筑面积分摊规则（试行）》第八条规定了公用建筑面积的组成。本案中，双方在《补偿协议书》中未注明房屋公摊面积比例的区间范围，法律法规对此也没有明确规定，按照某房地产公司提交的 2019 年 9 月 10 日某测绘公司《房屋面积测算技术报告书》以及鉴定机构出具的《报告书》，均确定涉案安置房屋首层公摊比例为 26.7%、二层公摊比例为 26.7%。从所有权人的角度来说，公摊面积是为了保证整个楼宇的正常运行而必须设置的用于提供日常生产生活所需的基础设施和服务部分，是对居住品质和安全性、舒适度的保障；对于商业房产而言，其质量和使用价值通常与公摊面积密切相关。涉案安置房屋为新建商业楼，存在为配套商业、社区管理用房、社区卫生服务站、物业服务用房服务的共有共用建筑，当事人在订立安置房屋合同时应当能够预见房屋建筑面积中存在合理的公摊面积。因此，在双方未能在《补偿协议书》中明确约定公摊比例的情况下，经两个测算机构测算的公摊比例均未超出合理的区间范围，《报告书》中共有部分建筑面积分摊说明所载明列入分摊的共有部分（社区卫生服务站之外）亦未明显超出普通被安置人对于公摊范围的合理预期。原告虽主张公摊面积不合理，但未能提供充分有效的法律依据证明其主张，其主张没有事实和法律依据，本院对此不予采信。

第二，安置房屋首层建筑面积是否符合《补偿协议书》约定。本案双方均认可《补偿协议书》签订前安置房屋主体已经建好，被告虽未能举证证明在房屋交付通知书送达前以向原告出示规划许可证及其附件和房屋面积测算技术报告书的形式告知原告公摊面积、首层套内面积等关键信息，存在缔约过程中的瑕疵，但双方系到达现场踏勘后在《补偿协议书》中明确约定首层面积除社区卫生服务站以外的全部商业面积均用于回迁安置，与第一层规划平面图已标明包含配套商业、社区卫生服务站、再生资源回收站、消防安防值班室的事实相互印证，故可排除被告在双方签订《补偿协议书》后恶意在首层额外新增再生资源回收站、消防安防值班室的可能性，亦反证了原告在签订《补偿协议书》时已知晓涉案安置房屋功能划分的基本信息。此外，张某虽称某房地产公司口头承诺其安置房屋首层达 600 平方米以上且有富余，但未能提交证据加以证明，而《补偿协议书》、前案踏勘现房情况、《建设工程规划许可证附件》均未能体现某房地产公司应当交付张某首层面积等于或超过 600 平方米的安置房屋，仅约定被告应向原告交付建筑面积共计 930 平方米的两层商业房。综上，张某在签订《补偿协议书》后主张涉案房屋首层面积不足无事实依据，本院不予采信。

北京市怀柔区人民法院依照《中华人民共和国合同法》第六十条，《最高人民法院关于适用〈中华人民共和国民法典〉时间效力的若干规定》第一条第二款、第二十条,《最高人民法院关于适用〈中华人民共和国民事诉讼法〉的解释》(2022年修正)第九十条,参照《商品房销售管理办法》第十八条第二款,《商品房销售面积计算及公用建筑面积分摊规则(试行)》第八条之规定,判决如下:

驳回张某的诉讼请求。

张某不服一审判决,提起上诉。

北京市第三中级人民法院经审理认为:第一,首层房屋交付面积是否违反约定的问题。结合在案证据及双方当事人陈述可知,在签订《补偿协议书》之前,安置房屋主体已经建好,双方系到达现场踏勘后约定首层面积除社区卫生服务站以外的全部商业面积均用于回迁安置。考虑到一层规划平面图已表明包含配套商业、社区卫生服务站、再生资源回收站、消防安防值班室,法院现场勘察一层现场布局与规划许可证中平面图位置、方位基本一致,双方在《补偿协议书》后未另行签订协议确定安置房屋具体位置划分,原审法院据此排除某房地产公司在双方签订《补偿协议书》后恶意在首层额外新增再生资源回收站、消防安防值班室的情况,认定张某在签订《补偿协议书》时已知晓涉案安置房屋功能划分的基本信息,并无不当。结合双方合同约定以及在案其他证据,对于张某主张的首层面积损失,原审法院未予支持,符合案件实际。第二,安置房屋分摊面积比重是否合理的问题。涉案安置房屋系新建商业楼,张某在订立安置房屋合同时应能够预见房屋建筑面积中存在合理的公摊面积。考虑到双方在《补偿协议书》中未注明应合理分摊的公用建筑面积比例,法律法规对于房屋公摊面积比例的区间范围亦无明确规定,张某虽不认可某房地产公司确定的分摊原则,但亦未提交相应证据证明其主张,目前涉案房屋的公摊比重无明显不合理情形,张某主张的公摊面积损失依据不足,原审法院未予支持,并无不当。第三,逾期交房违约责任如何认定的问题。相关判决书生效后,某房地产公司向张某支付2019年1月2日至2021年10月18日期间逾期交房违约金共计2846 381.4元并已经执行完毕,已经就逾期交房给张某造成的损失充分予以弥补。现张某再次主张后续违约金,结合上述分析以及本案案情,张某的该项主张缺乏事实及法律依据，本院不予采信。

北京市第三中级人民法院依照《中华人民共和国民事诉讼法》第一百七十七条第一款第一项之规定，判决如下：

驳回上诉，维持原判。

【法官后语】

房屋买卖的预约阶段，因为无须备案，亦无行业主管部门统一制式的格式合同，导致认购书、安置房意向书等预约合同始终处于行业监管真空地带；同时，伴随房地产产业的高速发展，开发商并不以公摊面积少作为营销点，而是不断提升楼房配套、品质，将改善性作为增长点，在小区环境、公共设施不断升级的情况下，也出现一批公摊面积超过建筑面积一半的房屋进入市场，从而引发大量投诉和退房退款纠纷。司法实践中，人民法院对未告知公摊面积纠纷的案件在裁判审理思路、理念和结果处理上存在不同认识。处理这种类型纠纷的重点是要把握好预约合同是否可以撤销问题以及撤销权适用的情形和认定标准。

预约合同最本质的内涵是约定将来一定期限内订立合同。其在实践中经常表现为认购书、订购书、预订书、意向书等，它是一项以订立本约为目的的独立合同，当事人存在重大误解、欺诈、胁迫、显失公平等法定事由，非违约方可以行使撤销权，使合同自始无效。从内容来看，案涉安置意向书及搬迁补偿协议书均约定了房屋建筑面积、补偿安置以及逾期交房产生的违约责任等内容，其符合预约合同典型表现形式，判断该预约合同是否能够撤销，主要考虑开发商未在预约合同中告知公摊面积是否构成合同可撤销的情形。

首先，考虑预约合同中未告知公摊面积是否构成欺诈。欺诈是指一方当事人故意告知对方虚假情况，或者故意隐瞒真实情况，诱使对方作出错误意思表示的行为。需要有欺诈的故意、欺诈的行为、欺诈行为与错误判断存在因果关系、受欺诈人基于错误判断作出意思表示几个条件。本案中，开发商并不存在故意告知买受人（被安置人）虚假公摊面积或故意隐瞒真实公摊面积情况的主观动机，相反，在签订预约合同前，开发商工作人员主动向买受人（被安置人）进行房屋现场踏勘，虽然买受人（被安置人）作为普通公民无法仅凭目测确定公摊面积，但考虑现有法律法规并未明确要求开发商在与买受人签订预约合同时必须将公摊面积予以公示或明确告知，故开发商并无欺诈之主观故意及行为。故开发商在预约合同签订前及履行期间，未故意告知不实公摊面积或故意隐瞒较高公摊系数的，一般不构成合同之欺诈。

其次，考虑预约合同中未告知公摊面积是否构成重大误解。重大误解是指行为人因对行为的性质、对方当事人以及标的物的品种、质量、规格和数量等的错误认识，使行为的后果与自己的意思相悖，并造成较大损失的行为。本案中，是否构成重大误解，需同时满足两个条件：第一，开发商未向买受人实施任何形式的告知行为；第二，公摊面积参照不同用途房屋是否在公众可接受合理区间。关于告知行为，开发商虽未在预约合同或现场踏勘时明确告知买受人公摊面积，但在无法律法规强制性规定的情形下，买受人签订正式房屋买卖合同，且买受人对合同中公摊面积不认可，并提起本案诉讼要求开发商赔偿损失，就需要满足第二项条件。目前，国内无法律法规就公摊原则、公摊面积合理范围进行约定，仅少数省市有关于拆迁中公摊面积的规定，且商业和住宅公摊比例规定尚不一致。案涉被安置人原始被拆迁房屋登记表中“分摊的共有面积”一栏为空白，表明当时早期综合服务楼没有分摊的共有共用建筑。而案涉安置房屋为新建商业楼，存在为配套商业、社区管理用房、社区卫生服务站、物业服务用房服务的共有共用建筑，包括楼梯间、热力小室、设备间、走道等。根据2001年6月1日施行的《商品房销售管理办法》规定，分摊的共有建筑面积部分为共有产权，买受人按照法律、法规的规定对其享有权利，承担责任。从买受人的角度来说，公摊面积在某种程度上代表着小区品质，公摊面积过小，可能意味着电梯间狭窄，配套设施缺乏等问题，进而影响买受人居住使用质量与便利性。经测算机构对案涉房屋测算的公摊比例均未超出行业惯例，亦未明显超出被安置人的合理预期。被安置人主张公摊面积不合理，但未能提供充分有效的证据证明其主张，其主张没有事实和法律依据，法院对此不予采信。可见，案涉预约合同重大误解的认定需考虑开发商是否履行了告知义务，即使未履行告知义务，正如上文分析的内容，在无法律法规强制性规定必须在预约合同中约定公摊面积的情形下，应当考虑合同法鼓励交易、促成交易达成的立法目的，在房屋质量要求不明确，且无国家标准、行业标准时，可以按照通常标准或者符合合同目的的特定标准履行。

此外，需要说明的是，房屋买卖属于大宗商品买卖，开发商往往通过预约合同锁定买受人并收取定金，由于行业主管部门缺乏对预约合同监管的法律依据，使得预约合同成为开发商牟利和损害买受人的重灾区。而开发商在取得商品房预售许可销售房屋前，已经取得建设工程规划许可证、施工许可证以及预测绘报告，完全具备在认购书或安置意向书等预约合同中明确注明公摊系数的现实条件。因此，国家不动产管理部门应当主动、全流程延伸监管区间，同时，规范并公示各类用途不动产的公摊系数合理区间，这样既能约束开发商利用不合理公摊面积获取非法利益，又可为买受人提供选择房屋商品的合理预期。

编写人：北京市怀柔区人民法院　夏阳

八、供用电合同纠纷

13

供电人行使终止供用电合同权利的司法审查

——肖某诉某供电公司供用电合同案

【案件基本信息】

1. 裁判书字号

重庆市第三中级人民法院（2022）渝 03 民终 1730 号民事判决书

2. 案由：供用电合同纠纷

3. 当事人

原告（上诉人）：肖某

被告（被上诉人）：某供电公司

【基本案情】

肖某家安装了两块电表，一块照明电表、一块动力电表。2020 年 10 月 3 日，肖某请人通过墙上打孔，将自家照明电表上的电线绕越动力电表，直接连接到动力电表前的进线上。2021 年 3 月 5 日，某供电公司在例行排查时发现上述接线行为，认为其存在窃电行为，遂报告相关部门。当地镇政府遂安排人员作为在场人，同某供电公司员工对肖某的用电进行检查、对设备容量进行统计，制作《用电检查通知单》等相关单据。其中，《用电检查通知单》确认肖某存在“在供电企业的供电设施上擅自接线用电”及“绕越供电企业用电计量装置用电”的非正常用电行为。肖某对前述文件签字确认。同日，某供电公司、当地供电所安排人员对肖某进行询问并形成《询问笔录》，载明肖某承认窃电事实、供述了窃电经过并愿意接受相关处理。

2021 年 3 月 5 日，某供电公司中止对肖某家供电，并发出《停（限）电通知书》，要求肖某 3 日内到供电所接受处理。肖某及其儿媳冯某在通知书上签字捺印。但落款处未加盖某供电公司公章，仅有两名工作人员签名。同日，某供电公司工作人员向肖某出具《窃电、违约用电处理方式审批单》，要求肖某按审批单载明的金额支付 208010.96 元。但该审批单无任何审批记录。

后因双方对窃电事实、窃电期间、窃电量等存在争议，肖某未补交电费和违约使用费。2021 年 3 月 23 日，某供电公司向当地派出所报案，称肖某窃电金额 52997.74 元。该所立案后至今，仍在侦查中。

【案件焦点】

供电人能否对违法窃电的用电人停止供电，终止供用电合同。

【法院裁判要旨】

重庆市武隆区人民法院经审理认为：供电人和用电人双方虽未签订书面供用电合同，但形成事实上的供用电合同关系。肖某窃电需承担相应的法律责任，包括接受中止供电、按所窃电量补交电费、承担三倍加收使用费等。因肖某现未补交电费和违约使用费，引起中止供电的原因还未消除，故对肖某要求判令某供电公司恢复供电的诉讼请求，不予支持。

重庆市武隆区人民法院依照《中华人民共和国民法典》第五百七十七条、第六百四十八条、第六百五十四条，《中华人民共和国电力法》第三十二条，《中华人民共和国民事诉讼法》第六十七条、第一百四十五条之规定，判决如下：

驳回肖某的诉讼请求。

肖某不服一审判决，提起上诉。

重庆市第三中级人民法院经审理认为：供电人有权在用电人窃电或者违约

用电等情形下依程序中止供应电力，但因某供电公司或者电力行政管理部门并未对肖某作出合法有效的处理决定，公安机关对肖某涉嫌盗窃一案也尚在侦查中，故现有证据并不足以认定肖某有窃电行为。暂停供电不仅是固定证据需要，也是督促行为人补缴费用、接受处罚的手段，但该权利不得滥用。电能是居民基本生活所必需，长期停电必将对用电人及其家人的正常生活造成不利影响。故供电人也应在中止供电期间内积极解决争议，而不能以消极停电方式滥用权利，无限延长中止供电期间。

重庆市第三中级人民法院依照《中华人民共和国民事诉讼法》第一百七十七条第一款第二项之规定，判决如下：

一、撤销重庆市武隆区人民法院（2022）渝 0156 民初 2054 号民事判决；

二、某供电公司于本判决生效后三日内对肖某所居住的房屋恢复供电。

【法官后语】

窃电即盗窃电能，是指以不交或者少交电费为目的，采用非法手段不计量或者少计量用电的行为。常见的窃电行为有：在供电企业的供电设施上擅自接线用电；绕越供电企业的计量装置用电等。窃电行为不仅可能会造成电力设施破坏，扰乱正常供电秩序，也可能造成重大安全事件。《中华人民共和国电力法》第七十一条规定："盗窃电能的，由电力管理部门责令停止违法行为，追缴电费并处应交电费五倍以下的罚款；构成犯罪的，依照刑法有关规定追究刑事责任。"同时，《供电营业规则》第一百零四条也规定："供电企业对查获的窃电者，应当予以制止并按照本规则规定程序中止供电。窃电用户应当按照所窃电量补交电费，并按照供用电合同的约定承担不高于应补交电费三倍的违约使用电费。拒绝承担窃电责任的，供电企业应当报请电力管理部门依法处理。窃电数额较大或情节严重的，供电企业应当提请司法机关依法追究刑事责任。"

从以上规定可知，对于窃电人来说，窃电行为可能会导致其承担盗窃罪的刑事责任、罚款的行政责任以及补交电费三倍的违约使用费用的民事责任。但是，在供用电双方长期对相关纠纷无法解决的情况下，供电人应恢复供电，而不能以断电方式对违法、违约的用电人进行惩罚。

一、供电人具有强制缔约义务

强制缔约义务不仅体现在供用电合同双方首次缔约，也适用于履行供用电合同过程中。《中华人民共和国民法典》第六百四十八条规定："供用电合同是供电人向用电人供电，用电人支付电费的合同。向社会公众供电的供电人，不得拒绝用电人合理的订立合同要求。"第四百九十四条第三款规定："依照法律、行政法规的规定负有作出承诺义务的当事人，不得拒绝对方合理的订立合同的要求。"《中华人民共和国电力法》第二十六条第一款也规定："供电营业区内的供电营业机构，对本营业区内的用户有按照国家规定供电的义务；不得违反国家规定对其营业区内申请用电的单位和个人拒绝供电。"这些规定都从不同角度确认了供电人的强制缔约义务。强制缔约属于法定义务，是对合同自由的限制，其功能在于维护公共利益，对更多的社会个体生存权利的保障，为社会个体在特殊情况下遭遇的困境给予充分关照，彰显"以人为本"的立法精神。如果供电人能够按照市场交易规则拒绝与相对人缔约或者终止履约，很有可能对公众的人身、财产利益造成威胁。

二、供电人终止供电的权利应该依法行使

从《中华人民共和国民法典》到《中华人民共和国电力法》《供电营业规则》等，均未赋予供电人对于违约行为人甚至犯罪行为人终止供电的权利，而只有"中止"即暂时停止供电的权利。即使用电人尚未承担相应责任，供电人在查清窃电人违法事实后，或者在争议久久不能解决的情况下，也应该恢复供电以保障用电人基本生活。

当然，供电人履行强制缔约义务也不是绝对的。如用电人用电要求不符合法律法规或公序良俗、用电人设施设备存在安全隐患、用电人的要求超出了供电人的供电范围和时间等，供电人依然可以拒绝供电。但在本案中，即使认定用电人存在窃电行为，供电人也应在中止供电期间内积极解决争议，而不能消极停电，滥用权利，无限延长中止供电期间。

编写人：重庆市第三中级人民法院　张晓霞　张景卫

14

转供电主体以超过电网企业收费标准向终端用户多收取的电费是否退还的判断

——某商贸公司诉某物业管理公司供用电合同案

【案件基本信息】

1. 裁判书字号

北京市第二中级人民法院（2023）京 02 民终 14002 号民事判决书

2. 案由：供用电合同纠纷

3. 当事人

原告（上诉人）：某商贸公司

被告（被上诉人）：某物业管理公司

【基本案情】

某商贸公司从 2015 年开始租赁某小区底商用于开办超市。该底商的供电由某物业管理公司负责，供电形式为凭电卡到某物业管理公司预购电，但双方并未签订书面合同。2022 年下半年，某商贸公司意外得知某物业管理公司收取电费标准过高，遂找某物业管理公司协商退还多收取的电费。某物业管理公司在 2022 年 11 月 2 日退还了部分多交电费 47724.2 元，但因与某商贸公司的诉求差距太大，某商贸公司遂将某物业管理公司诉至法院。某商贸公司认为，某物业管理公司应按照各年度代理购电工商业用户电价表中记载的收费标准向其收取电费，故主张某物业管理公司应退还多收的电费 365783.47 元。

某物业管理公司称，其收取的物业费并不包含公摊电费。自 2018 年 4 月 1 日至 2021 年 10 月 31 日，某物业管理公司未遵守国家关于降低一般工商业电价政策规定，应降未降电费合计 88860.88 元，房山区市场监督管理局已经对其进行了查处。某物业管理公司也已经以折抵电费的形式将88860.88元应降价电费全部退还某商贸公司，无违法所得。房山区市场监督管理局于2022年12月9日向某物业管理公司作出不予行政处罚决定书。对于其他时间段，某物业管理公司认为国家并无上述电费降价政策规定，不同意将超过电网企业收费标准多收取的电费退还某商贸公司。

【案件焦点】

某物业管理公司向某商贸公司多收取的电费应否退还。

【法院裁判要旨】

北京市房山区人民法院经审理认为：某物业管理公司通过转供电方式为某商贸公司提供用电并收取电费，某物业管理公司与某商贸公司形成了供用电合同关系，对于电费的收取应依据双方合同约定，现双方均认可无书面合同约定，但双方均履行了代为购电、支付电费等合同义务。经法院向市场监督管理部门核实，某物业管理公司作为转供电主体向电网企业购电并缴纳电费，电网企业按照代理购电工商业用户的电价标准向某物业管理公司收取电费，故某商贸公司主张的代理购电工商业用户电价系某物业管理公司向电网企业缴纳的电费标准。某物业管理公司在2018年4月1日至2021年10月31日未执行降价政策，经北京市房山区市场监督管理局监督管理，某物业管理公司主动退还某商贸公司应降价电费。现某商贸公司要求某物业管理公司按照代理购电工商业用户的电价标准收取电费，无事实和法律依据，本院不予支持。

北京市房山区人民法院依照《最高人民法院关于适用〈中华人民共和国民事诉讼法〉的解释》第九十条之规定，判决如下：

驳回某商贸公司的诉讼请求。

某商贸公司不服一审判决，提起上诉。

北京市第二中级人民法院经审理认为：同意一审法院裁判意见，依照《中华人民共和国民事诉讼法》第一百七十七条第一款第一项之规定，判决如下：

驳回上诉，维持原判。

【法官后语】

《国家发展改革委办公厅关于清理规范电网和转供电环节收费有关事项的通知》指出，转供电是指电网企业无法直接供电到终端用户，需由其他主体转供的行为。实践中，转供电主体主要包括商业综合体、产业园区、某物业管理公司等自用配电设施供电的主体，转供电用电人是与转供电主体存在供用电合同关系的终端用户。基于种种原因，各地还存在大量转供电情况，且转供电主体一般以超过电网企业收费标准向终端用户收取电费。随着国家要求降低一般工商业电价政策的落地，终端用户与转供电主体之间的纠纷也随之增多。此类纠纷处理结果，不仅关系到终端用户与转供电主体的切身利益，还关乎电力市场的健康有序发展。

以本案为例，对于转供电主体以超过电网企业收费标准向终端用户多收取的电费是否应当退还，要综合考虑当事人交易习惯并在合理范围内考虑转供电主体在转供电过程中产生的转供电成本分摊等因素予以确定。

首先，就转供电主体与终端用户之间的合同而言，虽然转供电主体与终端用户之间未签订书面合同，但长期以来，双方分别履行了代为购电、支付电费等事实合同的行为，同时在本案纠纷发生之前，终端用户对于双方之间收费模式、收费标准等均未提出过异议。转供电主体与终端用户之间关于转供电的电费收取标准，是双方的真实意思表示，且不存在法律、行政法规关于合同无效的强制性规定，因此，转供电主体与终端用户之间的合同合法有效。

其次，电网企业收费标准属于政府公开信息，转供电主体与终端用户之间约定的电价高于电网企业收费标准，终端用户作为理性市场人，应当是知晓的，其数年来接受该约定并自愿履行合同，故其要求转供电主体退还多支付的电费是无事实根据的。

再次，转供电主体向终端用户转供电，同时也承担了转供电的成本，包括转供电的设施设备投资、管理、维护、损耗等支出。同时，转供电主体需要对全部终端用户提供用电服务，这些支出并不能针对具体某个终端用户进行区分，势必导致公摊电费的产生。本案中，根据相关行政处罚告知书载明的内容，某物业管理公司按照0.34元/（月·平方米）标准向某商贸公司收取的物业费中，并不包含公摊电费。在转供电情形下，转供电主体以高于电网企业的收费标准向终端用户收取电费，也是为了弥补转供电主体自身的成本和损耗。人民法院在裁判时，应当在合理范围内考虑公共用电费用及转供电成本分摊等因素。

最后，就转供电主体在售电过程中未按照相关规定传导电价降价政策红利部分，相关市场监督管理部门经调查、审计后，依法向转供电主体作出告知，转供电主体也已经依据市场监督管理部门要求，向终端用户退还了按照政策应降价部分电费。

编写人：北京市房山区人民法院　王辉

九、赠与合同纷纷

15

附义务赠与合同以受赠人保持家庭和睦为义务的，赠与人可以受赠人离婚为由主张撤销赠与

——刁某诉王某、闫某赠与合同案

【案件基本信息】

1. 裁判书字号

北京市第三中级人民法院（2023）京 03 民终 10053 号民事判决书

2. 案由：赠与合同纠纷

3. 当事人

原告（被上诉人）：刁某

被告（被上诉人）：王某

被告（上诉人）：闫某

【基本案情】

王某某、刁某（甲方、父母方）与王某、闫某（乙方、儿媳方）签订《和睦家庭协议书》，约定："为促进家庭和谐，保持家庭和睦，共同进退，合力共赢，甲、乙双方为案涉房屋归属问题达成如下协议，以共同遵守。第一条：未经甲方同意，乙方不可转卖、转租该房屋。第二条：好好过日子，积极向上，

孝顺父母。第三条：房租所涉及所有债务由甲、乙双方共同承担。第四条：如违反以上约定，甲方可收回出资。第五条：本协议共一页，一式两份，双方各执一份。自双方共同签名之日起成立。”

后刁某向闫某转账共计160.2万元，各方均认可该款项系涉案房屋的购房款。

后王某以离婚纠纷为由将闫某诉至法院，经法院审理，双方因感情不和分居，矛盾较大，闫某并无希望与王某修复感情的意图，同意离婚，双方夫妻感情确已破裂，无和好可能，故法院判决解除双方的婚姻关系。

现刁某主张涉案款项为附义务赠与，二被告没有好好过日子，违反赠与协议第二条约定，故主张撤销赠与。

【案件焦点】

父母与子女签订附义务赠与合同，以子女保持家庭和睦为义务的，子女与其配偶离婚是否可以视为未履行赠与义务，从而父母是否可据此为由撤销赠与合同。

【法院裁判要旨】

北京市通州区人民法院经审理认为：根据《中华人民共和国民法典》第六百六十一条的规定，赠与可以附义务。赠与附义务的，受赠人应当按照约定履行义务。第六百六十三条第一款规定，受赠人有下列情形之一的，赠与人可以撤销赠与：（1）严重侵害赠与人或者赠与人近亲属的合法权益；（2）对赠与人有扶养义务而不履行；（3）不履行赠与合同约定的义务。本案中，刁某与闫某、王某在《和睦家庭协议书》中约定，闫某、王某应当好好过日子、积极向上、孝顺父母，如违反约定刁某可收回出资。从该《和睦家庭协议书》约定内容来看，刁某为闫某、王某购房出资系为了促进闫某、王某夫妻感情、维护家庭和睦，但就本案审理查明的事实，王某以其与闫某感情不和起诉离婚，闫某并无希望与王某修复感情的意图，明确表示同意离婚。在此情况下，刁某所期望的家庭和睦的目的已然无法实现，其对闫某、王某进行赠与的基础已经丧失，刁某依据《和睦家庭协议书》的约定主张撤销对闫某、王某的赠与依据充分，应予支持。关于刁某给闫某转账的160.2万元，闫某、王某认可系涉案房屋的购房款，对此法院不持异议，在刁某撤销赠与后，该部分款项闫某、王某应当予以返还。闫某所称不应返还刁某涉案款项的抗辩意见依据不足，法院难以采信。

北京市通州区人民法院依据《中华人民共和国民法典》第六百六十一条、第六百六十三条第一款之规定，判决如下：

被告王某、闫某于本判决生效后十日内返还原告刁某160.2万元。

闫某不服一审判决，提起上诉。

北京市第三中级人民法院经审理认为：刁某与王某、闫某在《和睦家庭协议书》中约定，王某、闫某应当好好过日子、积极向上、孝顺父母，如违反约定刁某可收回出资。从该《和睦家庭协议书》约定内容来看，刁某为王某、闫某购房出资系为了促进二人夫妻感情、维护家庭和睦，但就本案审理查明的事实，王某以其与闫某感情不和起诉离婚，闫某明确表示同意离婚，并无希望与王某修复感情的意图。在此情况下，刁某所期望的家庭和睦的目的已然无法实现，其对王某、闫某进行赠与的基础已经丧失，刁某依据《和睦家庭协议书》的约定主张撤销对王某、闫某的赠与，并无不当。二审法院同意一审法院裁判意见。闫某的上诉请求不能成立，应予驳回；一审判决并无不当，应予维持。

北京市第三中级人民法院依照《中华人民共和国民事诉讼法》第一百七十七条第一款第一项之规定，判决如下：

驳回上诉，维持原判。

【法官后语】

父母与子女签订附义务赠与合同，以子女保持家庭和睦为义务的，子女与其配偶离婚是否可以视为未履行赠与义务，从而父母是否可据此为由撤销赠与合同。根据《中华人民共和国民法典》第六百六十三条第一款第三项的规定，受赠人不履行赠与合同约定的义务的，赠与人可以撤销赠与，本案即是适用该规定的典型案例。附义务赠与合同，是受赠人负有一定给付义务的赠与，作为一种特殊的赠与合同，要求受赠人按照约定履行一定的义务，故对于附义务赠与合同作何定性便成为具有争议的话题。赠与作为人们联系感情的一种方式，属于加利他人的行为，本无须受赠人承担任何义务，然而，社会关系的复杂度和法律关系的多样性远非简单的模式就可囊括，生活中出现了不少赠与附有义务的情形。一般的赠与合同属于单务、无偿合同自无疑义，[①]赠与人单方面地将自己的财产给予受赠人，而无须受赠人承担任何义务。但附义务赠与合同较为特殊，受赠人需负有一定的义务，但这种义务不与赠与人的赠与义务形成对价关系。

一、附义务赠与法定撤销的要件

（一）限制要件：义务的效力排除

义务内容是附义务赠与合同的一部分，其效力直接影响到附义务赠与合同本身的效力。义务内容应当符合社会公共利益，不得损害第三人的利益或者违背公序良俗。虽然赠与合同中的附加义务与其他合同中的义务有所区别，但是义务的内容本身应当与其他义务一样，遵循法律法规的规制。如果义务内容损害社会公共利益、第三人利益或者违背公序良俗，那么义务内容应当是无效的。

本案中，王某某、刁某与其儿子王某及儿媳闫某签订《和睦家庭协议书》，约定为促进家庭和谐，保持家庭和睦，共同进退，合力共赢，由两位老人为其儿子与儿媳出资购房，作为对于其家庭生活的经济支撑，并约定王某与闫某二人应好好过日子，积极向上，孝顺父母。该协议书订立的初衷系叮嘱晚辈和谐相处，维系其家庭和睦关系，协议书约定内容合法有效，并未违反法律、行政法规强制性规定。

（二）消极要件：受赠人不履行所负义务

《中华人民共和国民法典》第六百六十一条第二款规定："赠与附义务的，受赠人应当按照约定履行义务。"赠与人交付赠与财产后，受赠人不履行赠与合同约定的义务的，赠与人可以请求受赠人继续履行，也可以行使法定撤销权。

---

① 王利明：《合同法研究》（第三卷），中国人民大学出版社2015年版，第233页；崔建远主编：《合同法》，法律出版社2024年版，第17页。

于此情形，赠与人行使法定撤销权不以诉请受赠人履行未果为前提，[①] 即便受赠人的义务可以诉请法院强制执行，赠与人仍然可以不经诉讼而直接撤销赠与。所谓不履行赠与合同约定的义务，包括拒绝履行、履行不能、履行迟延、不完全履行等各种违约形态。依诚信原则，赠与人不能疑似受赠人出现违约情形就立即行使撤销权，还必须受赠人的违约行为达到了较为严重的程度。同样，依诚信原则，受赠人履行了部分所附义务的，赠与人一般不得撤销全部赠与，仅得撤销与未履行部分相应的赠与。另外，法定撤销权意在规制受赠人忘恩负义行为，故只有因可归责于受赠人的事由不履行约定义务的，赠与人方能行使法定撤销权。若非因可归责于受赠人的事由致使赠与合同约定的义务不能履行或者不必要履行的，赠与人不得撤销赠与合同。

本案中，王某以其与闫某感情不和起诉离婚，闫某并无希望与王某修复感情的意图，明确表示同意离婚。在此情况下，刁某所期望的家庭和睦的目的已然无法实现，其对闫某、王某进行赠与的基础已经丧失，刁某依据《和睦家庭协议书》的约定主张撤销对闫某、王某的赠与依据充分，应予支持。

（三）形式要件：除斥期间为一年

为维护社会关系稳定，尽快确定赠与法律关系，撤销权人应当依法及时行使撤销权。[②] 根据《中华人民共和国民法典》第六百六十三条第二款规定："赠与人的撤销权，自知道或者应当知道撤销事由之日起一年内行使。"此期间在性质上属于除斥期间，不存在中止、中断、延长的问题。撤销权人如在法定期间内不行使的，撤销权即归于消灭。此外，《中华人民共和国民法典》第一百五十二条第二款规定："当事人自民事法律行为发生之日起五年内没有行使撤销权的，撤销权消灭。"依据实务界主流观点，赠与人的法定撤销权亦应受此5年期间的限制。此外，法定撤销权的行使须向受赠人作出撤销的意思表示。赠

① 黄薇主编：《中华人民共和国民法典合同编解读》（上册），中国法制出版社2020年版，第686页；最高人民法院民法典贯彻实施工作领导小组主编：《中华人民共和国民法典合同编理解与适用（二）》，人民法院出版社2020年版，第1204页、第1205页。

② 马新彦：《受赠人权利三论——兼评〈合同法〉第十一章》，载《当代法学》2000年第2期。

与人行使法定撤销权，只需将撤销赠与的意思表示通知受赠人即可发生撤销的效力，无须通过诉讼或者仲裁的形式为之。撤销赠与的意思表示可以是明示的，也可以是默示的。例如，赠与人在法定撤销事由发生后向受赠人索要赠与财产，即属于默示撤销的情形。赠与人没有将撤销赠与的意思表示通知受赠人的，不发生撤销赠与的效力。

二、附义务赠与法定撤销的法律后果

《中华人民共和国民法典》第六百六十五条规定："撤销权人撤销赠与的，可以向受赠人请求返还赠与的财产。"法定撤销权是法律为保护赠与人利益而赋予赠与人的依单方意思表示即可消灭赠与法律关系的权利，在性质上属于形成权，撤销权一经赠与人行使即发生效力，双方当事人的赠与关系即归于消灭。[①] 此与一般民事法律行为的撤销、赠与人的任意撤销权并无不同。

法定撤销权的行使一般是在赠与财产已经交付且权利已经发生移转的情形下。撤销权的行使使得赠与合同溯及既往地归于消灭，故原则上应当使得当事人之间的关系复归订立合同前的状态，赠与人有权要求受赠人返还受赠财产。返还财产，固然首先是指返还原物。不过，法律行为履行后，标的物为种类物、标的物被使用、被消耗乃至毁损、灭失的，返还原物已属事实上不可能或者经济上不可行，此时无法使当事人之间的关系在物理上复归合同订立前的状态，只能对交付财产一方进行价值上的补偿，于此不当得利返还应运而生。

本案中，双方均认可刁某向闫某转账的款项性质为涉案房屋的购房款，即赠与合同约定的刁某及王某某对王某和闫某的赠与，现刁某以王某和闫某未履行赠与协议约定义务为由主张撤销赠与于法有据，王某与闫某应返还刁某涉案款项。

综上，不同于赠与的任意撤销权，法定撤销权不以赠与财产的权利转移为要件，但是此种类型下规定了撤销赠与的具体适用情形。实践中，赠与人往往出于满足一定的情感需要而与受赠人为赠与行为，如出现有悖于赠与人初衷的

---

① 黄薇主编：《中华人民共和国民法典合同编解读》（上册），中国法制出版社2020年版，第690页。

情形，应当允许其在符合特定条件的情况下撤销赠与合同。有法定撤销权的支持，即使不能行使任意撤销权，赠与人也可以在赠与财产的所有权转移给受赠人之后因受赠人不按照合同约定履行义务而依法收回所赠财产。

编写人：北京市通州区人民法院　诺敏

16

赠与合同法定撤销权案件中证明标准及举证责任分配

——张甲、陈某诉张乙赠与合同案

【案件基本信息】

1. 裁判书字号

北京市第三中级人民法院（2023）京03民终15943号民事判决书

2. 案由：赠与合同纠纷

3. 当事人

原告（被上诉人）：张甲、陈某

被告（上诉人）：张乙

第三人：某土地开发公司

【基本案情】

张甲与陈某系夫妻关系。二人生育子女四人，长子张乙，次子张丙，长女张丁，次女张戊。张甲、陈某原建有宅院一处为13号院，后13号院拆迁，张甲获得安置补偿款，并取得购买定向回迁安置房资格。2012年9月15日，张甲签订选房协议约定：张甲选购803号及804号两套房屋。同日，张甲、张乙与开发商及村委会签订《业主姓名确认书》将前述两套房屋业主姓名确认为张乙，随后，张乙用13号院拆迁款支付房屋购房款。拆迁后，张甲、陈某居住在张乙提供的另外一套两居室内（非前述803号、804号房屋），与张乙同楼层居住。二人独立生活，并接受张乙照应。

2022年年初，张甲、陈某曾以物权确认纠纷为由向北京市平谷区人民法院起诉，主张13号院系其所有，未分给张乙，要求将13号院拆迁的803号、804号房屋确认归其所有。北京市平谷区人民法院经审理确认13号院的拆迁利益转移至张乙，判决驳回张甲、陈某的诉讼请求，北京市第三中级人民法院二审维持。

张甲、陈某遂又以赠与合同纠纷为由提起诉讼，主张张乙未尽赡养义务，请求：(1) 撤销对张乙关于803号、804号房屋拆迁利益的赠与。(2) 某土地开发公司协助办理变更手续。庭审中陈某主张其对张甲的赠与行为并不知情，张甲的赠与行为无效。同时张甲与陈某另主张即使赠与行为有效，因张乙未尽赡养义务，亦应撤销赠与。经查，张甲、陈某与张乙同楼层居住期间，其社区邻居、村委会等均对张乙的赡养行为予以肯定。但张甲、陈某主张，二人将部分拆迁款均分给了张乙和张丁，用于支付二人医疗费用，该笔钱花完后，2021年年底陈某因病于急诊就医，张乙却拒绝负担该笔费用。2022年1月二人又被张乙赶出家门，一直居住在女儿家，生活无法保障。张乙则表示其与张丁约定的是均摊住院费，而2021年年底张丁找其负担的是陈某的急诊费用，仍属于门诊，应由张丁支付，故矛盾由此产生。张甲、陈某属于自行搬离，自己试图通过其他途径看望张甲、陈某，均受到阻拦，张甲、陈某居住的房屋还一直为其保留，随时可以回去居住。

【案件焦点】

1. 赠与人主张受赠人不履行赡养义务时，举证责任的分配及证据证明标准的确定；2. 法院是否可以依职权判决撤销对部分财产的赠与。

【法院裁判要旨】

北京市平谷区人民法院经审理认为：赠与合同撤销权分为任意撤销权和法定撤销权。在本案起诉前，经生效判决确认，张乙取得13号院拆迁利益，故张甲、陈某已经丧失任意撤销权，可主张行使法定撤销权。

故而，本案应重点围绕张乙是否有《中华人民共和国民法典》第六百六十三条规定的有扶养义务而不履行情形进行审理。对此，法院认为，考量赡养义务的履行需要综合物质和精神两个层面。其中精神层面，是指被赡养人感受，从本案张甲、陈某提起撤销赠与诉讼来看，二人起诉前已不满意张乙的赡养行为，同时现有证据也难以证明张乙对父母进行了良好精神层面的赡养供给。在物质层面，张乙与父母长期同楼层居住，多有照顾。但是2021年年底张乙拒绝负担陈某的就医费用，造成双方矛盾激化，且至此次法庭辩论终结前，张乙均未再实质性履行其赡养义务。张乙仅向法院口头表示有继续赡养意愿。因此，法院认定张乙未能完全履行自己的赡养义务，考虑到张甲、陈某的居住需求、居住习惯和张乙赡养义务履行程度，对张甲、陈某的诉讼请求予以部分支持。法院酌情就张甲、陈某对张乙关于北京市平谷区拆迁利益中涉及803室房屋的赠与（包括购房资格和拆迁补偿款）部分予以撤销。

关于陈某主张的其对张甲签署业主姓名确认书并不知情的意见，一审法院认为，依生活经验，分配不动产是一个家庭重大资产处置事项，陈某表示其对张甲签署业主姓名确认书不知情，但其未举证在合理时间内已提出异议，拆迁后其与张甲居住在张乙提供的房屋内已经多年，其不可能对回迁房屋和拆迁款不闻不问，故法院对陈某的主张未予采信。

北京市平谷区人民法院依照《中华人民共和国民法典》第六百五十七条、第六百五十八条之规定，判决如下：

一、撤销张甲、陈某对张乙就13号院拆迁利益中803室部分的赠与；

二、某土地开发公司于判决生效后三十日内协助张甲、陈某办理北京市某区803室业主姓名确认书和回迁安置房协议中的名称变更手续，并协助办理前述房屋的不动产权证书；

三、驳回张甲、陈某的其他诉讼请求。

张乙不服一审判决，提起上诉。

北京市第三中级人民法院经审理认为：根据已经查明的事实，涉案宅院拆迁时由张甲与政府签订拆迁安置补偿协议书，根据该协议书的约定，张甲有权购买定向回迁安置房屋190平方米。此后在签订安置房购房协议时，亦约定由张甲选购803号、804号两套房屋。同日，在确认这两套房屋的业主姓名时，张甲自愿将房屋业主姓名确认为张乙，并由张乙与拆迁单位签订安置房购房协议，购买上述房屋。根据上述事实可以认定，张乙取得涉案拆迁利益是基于其父母的赠与。关于老人赠与子女所涉房产的问题，法院认为，老人对子女的赠与一般必然包含着由子女对老人尽赡养义务的意愿，但由于该赡养职责以及养老送终等义务需要长期履行，随时间推移可能发生诸多变化，尤其对受赠人履行义务的主观状态难以在短期内明确，导致赠与完成后可能出现相应情形影响子女与父母的关系以及赠与人的实际生活水平，并促使赠与人提出撤销赠与的意思表示。本案中，张乙与父母同楼层生活，多年来有一定照顾，但同时双方亦曾因住院费用等发生争议，张甲、陈某亦对张乙的赡养行为产生不满，并多次对簿公堂。考虑到张甲、陈某已年逾八十，需要稳定的生活环境和一定经济条件以确保其晚年生活质量，张乙作为受赠人，并未对父母尽到全面的照顾赡养之责，原审法院酌情撤销其中面积较小的一套房屋即803号房屋的赠与，符合案件实际及相关法律规定。

北京市第三中级人民法院依照《中华人民共和国民事诉讼法》第一百七十七条第一款第一项之规定，判决如下：

驳回上诉，维持原判。

【法官后语】

本案首要考虑的问题是当赠与人主张受赠人有扶养义务而不履行时，如何分配举证责任，及相关证据的证明标准的确定。我国法律体系下的举证基本原则是“谁主张，谁举证”。基于赠与合同法定撤销的相关规定，应由赠与人张甲、陈某对引起合同变动的事实暨自身有关日常生活照料的事实举证；由受赠人即张乙对已履行了扶养义务举证。在家事类案件中，由于双方存在较为密切的血亲或姻亲关系，私密性强，具有先天的举证困难。考虑家事案件判决结果对于社会普遍伦理认知的影响，以及赠与合同法定撤销权的规范目的并非基于赠与合同的无偿性，而是实现对受赠人忘恩负义行为的责难①。司法实践中在审理涉及赡养类事实认定方面的案件时，应更侧重于受赠人提供履行赡养义务之证据，而非苛责赠与人提供相反证据。

一、关于证明标准问题

张乙在一审及二审期间提交了证人证言，法院亦对基层组织及邻里群众进行了走访调查，综合显示张乙在其生活地有较好的口碑。那么，本案是否可以据此认定张乙已尽到赡养义务，如果不是又该如何考量是否已尽到赡养义务。对此，在家庭矛盾出现的情况下，赠与人提起诉讼程序控诉受赠人不履行赡养义务，本身是其情感的一种表现，在确定赠与人意思表示真实的前提下，要着重审查受赠人的证据是否达到法官内心确信其已完全尽到赡养义务的高度盖然性标准。结合在案证据，可以确信于“过去时”张乙履行了赡养义务，但在双方发生矛盾之后其客观上并未履行，同时由于矛盾激化，其“现在时”也处于未履行状态。由此，赠与人作为赡养行为的接受一方，其对受赠人的情感评价及对赡养行为的主观体验感应作为受赠人是否履行了赡养义务的重要评价参考之一，在经审理确认赠与人意思表示真实的情形下，法院对受赠人履行赡养义务的事实认定进行了负面评价。

从效果层面讲，赠与人诉求房屋所有权，是希望获得房屋完整的财产权利，而达到对不履行赡养义务这一忘恩负义行为的惩戒。因此，如果仅解决赠与人的居住问题，并未做到案结事了。如果作为赠与人的父母的诉求被驳回，会造成赠与人将子女抚养成人，并将财产进行分配，但赠与人自己的生存权利不能得到保障的负面导向。通过司法裁判的指引，能够达到缓解双方对立情绪，修复家庭矛盾的效果。

二、关于赠与合同是否可以部分撤销的问题

立法未明确规定，但是依据任意撤销权仅能对未转移权利部分财产行使之共识，撤销权可依赠与财产之可分性而就剩余部分单独行使。故基于法律行为的可分性，以及赠与财产的可分性，在更符合公平正义价值及有利于实现三个

① 刘勇：《报偿赠与论》，载《法学研究》2023年第5期。

效果相统一的情形下，应赋予赠与人享有部分撤销之权利。法院依职权判决撤销部分赠与，亦未超出当事人诉讼请求范围，可依法判决。

在法定撤销权基于的事由中，涉亲属关系之间的矛盾很难简单地作出一种绝对的价值判断，应回归于家事案件的本质特征，在对明显带有主观评价的事实认定时，更加注重弱势群体的主观陈述，引导重视被扶养人的情感诉求，从家庭和睦的角度出发，做到惩戒适度。

编写人：北京市平谷区人民法院　朱政　陈隆

十、借款合同纠纷

17

银行账户（资金）监管合同中监管人的义务和责任认定

——某公司诉某银行柳州分行借款合同案

【案件基本信息】

1. 裁判书字号

广西壮族自治区柳州市中级人民法院（2023）桂02民终149号民事判决书

2. 案由：借款合同纠纷

3. 当事人

原告（被上诉人）：某公司

被告（上诉人）：某银行柳州分行

第三人：某房地产公司

【基本案情】

2019年12月30日，某公司（甲方、出借人）、某房地产公司（乙方、借款人）、某银行柳州分行（丙方、监管方）签订《借款协议》，约定乙方向甲方借款2000万元；以上借款和乙方此前所欠甲方借款，合计4000万元，乙方分批还清，乙方承诺从某楼盘项目开盘后取得的购房款中优先偿还以上借款；乙方确认其开户于某银行柳州分行的账户为某楼盘项目收取购房款专户，该账户由丙方监控，乙方委托丙方直接从该专户收取的购房款中按还款计划支付给甲方，丙方负责监管乙方按本协议约定及受乙方委托从购房款中划转归还甲方借款；乙方于2019年12月31日前先将某楼盘项目共46套商品房办理在建工程抵押给甲方，后再办理预售登记网签备案，以作为还款担保，如乙方确定买受人并收取购房定金的，甲方可将该房网签备案撤销并配合办理买受人后续网签手续，乙方保证上述出售商品房购房款的80%优先用于偿还以上借款，丙方监管乙方履行；若出现逾期归还或逾期履行合同义务，则责任方应赔偿损失。双方在附件《抵押物详细清单》中列明了约定的46套商品房在建工程清单。

各方确认案涉借款已收讫。

2020年6月29日，某房地产公司向某银行柳州分行出具《用款申请》，载明某楼盘项目有14套房即将完成销售并取得按揭贷款收入1844.8万元，某房地产公司申请待该笔款项发放后使用一般监管资金支付某银行柳州分行发放的54540.6万元贷款的利息。2020年6月30日，案涉监管账户转入14笔购房款合计1844.8万元。同日，该账户中转出18494114.36元至某银行柳州分行账户。

某公司起诉要求：(1) 某银行柳州分行返还其资金18494114.36元。(2) 某银行柳州分行赔偿某公司的利息损失。(3) 某银行柳州分行继续履行《借款协议》。

【案件焦点】

某银行柳州分行的监管责任如何认定，其是否存在违约行为。

【法院裁判要旨】

广西壮族自治区柳州市柳南区人民法院经审理认为：虽某银行柳州分行不是某公司的借款债务人，但某房地产公司某楼盘项目购房款专户开户于某银行柳州分行，某银行柳州分行作为合同监管方，对该账户使用情况知情，某银行柳州分行应在某房地产公司取得购房款收入或其未按协议约定将该款优先偿还某公司欠款时，向某公司进行告知以保障其债权的实现。现其将监管账户中的资金划走用以优先清偿自己的债权，其行为违反《借款协议》的约定，应承担违约责任。

广西壮族自治区柳州市柳南区人民法院依照《中华人民共和国合同法》第一百零七条,《最高人民法院关于适用〈中华人民共和国民法典〉时间效力的若干规定》第一条第二款,《最高人民法院关于适用〈中华人民共和国民事诉讼法〉的解释》第九十条、第九十二条之规定,判决如下:

一、被告某银行柳州分行向原告某公司返还购房款 18494114.36 元;

二、被告某银行柳州分行向原告某公司赔偿截至 2022 年 8 月 31 日的利息损失 6172170 元,自 2022 年 9 月 1 日起的利息损失,以尚欠购房款本金为基数,按年利率 15.4%算至实际清偿之日止;

三、被告某银行柳州分行继续履行 2019 年 12 月 30 日与原告某公司、第三人某房地产公司共同签订的《借款协议》。

某银行柳州分行不服一审判决,提起上诉。

广西壮族自治区柳州市中级人民法院经审理认为:某银行柳州分行在履行监管义务过程中存在违约行为。(1)以合同争议条款本身文义解释为基础、结合合同文本通过体系解释确定合同真意,借助双方在交易洽谈、履行中所体现的合同目的进行判断印证,通过交易习惯、诚实信用原则等进行价值衡量,足以证明某银行柳州分行可优先清偿某公司债务的资金为进入监管专户的全部购房款。(2)《借款协议》包含多个法律关系,但本案审理的是协议中的监管合同关系,法院围绕某银行柳州分行是否违反监管义务进行审理并无不当,且某房地产公司才是 14 套已售商品房的所有权人,该购房款进入监管账户后无论是划转给某公司还是某银行柳州分行,都是对债务的清偿,并不会产生逃废债务有失公平的后果。

综上,某银行柳州分行对进入监管账户的购房价款负有监管责任,而非仅限于 46 套让与担保的房屋销售所得,其划转账户中资金用于清偿自己的贷款利息违反合同约定。

广西壮族自治区柳州市中级人民法院依照《中华人民共和国合同法》第一百二十五条、第一百零七条,《中华人民共和国民事诉讼法》第一百七十七条第一款第二项之规定，判决如下：

一、维持广西壮族自治区柳州市柳南区人民法院（2022）桂0204民初4905号民事判决第一项、第三项；

二、变更广西壮族自治区柳州市柳南区人民法院（2022）桂0204民初4905号民事判决第二项为：某银行柳州分行向某公司赔偿截至2022年8月31日的利息损失6172170元，自2022年9月1日起的利息损失，以尚欠购房款本金为基数，按同期贷款市场报价利率的4倍计算至实际清偿之日止。

【法官后语】

银行账户（资金）监管合同主要是指为了确保其他法律关系相关资金的顺利到位，由银行对将来资金的流向进行监督、管理和控制的合同，是商业银行资金监管业务催生的新型合同之一。在审判实践中，对该类合同的法律属性认定不一，监管人的义务范围也不明确，值得探讨分析。

一、银行账户（资金）监管合同的法律属性

银行账户（资金）监管合同的合同性质与保管合同或委托合同等有名合同不完全吻合。从合同内容来看，监管银行享有收取管理费用等权利，同时负有监管账户资金等义务，被监管人享有与监管申请人建立其他民事法律关系的权利，负有按约定使用被监管账户等义务。从混合性分析，银行账户（资金）监管合同中存在的给付类型多元，该合同的主要权利义务为委托银行对账户或资金进行监管，但又包含了另外两方当事人之间的民事法律关系（如借贷、买卖、融资租赁等），因此，将其认定为委托混合型监管合同较为妥当。

二、监管人义务之确定

对混合型监管合同可依据《中华人民共和国民法典》第四百六十七条的规定，参照适用合同编或者其他法律最相类似合同的规定。其中，监管人之义务可包括：（1）为保障合同目的顺利实现的义务，如监管控制义务、严格审查义务。（2）参照类似合同规定的义务，因银行账户（资金）监管合同的主要权利义务源于以监管为核心的委托，故监管人的义务可结合委托合同的规定加以界定，如通知报告义务。

三、监管人责任之确定

银行账户（资金）监管合同可以参照适用《中华人民共和国民法典》第九百二十九条规定的因受托人行为导致委托人损失，按过错赔偿的责任原则。监管人应当依照合同的约定承担赔偿责任，在没有约定或约定不明确时，应当按照监管人的过错进行裁判。

（一）过错的判断

与委托合同中受托人所承担的注意义务略有不同，有偿银行账户（资金）监管合同监管人应尽到“善良管理人注意义务”，即基于银行的职业要求及专业知识，其所负担较高标准的注意义务。其注意义务的标准应当符合监管之属性，达到银行专业标准，应当视是否符合监管合同目的之实现而确定。

（二）赔偿责任的考量因素与承担方式

1. 承担比例的过错考量因素

对于监管人赔偿责任，应当按照过错进行判断，根据监管人过错大小确定具体责任，因不可归责于监管人的原因导致资金流失或是资金无法支付，监管人对此并无过错的，无须承担赔偿责任；若因监管申请人或债权人的自身行为导致损失发生或扩大时，还需考量其过错程度，对监管人的责任予以减轻或免除。

2. 监管人与被监管人的责任承担方式

若在单纯因监管人过错导致债权人产生损失的情形下，被监管人没有过错且与监管人在主观上没有联系，不能成立连带责任。但若监管人与被监管人均存在过错，比如监管人与被监管人串通故意逃避监管导致损失，或者监管人对被监管人的逃避监管行为明知而放任的，视为共同违约，则应当承担连带责任。

本案中，被监管人和监管人明知有资金的监管偿还约定，仍然以被监管人申请的模式，经由监管人自行偿还被监管人的债务，属于共同违约，应当承担连带责任，债权人可单独要求共同违约人之一方承担全部责任，故对债权人单独要求监管人承担全部赔偿责任的诉请，法院予以支持。

编写人：广西壮族自治区柳州市柳南区人民法院　欧凌

十一、租赁合同纠纷

18

游戏账号租赁合同中“损害赔偿”责任主体的认定

——赵某诉程某租赁合同案

【案件基本信息】

1. 裁判书字号

山东省聊城市中级人民法院（2023）鲁15民终24号民事判决书

2. 案由：租赁合同纠纷

3. 当事人

原告（被上诉人）：赵某

被告（上诉人）：程某

第三人：某科技公司

【基本案情】

赵某是QQ（即时通信软件）号29××××××80的实名制注册人，赵某通过QQ号注册了A款游戏账号（账号名B），并使用该游戏账号。A平台是某科技公司开发的一款专门进行账号买卖及租赁的交易平台。赵某将上述游戏账号放在A平台上进行出租，以获取相应收益。根据平台使用规则，在进入游戏账号之前，须先勾选《虚拟物品租赁协议》的“同意”项（方能进入游戏账号），该协议第三条规定：“不得使用第三方辅助程序，不得篡改、销毁虚拟资产内的物品、名称、属性等，租赁人上述行为造成物品受损的，使用者应当承担赔偿责任。”在使用和出租该账号的过程中，为提高该账号的虚拟财产价值，赵某为该账号A款游戏累计充值412530点券，共花费人民币40665.31元。

2021年10月25日，昵称为B的微信号与赵某成为微信好友；双方以微信聊天的方式协商一致，以35元的价格租用了该游戏账号（该微信操作者进入该游戏账号），约定租用时间为3时47分至4时57分；租赁者通过支付软件（实名注册人及绑定的银行卡实名注册人均为程某，注册手机号191×××××031）转账方式向赵某支付租赁费。后经双方协商，赵某将租用时间延长至同日7时5分。同日7时4分左右，B微信号以被挤出游戏为由，询问原告原因，几分钟后，B微信号将赵某微信号“拉黑”“删除”。随后，赵某发现已无法正常登录该游戏账号，登录页面显示“违规游戏行为，账号被封停3650天”。

赵某查询后得知，A款游戏安全中心官网、A款游戏平台，于2021年10月25日7时1分（B微信使用期限内）以“修改游戏代码或数据，使用作弊手段，破坏游戏公平性”为由将该游戏账号封停，处罚时长为10年（3650天），周期为2021年10月25日07：01至2031年10月23日07：01。后赵某申请解除封号未果，仍无法正常登录该游戏账号。

另查明，微信昵称为C的租户，在A平台亦注册多个账号，关联手机号有191×××××031和178×××××771。账号租赁的付款人（支付软件用户实名注册人）为程某，微信支付的实名注册人亦为程某；该手机登录IP地址，与付款人的IP地址相同。目前，因违规操作而被封停的网络游戏账号，尚未有在处罚期限内解除封停的先例。

赵某以自己为案涉游戏账号投入了大量金钱成本及时间成本，该虚拟财产具有经济价值，在对方租用期间因其违规操作导致游戏账号被封停（10年），给自己造成经济损失为由，提起诉讼，要求程某赔偿经济损失及预期租赁损失。程某则以自己并不会玩网络游戏，可能系己方的未成年儿子周某盗用己方信息、赵某不应向未成年人出租网络游戏为由，认为己方无过错。某科技公司则认为己方在营业执照经营范围内开展业务并无过错。

【案件焦点】

案涉租赁合同中“损害赔偿”责任的认定。

【法院裁判要旨】

山东省聊城市茌平区人民法院经审理认为：昵称为 B 的微信号操作者使用程某实名注册认证的银行卡及支付软件，与赵某通过 A 游戏平台形成了游戏账号的租赁合同关系，租赁合同系双方当事人真实意思表示，不违反法律强制性规定，合法有效。租赁人以转账方式向赵某支付租赁费，支付软件实名注册人及绑定的银行卡实名注册人均为程某，如确系程某本人操作，则作为租赁合同的承租方，应承担违规操作导致赵某游戏账号被封停的赔偿责任。程某称系未成年的儿子周某盗用自己信息注册微信和支付软件进行操作，因支付租金所绑定银行卡的实名注册人为程某，如本人不同意，尚不能在微信和支付软件绑定银行卡，应视为系程某默认，其作为法定代理人亦应承担赔偿责任。第三人某科技公司在营业执照经营范围和期限内，正常经营网络平台业务，涉案游戏实名认证为程某，不能认定该公司对案涉事故存在过错。

据此，山东省聊城市茌平区人民法院依照《中华人民共和国民法典》第十九条、第一百一十四条、第一百一十八条、第一百一十九条、第一百二十条、第一百二十七条、第一百七十六条、第一百七十九条、第二百四十条、第五百八十四条、第七百零三条、第一千一百八十八条，《中华人民共和国民事诉讼法》第五十四条、第六十七条之规定，判决如下：

一、程某于本判决生效之日起十日内赔偿赵某案涉网络游戏损失 40665.31 元；

二、在案涉网络游戏被解除封停后，程某可要求赵某将案涉网络游戏通过正当程序进行过户（给程某），赵某须予以配合；

三、驳回赵某的其他诉讼请求。

程某不服一审判决，提起上诉。

山东省聊城市中级人民法院经审理认为：一审判决认定事实清楚，适用法律正确，应予维持，依照《中华人民共和国民事诉讼法》第一百七十七条第一款第一项之规定，判决如下：

驳回上诉，维持原判。

【法官后语】

本案主要涉及游戏账号租赁合同中“损害赔偿”责任主体的认定。

在游戏账号租赁合同审判实务中，往往遇到未成年人以成年人的名义租赁游戏账号之事。究竟如何认定责任主体，就成为案件重点审查的内容。当然这也牵扯到租赁合同的效力，及如何认定是否确系未成年人实施的行为等问题，如贸然认定事实将会对某一方当事人不公平。这就要求承办法官从确认民事行为人、租赁合同约定、当事人真实意思表示、各方当事人存在的过错等多角度综合判断，进而依据相关法律规定认定事实，作出最终裁判。本案即是依照该审判思路予以把握认定。

一、确认民事行为人和责任主体

程某称自己不会玩网络游戏、可能系未成年儿子周某盗用己方信息所注册微信和支付软件进行操作；因并未提供相应证据，亦未让其子女到庭说明情况，仅凭一方陈述，不能认定程某所辩称事件的真实性；依目前证据，不能认定系未成年人在操作案涉网络游戏而出现事故。当然，即使是程某的未成年子女冒用其信息进行操作，结合支付软件所绑定银行卡的实名注册人为程某（本人不同意，尚不能在微信和支付软件绑定银行卡）的事实，亦应视为系程某所默认。故能认定程某为责任主体。

二、各方当事人存在的过错

首先看合同的效力。以程某实名注册认证的银行卡及支付软件的使用人，与赵某通过 A 款游戏平台形成了游戏账号的租赁合同关系（从二人通过微信的对话，支付租赁费等方面并不能认定系未成年人承租游戏账号）；因双方均未提供缔结该租赁合同非己方真实意思表示的相关证据，故本院依法认定缔结案涉租赁合同系双方当事人真实意思表示；因合同不违反法律强制性规定，故案涉租赁合同依法成立，合法有效，依法受法律保护。

其次看各方当事人的过错。既然案涉租赁合同合法有效，双方当事人均应全面履行己方的义务。在合同履行过程中，赵某已依约向对方提供了游戏账号，程某作为承租人理应合理使用该租赁账号。结合程某所使用的手机号在案涉A游戏平台曾注册多个账号、对该平台的规则应有相当了解（不允许违规操作，且首先勾选《虚拟物品租赁协议》的“同意”项方能进入游戏）、该网络游戏账号在承租人使用过程中因违规操作被封停、该违规操作发生在租用期间的事实；在程某不能提供尚有其他用户同时登录该游戏账号，亦不能证实他人违规操作的情况下，可以认定程某在租赁期间违规操作是案涉游戏账号被封停的原因；故能认定程某在租赁期间确实存在明显过错，且该过错系造成案涉网络游戏账号被封停的原因。赵某依约出租游戏账号并未违反法律规定；第三人某科技公司在营业执照经营范围和期限内，正常经营网络平台业务（涉案游戏实名认证为程某），不能认定该公司对案涉事故存在过错。

综上，租赁合同的民事行为人和责任主体宜综合判断，当然还需依据当事人的过错程度确定其应承担的法律责任。履行合同须遵循合同自愿、诚实信用的基本原则，本案如不出现违规操作（在进入游戏账号前就有相应的提醒），就不会造成相应的损失。

编写人：山东省聊城市茌平区人民法院　张华林

19

加收电费的客观合理支出效力认定

——黄某诉某木业公司租赁合同案

【案件基本信息】

1. 裁判书字号

广西壮族自治区南宁市中级人民法院（2023）桂01民终12232号民事判决书

2. 案由：租赁合同纠纷

3. 当事人

原告（上诉人）：黄某

被告（被上诉人）：某木业公司

【基本案情】

某木业公司向将符合用地性质的土地整体出租给多家商户承租，租户自行建设简易厂房用于木材加工。2016 年 4 月 1 日，黄某与某木业公司签订《场地租赁合同》，约定黄某租赁某木业公司一处土地木材加工场地使用，租期从 2016 年 4 月 1 日至 2021 年 4 月 1 日。场地内用水、用电（照明电）由某木业公司接通到黄某门口，接入户内的用水用电设施等由承租人负责，并按一户一表制，水电费按供电局及自来水公司的规定加上场内损耗平均数计收，如有拖欠，即停止使用。

2020 年 6 月 1 日至 2022 年 3 月 2 日，黄某在案涉场地用电量 115442 千瓦时，某木业公司按 1.5 元/千瓦时标准向黄某收取电费共计 173163 元。2020 年 1 月至 2022 年 2 月，某木业公司按 0.6478—0.7008 元/千瓦时不等标准向电网公司支付案涉场地电费。2022 年 11 月 7 日，某某市场监督管理局根据租户举报，对案涉土地上承租户用地进行检查，查明由于供电企业未直接向终端租户直接供电计收电费，由某木业公司对场地内商户进行二次转供电并收取电费，电费按照各商户电表计量乘以单价计算，按照 0.8—1.5 元/千瓦时的单价向用户收取电费。某木业公司在检查后纠正了将人工费、修理费、资产折旧费、管理费等其他费用纳入电费收取的方式。某某市场监督管理局依据《中华人民共和国价格法》第三十九条认定某木业公司推迟执行政府定价、未按规定降低电价或抵扣电费，作出处罚决定：（1）责令整改；（2）罚款 14 万元。

原告黄某根据行政处罚结果，以某木业公司违反《中华人民共和国价格法》《中华人民共和国电力法》的相关规定，超出国家电力部门单价多收电费，主张某木业公司返还多收取的电费。

某木业公司主张多收费用为其架设供电设备成本支出，某木业公司提供证据证实架设高压电线及三台高压变压器向承租户供电，其支出场内管理人员工资，与案外人签订《高压 10KV 线路维护合同》《客户产权变压器维护协议书》按年价格 6.8 万元、164160 元进行供电维护。

【案件焦点】

非终端供电用户在租赁合同中约定将供电成本、损耗计入电价并实际履行，出租人超出政府定价收取电费是否属于违反强制性规定而无效，出租人是否应向承租人返还超出电网定价部分的电费。

【法院裁判要旨】

广西壮族自治区南宁市兴宁区人民法院经审理认为：第一，出租人与承租人以实际履行行为对电费收取的标准达成一致意思表示。《场地租赁合同》第三条约定“水电费按供电局及自来水公司的规定加上场内损耗平均数计收”，双方约定电费按供电局规定加上场内损耗平均数，在实际履行合同过程中，从 2016 年起至 2022 年租赁期满后，黄某均按照 1.5 元/千瓦时标准支付电费，供电部门供电大概单价黄某应是清楚的，黄某对此未提出异议，表明双方以实际履行的行为对电费标准形成一致意思表示。第二，黄某并非供电部门直接供电的终端用户。某木业公司将案涉土地出租给黄某，约定由某木业公司投入供电设施设备，供电到户，某木业公司架设高压电线、安装高压变压器，与案外人订立高压电线、变压器的维护合同，某木业公司收取电价款项包含高压线路、变压器维护、管理人员工资等成本、损耗，某木业公司也提供了周边同类租赁场地的电费标准，双方长期实际履行的电费并未显失公平。黄某长期按加价的收费标准交纳电费，其不是供电部门终端用户，是在考虑用电及场地租金成本的基础上，实际履行合同约定的电费及损耗。第三，上述行为并未因违反效力性强制性法律规定而无效。双方为租赁合同关系，双方以合同约定及实际履行行为对电费及损耗等达成一致，长期履行，为民事主体意思自治达成一致意思表示。行政机构认定某木业公司违反《中华人民共和国价格法》第三十九条的规定，该规定是针对经营主体执行政府定价情况的管理规定，通过行政处罚已足以纠正某木业公司按超出电网价格计量电费的违法行为，实现其行政管理目的，就租赁合同约定而言，不应以此判定双方实际履行行为无效。综上，黄某与某木业公司以实际履行行为对电费标准达成一致，且履行完毕，现黄某又否定之前的意思表示主张返还超出供电部门标准部分电费，不予支持。

广西壮族自治区南宁市兴宁区人民法院根据《中华人民共和国民法典》第一百八十八条、第五百零九条，《中华人民共和国民事诉讼法》第六十四条，《最高人民法院关于适用〈中华人民共和国民事诉讼法〉的解释》第九十条之规定，判决如下：

驳回原告黄某的诉讼请求。

黄某不服一审判决，提起上诉。

广西壮族自治区南宁市中级人民法院经审理认为：同意一审法院裁判意见，依照《中华人民共和国民事诉讼法》第一百七十七条第一款第一项、第一百八十二条之规定，判决如下：

驳回上诉，维持原判。

【法官后语】

在审理租赁合同纠纷时，时常发生承租方提出要求出租方返还所收取超出国家定价标准电费差价的诉讼主张，承租方的诉讼主张往往是依据《中华人民共和国价格法》《中华人民共和国电力法》及《国家发展改革委关于完善居民阶梯电价制度的通知》等法律规定而提出，出租方则依据租赁合同中有关电费计收的合同条款提出抗辩。在审理此类纠纷时，应从以下几个方面进行考量。

超出电网价格收取电费的约定是否属于违反强制性规定无效的情形。司法实践中对此存在争议，一种观点认为，当事人约定超过国家电力部门规定电价标准的部分无效，出租人应退还多收取的电费。另一种观点认为，租赁合同中约定标准时往往还考虑了基础设施、维修管理等成本在内，计费标准是双方协商一致共同确认的结果，不应认定因违反《中华人民共和国电力法》《中华人民共和国价格法》而无效。《最高人民法院关于适用〈中华人民共和国民法典〉合同编通则若干问题的解释》为正确适用《中华人民共和国民法典》第一百五十三条第一款“强制性规定不导致该民事法律行为无效的除外”情形作出指引，该司法解释第十六条第一款第二项规定，“强制性规定旨在维护政府的税收、土地出让金等国家利益或者其他民事主体的合法利益而非合同当事人的民事权益，认定合同有效不会影响该规范目的的实现”。租赁合同中的电费条款不能简单等同于供电合同的电费条款，当事人在确定电费时可能考虑了多种因素。《中华人民共和国电力法》主要规制供电机构而非普通民事法律关系。《中华人民共和国价格法》《国家发展改革委关于完善居民阶梯电价制度的通知》等法律法规中明确，任何单位不得超越电价管理权限制定电价或者任何单位、个人收取电费时不得加收其他费用。本案双方当事人为租赁合同关系，双方以合同约定及实际履行行为对电费及损耗等达成一致，为民事主体达成的一致意思表示。行政部门认定某木业公司违反《中华人民共和国价格法》第三十九条规定，但出租人收取电费高于政府定价实际上是将转供电成本纳入固定单价中。价格法的规定旨在维护政府对于终端用电户的价格管理，行政处罚已经可以实现其纠正违法者的行为目的，如认定将成本计入电费约定无效，违背双方对于非终端用户用电投入成本分摊的初衷。

非终端供电用户加收电费是否存在客观合理成本支出事项、是否存在约定。如存在客观合理加收电费事项，且实际履行或有明确约定，承租人主张返还超收电费，不应支持。在合同履行过程中实际按超出电网单价标准支付电费，应当考虑用电户是否为终端用电户，是否存在将成本等计入电费的客观情形。如双方以实际行为将成本计入电费，对加收电费，承租人以合同未约定，违反价格法规为由要求返还，不应予以支持。另外，租赁合同中如明确约定电费价格约定附带了一些其他费用，如出租人为便于计算、管理，将部分租赁成本、服务费等分摊到电费中，对于这些费用应考量在内。还需考虑按实计费的可操作性问题，应尊重非终端用电户的约定和真实意思表示。在个案平衡中，根据双方约定的电费计费标准是否合理、计费是否有一定的依据、出租人是否存在一定的额外投入，以及结合双方在合同磋商及订立阶段对电费条款的意见、电费的实际支付数额等情况，综合判定多收电费是否公平合理。如存在合理性收费的非终端用户，应尊重当事人合意。

如无客观合理的成本支出，无合理的解释，超出电网定价赚取额外差价，显失公平，承租人主张返还的，应予以支持。即使双方有约定，但出租方存在利用商业优势地位或乘人之危等因素单方增加电费的单价，损害承租方的权益，也扰乱了电价秩序的，承租人主张返还多收取的费用，应予以支持。如双方在租赁合同中已就水电供应设施费的安装、维护及水电费用的公摊、损耗另行约定，出租方仍以明显超出租赁成本及国家定价标准收取电费，显失公平，则不能因为承租方在租赁合同中同意或者一直按照超出统一定价的标准支付即支持出租人的行为合法有效。对于显失公平的多收电费差价，承租方主张退还的，应予支持。

应当注意的是，在不动产租赁民事法律关系中，出租人应严格按照国家规定的销售电价向承租人收取用电费用。在租赁合同订立阶段，承租人如遇到水电费收取标准超出国家定价标准的情况，应当就水电收费标准与出租方进行充分沟通协商，并在具体合同条款中对水电费价格所包含的租赁成本项目作出详细说明和约定或通过租金等方式协商解决，如此既能避免出租方因违反法律和行政法规中的管理性规定受到行政部门处罚，亦可消除租赁合同双方因电费条款与国家定价不一致发生争议的可能。

编写人：广西壮族自治区南宁市兴宁区人民法院　凌伟东　吴腾睿

20

作为违约方的承租人无权主张优先承租权

——黄某诉何某房屋租赁合同案

【案件基本信息】

1. 裁判书字号

广东省佛山市中级人民法院（2023）粤06民终2158号民事判决书

2. 案由：房屋租赁合同纠纷

3. 当事人

原告（被上诉人）：黄某

被告（上诉人）：何某

【基本案情】

黄某（出租方）与何某（承租方）签订《商铺租赁合同》，将案涉商铺出租予何某，合同约定租赁期限自2017年1月1日起至2021年12月31日止，租金为每月9500元，应交付押金12274.8元，如有违约行为押金均不予退还。合同期满后，如出租方仍继续出租房屋，承租方享有优先权等。

合同签订后，何某在2021年1月至12月支付租金时均存在不同程度的迟延。2021年12月29日黄某前往案涉商铺向何某催缴欠付的租金等费用，双方发生争执，后何某向派出所报案。

诉讼中，黄某主张租赁期限已届满，何某应返还商铺并支付拖欠的占有使用费及违约金等；何某抗辩其享有优先承租权，有权继续租赁案涉商铺，拒不返还。黄某、何某均确认案涉租赁物与隔壁商铺隔墙被拆除。何某已经支付完毕2022年2月之前费用，尚拖欠自2022年3月之后占有使用费。因双方协商未果，黄某遂于2022年7月提起本案诉讼，要求何某交还案涉商铺、支付占有使用费及违约金等。

【案件焦点】

租赁期限届满后，承租人何某能否以享有优先承租权为由，要求继续承租案涉商铺。

【法院裁判要旨】

广东省佛山市禅城区人民法院经审理认为：租赁合同作为典型的继续型合同，订立和履行是以双方某种程度的信赖关系为基础的，黄某、何某在租赁合同履行期间发生冲突，双方彼此对对方的信任程度降低，且何某在双方合同关系存续期间未按照约定时间支付租金，其行为构成违约。在租赁合同期限届满之后，何某亦拖欠相应的占有使用费。在此情况下，何某要求行使优先承租权继续续租案涉租赁物缺乏依据，法院不予支持。

广东省佛山市禅城区人民法院依据《中华人民共和国民法典》第五百六十五条、第五百六十六条、第七百三十四条，《中华人民共和国民事诉讼法》第六十七条之规定，判决如下：

一、何某将案涉房屋恢复隔墙原状后返还给黄某；

二、何某向黄某支付占有使用费合计5.7万元；

三、确认何某交纳的押金12274.8元归黄某所有；

四、驳回黄某的其他诉讼请求。

何某不服一审判决，提起上诉。

广东省佛山市中级人民法院经审理认为：《中华人民共和国民法典》第七百三十四条第二款规定："租赁期限届满，房屋承租人享有以同等条件优先承租的权利。"案涉《商铺租赁合同》约定："合同期满后，如出租方仍继续出租房屋，承租方享有优先权。"根据上述法律规定和合同约定可知，租赁期限届满，何某享有优先承租权，但其行使优先承租权应满足两个条件：一是黄某继续出租房屋；二是以同等条件承租。房屋租赁合同的订立和履行是以双方的信赖关系为基础的，故同等条件应当包括客观条件和主观条件。客观条件为合同核心条款，主要包括租金标准、支付方式、租赁期限和租赁用途等内容；主观条件为出租人与承租人之间的信赖关系，如承租人在原合同履行过程中存在多次或严重违约，已严重影响双方信赖关系，则不能认定满足同等条件。本案中，何某在租赁期限内多次未按照合同约定时间支付租金，黄某也曾因向何某催缴款项而与其发生冲突，何某在租赁合同到期之后亦存在拖欠黄某占有使用费的行为。何某逾期支付租金及占有使用费的行为已影响黄某对其依约履行合同的信赖。在租赁期届满的情形下，黄某要求何某将案涉商铺恢复原状后予以返还正当合法，不构成对何某优先承租权的侵害。故此，何某上诉以其享有优先承租权，主张其有权继续承租案涉商铺，缺乏理据，本院不予采纳。

广东省佛山市中级人民法院依照《中华人民共和国民事诉讼法》第一百七十七条第一款第一项之规定，判决如下：

驳回上诉，维持原判。

【法官后语】

近年来，随着电商平台崛起，经营性房屋租赁合同纠纷日益增多。稳定的房屋租赁市场不仅需要完备的法律，也需要租赁合同双方合理合法行使权利、履行义务。民法典出台之前，承租人要享有优先承租的权利，须与出租人协商并在租赁合同中予以约定。《中华人民共和国民法典》第七百三十四条首次以法律形式为承租人创设了优先承租权这一法定权利，彰显了国家对维持房屋租赁市场稳定性的意旨。赋予承租人优先承租权，有利于避免出租人借用优势地位通过恶意缩短租期侵害承租人利益，为承租人提供稳定、可预期的居住、经营环境，对“租售同权”政策落地实行具有重要意义。正确把握承租人优先承租权适用条件，是司法实践中准确认定承租人享有优先承租权的关键所在。

一、租赁期限届满，出租人有继续出租的意愿

虽然《中华人民共和国民法典》第七百三十四条未对出租人要有继续出租的意愿作出规定，但出租人对租赁物是否出租拥有自主决定的权利，因而不应认为只要租赁合同期限届满出租人须继续将租赁物出租。故此，承租人行使优

先承租权的前提条件之一应为出租人有继续出租的意愿。司法实务中，部分出租人基于租金调整、经营方向变化等原因，为了达到另行将租赁物出租予他人的目的，多以没有继续出租意愿为由，不同意续租，从而达到规避优先承租权规定的目的。因此，为避免出租人恶意损害承租人优先承租权，在承租人提起诉讼要求行使优先承租权时，法院应对出租人没有继续出租意愿的抗辩理由进行审慎审查。若出租人无法提供正当理由，如计划将房屋出售或收回自用等，则应推定出租人有继续出租的意愿，承租人可行使优先承租权。

二、优先承租权的行使必须满足“同等条件”

“同等条件”指的是承租人在行使优先承租权时，其租赁条件要和出租人与第三人意向达成的租赁条件同等。如何认定是否满足同等条件，是司法实务中确定承租人是否享有优先承租权的重点与难点。现行学界对同等条件的界定主要集中于租金、租赁期限等合同内容。笔者认为，基于租赁合同的特性，同等条件不应仅包括客观条件，还应当包括承租人履约能力与诚信程度等主观条件。

（一）客观条件

客观条件，即租赁合同的核心条款，主要包括租金标准、租赁期限及租金支付方式等内容。此外，租赁合同的特殊性决定了还应考虑租赁物用途。出租人对租赁物享有物权，租赁物的用法和用途直接关系其价值维持和租金价格，因此该因素亦应纳入租赁条件予以考量。司法实务中，由于承租条件包含内容众多，在认定是否满足同等条件时，不应机械地苛求承租人与第三人所给出的承租条件完全相同。只要承租人与第三人所给出的承租条件主要内容基本相同，即使承租人与第三人所给出的承租条件有所差异，但若出租人未能对其拒绝接受该差异提供正当理由，应认定承租人满足同等条件。

值得注意的是，法院在审查第三人所给出的条件时，应综合市场水平、行业习惯及周边租赁物用途等因素，审慎审查出租人与第三人是否存在恶意串通，用虚假高租金或严苛租赁用途等方式，规避承租人行使优先承租权的情形。

（二）主观条件

主观条件，即出租人与承租人之间的信赖关系，包括承租人履约能力与诚信程度等。租赁合同作为典型的继续性合同，由于出租人与承租人之间的法律关系长期存在，租赁合同以双方之间的信赖基础为前提。信赖基础一旦丧失，或因其他特殊事由难以期望当事人继续维持这种合作关系时，不适合要求当事人继续履行。租赁合同该特性决定了在认定承租人是否满足同等条件时，应考量承租人履约能力与诚信程度等主观条件。若承租人存在拖欠租金或未按约定用途使用租赁物等违约行为，致使出租人不再相信承租人具有依约履行合同的能力和诚信。在双方已丧失良好合作基础的情形下，如果仍认定承租人享有优先承租权，租赁关系继续长期存在，不仅会对出租人不利，而且不利于租赁市场的健康发展。

虽然承租人享有优先承租权以其依约履行合同为前提，但在实践中，承租人基于经营需要，往往会对租赁物的装修等进行较大投入，如果轻微的违约就可排除承租人的优先承租权，明显对承租人不公，也有悖于优先承租权的立法目的。因此，只有在承租人存在重大或多次违约，导致双方之间的信赖基础丧失，其在履约能力与诚信程度方面明显劣于其他承租人情形下，才认定承租人不符合同等条件较为公平合理。

具体到本案，何某在租赁合同履行过程中多次拖欠租金，黄某为保障自身权利，依法向何某催缴欠付的款项，该行为并未超出合理范围。但何某作为承租人并未正视自身义务，未积极采取措施对逾期缴纳租金的行为进行补救，反而与黄某多次发生冲突，双方之间的信赖基础已丧失。法院认定何某作为违约方，无权行使优先承租权公平合理。

编写人：广东省佛山市中级人民法院　翁丰好　杨全欣

21

租赁期限超过最长存续期间的部分约定无效

——某农场公司诉某人才培训中心租赁合同案

【案件基本信息】

1. 裁判书字号

北京市第一中级人民法院（2023）京01民终10580号民事判决书①

2. 案由：租赁合同纠纷

3. 当事人

原告（被上诉人）：某农场公司

被告（上诉人）：某人才培训中心

【基本案情】

某农场公司向一审法院起诉请求：(1) 请求法院确认某农场公司与某人才培训中心2004年7月23日签订的《补充协议》无效。(2) 本案诉讼费由某人才培训中心承担。案件审理过程中，北京市某农场公司变更诉讼请求为：(1) 请求法院确认北京市某农场公司与某人才培训中心2004年6月1日签订的《合同书》及2004年7月23日签订的《补充协议》中租赁期限超过20年的部分无效，即自2024年6月1日（含当日）之后的租赁期限无效。(2) 本案诉讼费由某人才培训中心承担。某人才培训中心向一审法院辩称：(1) 认可某农场公司在诉状中陈述的《合同书》《补充协议》的签约情况及合同履行情况。(2) 某农场公司陈述的有关补充协议的内容有误。根据双方在《补充协议》第

① 入库案例，参见人民法院案例库案例2024-07-2-111-002。

一条至第三条的约定“主合同约定租赁期限届满后，甲方应当允许乙方续租”及“双方一致同意双方应当就续租事宜另行签订书面协议”，表明双方在补充协议中达成的合意是：在租赁期届满后，双方再续订 20 年租赁合同，这一内容，首先是一个“预约合同条款”，即双方同意，在主合同约定的租赁期限届满后，双方拟另行签订一份续租协议。双方就续租协议达成的合意仅有两条：即租赁期限和年租金金额，其他内容均有待双方再行协商确定。据此，补充协议的续订条款体现的是一个预约合同的内容。其次，将来续订的租赁合同的期限，双方已经达成一致，从 2004 年 6 月 1 日开始起算 20 年，续订合同也没有超过 20 年，并不违反《中华人民共和国合同法》关于租赁期限最长 20 年的规定。因此，案涉《补充协议》并不违法。某农场公司要求确认无效的诉讼请求，没有法律依据。

【案件焦点】

租赁期限超过 20 年的部分为预约合同还是无效。

【法院裁判要旨】

北京市昌平区人民法院经审理认为：《中华人民共和国民法典》第七百零五条规定：“租赁期限不得超过二十年。超过二十年的，超过部分无效。租赁期限届满，当事人可以续订租赁合同；但是，约定的租赁期限自续订之日起不得超过二十年。”某农场公司与某人才培训中心于 2004 年 6 月 1 日签订的《合同书》约定租赁期限 20 年，在《合同书》签订一个多月后，于 2004 年 7 月 23 日又签订《补充协议》，约定主合同约定的租赁期限届满后，某农场公司应当允许某人才培训中心续租，期限仍为 20 年，在双方签订 2004 年《补充协议》时，远未达到“租赁期限届满”之时，究其本意系意图规避关于租赁合同最长租赁期限的限制，故该约定条款无效，双方应在租赁期限届满之前或之时就续租期限另行签订书面协议。2004 年《补充协议》中关于手续事宜、搬迁交接事宜、特别约定等均系对《合同书》内容的补充且已履行完毕，故上述内容合法有效；受让事宜因在约定期限内约定条件未成就而不生效。关于租赁合同最长租赁期限不得超过20年的规定，超过部分无效，具体到本案中，某农场公司与某人才培训中心之间的《合同书》及2004年《补充协议》中租赁期限超过20年的部分无效，即租赁期限中自2024年6月1日之后的部分无效。关于合同无效的后果，双方可另行解决。

据此，北京市昌平区人民法院依据《中华人民共和国民法典》第五百五十五条、第七百零五条，《最高人民法院关于适用〈中华人民共和国民法典〉时间效力的若干规定》第一条以及《中华人民共和国民事诉讼法》第六十七条之规定，判决如下：

某农场公司与某人才培训中心之间2004年6月1日的《合同书》和2004年7月23日的《补充协议》租赁期限中自2024年6月1日之后的部分无效。

某人才培训中心不服一审判决，提起上诉。

北京市第一中级人民法院经审理认为：《中华人民共和国民法典》第七百零五条规定："租赁期限不得超过二十年。超过二十年的，超过部分无效。租赁期限届满，当事人可以续订租赁合同；但是，约定的租赁期限自续订之日起不得超过二十年。"此条规定的核心为避免变相约定超过20年的租赁合同。2004年7月23日签订的《补充协议》约定，"主合同约定租赁期限届满后，甲方应当允许乙方续租，期限仍为20年，续租起算时间为2024年6月1日"，该条款中"应当"一词明显限定了双方的权利义务，即使双方之后就合同内容再行签订合同，但就租赁年限已然进行了约定，明显违反了法律规定，因此，一审法院认定该约定条款无效并无不当，本院不持异议。综上所述，某人才培训中心的上诉请求不能成立，其请求应予驳回；一审判决认定事实清楚，适用法律正确，应予维持。

北京市第一中级人民法院依照《中华人民共和国民事诉讼法》第一百七十七条第一款第一项之规定，判决如下：

驳回上诉，维持原判。

【法官后语】

《中华人民共和国民法典》第七百零五条规定："租赁期限不得超过二十

年。超过二十年的，超过部分无效。租赁期间届满，当事人可以续订租赁合同；但是，约定的租赁期限自续订之日起不得超过二十年。”由此可见，除法律有特别规定外，定期租赁合同的最长期间不得超过20年。

租赁合同本质上是一种债权契约，其并未直接创设、变更或消灭财产权利，因而不是物权行为。在租赁期限内，承租人仅有权对租赁物进行占有、使用及收益，但不享有处分权。在租赁期限届满后，承租人还须将租赁物返还给出租人。如果允许当事人创设长期甚至无期的租赁合同，则相当于将债权物权化、变相创设新的物权类型。如允许租赁合同存续期限过长，一般的租赁物均会损耗殆尽，势将影响租赁物的返还，与租赁交易的初衷相悖。超长期租赁关系某种程度上接近于买卖关系。

租赁期限是租赁合同的存续期间，在性质上属于民事法律行为所附的终期。租赁期限一旦届满，租赁合同将失去效力。因此，租赁期限直接关系租赁物的使用和返还时间、租金的收取期限，对合同双方当事人意义重大。租赁合同当事人的权利和义务有赖于当事人之间的约定，但当事人的预见能力终究有限，而合同严守原则又使租赁合同的变更异常艰难，限制定期租赁合同的最长存续期间，有助于租赁合同的当事人适时调整交易的条件。租赁时间过长，将阻碍对租赁物的改善，不利于资源的有效利用，会对公共利益产生不利影响；容易对租赁物的返还状态问题产生争议，使租赁物使用价值完全丧失，不利于对普通承租人利益的保护。

当然，20年实际上并不是一个绝对的最高限，因为如果租赁合同双方当事人在20年期满时，仍然希望保持租赁关系，可以采取两个办法：一是并不终止原租赁合同，承租人仍然使用租赁物，出租人也不提出任何异议。这时法律规定视为原租赁合同继续有效，但租赁期限为不定期，即双方当事人又形成了一个不定期租赁的关系，如果一方当事人想解除合同随时都可以为之，这种情况被称为合同的“法定更新”。二是双方当事人根据原合同确定的内容再续签一个租赁合同，如果需要较长的租期，当事人仍然可以再订一个租期为20年的合同，这种情况被称为“约定更新”。但正如法律规定的更新应为合同期限届满后的更新，而非本案中在第一次签约时已经进行了约定，案涉补充协议约定“主合同约定租赁期限届满后，甲方应当允许乙方续租，期限仍为20年，续租起算时间为2024年6月1日”，该条款中“应当”一词明显限定了双方的权利、义务，即使双方之后就合同内容再行签订合同，但就租赁年限已然进行了约定，明显违反了法律规定。从表面看，两份合同各自独立，而且至少在订立时，两份合同均是当事人的真实意思表示，但双方当事人通过同时签订两份租赁合同规避法律强制性规定的合同应为无效。

编写人：北京市第一中级人民法院　付艳　杜世奇

22

出租方未尽告知义务时是否构成“沉默欺诈”的认定

——商某诉某房地产公司房屋租赁合同案

【案件基本信息】

1. 裁判书字号

广西壮族自治区柳州市中级人民法院（2023）桂02民终2213号民事判决书

2. 案由：房屋租赁合同纠纷

3. 当事人

原告（被上诉人）：商某

被告（上诉人）：某房地产公司

第三人：某文化公司

【基本案情】

案涉租赁场地位于柳州市某商厦二层的商铺内，总面积为950平方米，其中在原为天井的位置进行了违法搭建，加装了天花板，形成了一个类似会客室的空间场所，违建面积约为30平方米。2022年7月16日，区城市管理行政执法局作出《责令停止违法行为和办理许可手续建议通知书》，责令某房地产公司立即停止未经许可擅自在案涉场地建设建（构）筑物的行为。2022年8月2日，商某（承租方）与某房地产公司（出租方）签订《租赁合同书》，约定某房地产公司将案涉商铺出租给商某作电子商务使用，建筑面积约950平方米，租赁期限从2022年9月1日起至2024年8月31日，每月租金24000元。在合同签订之日，商某依约向某房地产公司支付履约保证金48000元。案涉场地的违建部分于2022年8月4日被强制拆除。2022年9月6日某房地产公司向商某发送短信，催其交纳租金。2022年9月8日商某向某房地产公司发送律师函，载明某房地产公司在磋商过程中未尽如实告知义务，故意隐瞒租赁物含有违法建（构）筑物的真实情况，案涉合同为可撤销合同，并表示无法继续承租案涉场地。2022年9月13日某房地产公司向商某发送短信，表示因商某明确表示无法继续承租，某房地产公司将追究商某的违约责任，同时将租赁物另行出租。

【案件焦点】

1. 某房地产公司未告知租赁场地存在违建部分，是否构成欺诈；2. 欺诈制度和缔约过失制度存在竞合时，如何辨析及处理。

【法院裁判要旨】

广西壮族自治区柳州市城中区人民法院经审理认为：关于案涉《租赁合同书》解除的问题。商某主张由于某房地产公司没有将案涉场地存在违建的情况告知商某，且违法搭建的会客区域位于整个租赁场地的中心区域，违建被拆除后，合同目的已经不能实现，因此，诉请解除合同。某房地产公司则主张因为商某没有依约支付租金，某房地产公司已经于2023年9月13日通过发送短信的方式通知商某解除合同，并将案涉房屋出租给他人。双方对于解除合同的原因各执一词，但都同意解除案涉合同，并且解除案涉合同的意思表示最终在2023年9月13日达成一致，因此，本院确认原告与被告于2022年8月2日签订的《租赁合同书》于2023年9月13日解除。

关于履约保证金。被告某房地产公司作为出租方，对案涉场地存在违法搭建并且已被相关行政部门要求拆除的事实负有向承租方如实告知的义务，但其未主动如实告知，有违诚信原则，导致商某在未了解该情况时签订了案涉合同，进而导致原告要求解除合同，被告某房地产公司对此存在过错，故某房地产公司应当在解除案涉《租赁合同书》后将48000元保证金退还商某，商某的该项诉请有事实和法律依据，本院予以支持。

关于原告主张的各项经济损失1000元。原告并未举证该费用实际发生，且案涉合同对此也未作出相应约定，原告的该项诉请缺乏事实和法律依据，本院不予支持。

综上所述，广西壮族自治区柳州市城中区人民法院依照《中华人民共和国民法典》第七条、第五百六十二条，《中华人民共和国民事诉讼法》第六十七条之规定，判决如下：

一、原告商某与被告某房地产公司于2022年8月2日签订的《租赁合同书》于2023年9月13日解除；

二、被告某房地产公司向原告商某退还履约保证金48000元；

三、驳回原告商某的其他诉讼请求。

某房地产公司不服一审判决，提起上诉。

广西壮族自治区柳州市中级人民法院经审理认为：同意一审法院裁判意见，依照《中华人民共和国民事诉讼法》第一百七十七条第一款第一项之规定，判决如下：

驳回上诉，维持原判。

【法官后语】

沉默欺诈，是指负有告知义务的人故意隐瞒真实情况，即行为人有义务向他方如实告知某种真实的情况而故意不告知。《中华人民共和国民法典》第一百四十八条规定了当事人对于因受欺诈订立合同的撤销权，《中华人民共和国民法典》第五百条规定了缔约过失可诉请解除合同，因此在缔约时隐匿信息的情形下，沉默欺诈的合同撤销、缔约过失责任等多项制度在法律效果上发生竞合。在处理该类案件时应注意以下几点。

一、沉默欺诈的认定标准

我国关于欺诈的故意坚持“双重故意说”，受欺诈方既需要证明欺诈者具有欺诈故意，还需要证明自己因该欺诈行为作出了错误的意思表示。缔约过失责任的主观要件是“缔约当事人具有过失”，这个“过失”应从“过错”角度理解，包括故意和过失，在强度上显然不如欺诈所要求的“双重故意”要件。并非所有违反告知义务行为都具有欺诈的故意并构成欺诈行为，判断相对人陷入错误认识和欺诈行为之间的关系也并不应采纳“若有则无”的标准。行为人是否构成沉默欺诈，判断过程主要分为以下步骤：首先，欺诈行为，应当以违反告知义务为前提，以“是否影响缔约根本目的”“问题是否严重”“是否给相对方带来不利影响”为标准考察行为人违反告知义务严重程度是否构成欺诈行为，只有违反告知义务达到一定严重程度，才构成欺诈行为。其次，欺诈故意，应当以“是否影响缔约根本目的”为标准，推定其隐瞒真实情况是否具有欺诈故意。最后，存在因果关系，须相对人陷入错误为“被利用的错误”，行为人实施欺诈行为须对相对人产生“决定性影响”。本案中，出租方虽未主动向承租方告知租赁场地存在违建，但是通过出租方与第三人的微信聊天记录可知，出租方认为违建被强拆后还可以搭建回来，且在租赁场地约 950 平方米，而违建场地仅约 30 平方米，在即使违建区域被拆除也不影响合同目的实现的情况下，既难以认定出租方未告知违建区域的行为达到了影响缔约根本目的的标准，也难以认定出租方存在欺诈的“双重故意”，因此，不应认定出租方存在沉默欺诈，故承租方也无权基于被欺诈而要求撤销合同。

二、证明标准及举证责任的分配

在缔约过失规则中，一般采取高度盖然性标准。欺诈规则中的“双重故意”，一般应达到排除合理怀疑的标准，被欺诈人对欺诈的构成要件应负举证责任的，包括：欺诈行为、因果关系及违法性。而对于恶意、故意等主观要件，本属被害人难以阐释的领域，被害人要证明欺诈的双重故意具有相当的难度，若将此举证责任科加在被害人身上，往往会给被害人过重的举证负担，因此原则上应由加害人证明不存在欺诈的恶意和故意。

三、处理方式

本案承租方认为出租方在签订合同时未尽告知义务，但基于何种请求权基础诉请“消灭合同”，承租方对此举棋不定。由于被告已经将案涉商铺出租给案外人，原告将诉讼请求从“撤销合同”变更为“因合同根本目的无法实现而解除合同”，达到了“消灭合同”的目的。

综上，在处理该类案件时，应同时考虑哪个请求权更适合当事人去行使以及不同制度之间的评价和影响，保持不同规范在法律体系中的协调一致。

编写人：广西壮族自治区柳州市城中区人民法院　唐婧

23

出租人对转租态度前后不一致导致承租人损失的法律责任

——黄某诉韦某房屋租赁合同案

【案件基本信息】

1. 裁判书字号

广西壮族自治区柳州市中级人民法院（2023）桂 02 民终 1773 号民事判决书

2. 案由：房屋租赁合同纠纷

3. 当事人

原告（被上诉人）：黄某

被告（上诉人）：韦某

【基本案情】

黄某与韦某于 2018 年 7 月 1 日签订《租赁合同》，约定将韦某所有的一处房屋一楼、二楼出租给黄某，租期 5 年（自 2018 年 7 月 1 日起至 2023 年 6 月 30 日止），每年租金 36000 元，半年结算一次，先付租金后使用房屋，并约定乙方（黄某）需转租必须经甲方（韦某）同意。《租赁合同》还约定，为更好履行合同，黄某向韦某交纳 6000 元保证金，如果黄某违约则保证金归韦某所有；如果正常履行合同，合同期满后韦某应退回 6000 元保证金给黄某。合同签订后，黄某向韦某支付了保证金 6000 元和相应租金，进入案涉门面经营奶茶。

2021 年 10 月 1 日，黄某向案外人海某出具《委托书》，委托其代为处理案涉房屋奶茶店转租相关事宜。经磋商，黄某与次承租人莫某于 2021 年 12 月 1 日签订《租赁合同》，约定甲方（黄某）将案涉房屋（奶茶店）整体转租给乙方（莫某）经营管理，甲方将跟房主（韦某）的租赁合同交给乙方，乙方需遵守原租赁合同的协议条款。签订合同后，莫某先后共向黄某支付转让费 49000 元、直接向韦某支付 2022 年 6 月 30 日前的房屋租金，并使用奶茶店的设备进行营业至 2022 年 5 月 31 日。

2022 年 3 月前后，由于韦某明确表示不同意黄某转租案涉门面，不让莫某继续经营，黄某委托案外人海某与韦某协商，双方于 2022 年 4 月 14 日达成《协议书》，其中第一条载明“甲乙双方同意让次承租人经营至甲乙双方签订的合同到期为止”。

2022 年 6 月 7 日，莫某与黄某、韦某产生纠纷，法院判决：（1）解除莫某与黄某于 2022 年 12 月 1 日签订的《租赁合同》；（2）黄某向莫某赔偿经济损失共计 27526 元。

2022 年 8 月 8 日，黄某与韦某对前述莫某诉黄某、韦某一案电话交流，在电话里韦某同意黄某将房屋转租给次承租人。

另查明，黄某未向韦某发函通知解除与韦某签订的《租赁合同》及《协议书》，韦某于 2023 年 2 月 8 日收到黄某在本案中提交的起诉状副本。

【案件焦点】

韦某应否赔付黄某的经济损失。

【法院裁判要旨】

广西壮族自治区柳城县人民法院经审理认为：黄某从未向韦某发函通知解除《租赁合同》和《协议书》外，韦某于2023年2月8日收到本案诉状副本，故《租赁合同》《协议书》应于2023年2月8日解除。《租赁合同》约定黄某转租必须经韦某同意；《协议书》第一条与2022年8月8日的通话录音可证实韦某同意将涉案房屋转租给莫某。韦某认可其在2022年6月22日张贴房屋租赁公告，欲将房屋另租给他人。韦某的实际行为及庭审中的陈述均表示不同意黄某将涉案房屋转租给莫某，构成违约。因韦某对转租的态度前后矛盾，破坏了黄某基于合同享有的信赖利益，让黄某遭到莫某的索赔产生了本案黄某主张的经济损失，韦某应当承担全部的合同责任。《租赁合同》解除后，韦某应向黄某赔偿经济损失27526元，并退还保证金6000元。

综上，广西壮族自治区柳城县人民法院依照《中华人民共和国民法典》第五百六十五条、第五百六十六条、第五百七十七条之规定，判决如下：

一、黄某与韦某2018年7月1日签订的《租赁合同》于2023年2月8日解除；

二、黄某与韦某2022年4月14日签订的《协议书》于2023年2月8日解除；

三、韦某向黄某赔付经济损失27526元；

四、韦某向黄某退还保证金6000元。

韦某不服一审判决，提起上诉。

广西壮族自治区柳州市中级人民法院经审理认为：《租赁合同》《协议书》解除的时间点和韦某应否向黄某退还保证金问题，二审法院同意一审法院意见。韦某应否赔付黄某的经济损失问题。经查，黄某赔偿莫某所受经济损失，是韦某对莫某能否继续使用案涉商铺态度前后不一造成的。黄某未及时告知莫某追认情况及妥善化解韦某与莫某之间的矛盾，对损失的发生亦有一定过错。故本院在处理时综合考虑韦某、黄某的行为对造成合同无法履行的原因力大小及过错程度，酌情判定韦某赔付金额。

广西壮族自治区柳州市中级人民法院依照《中华人民共和国民法典》第五百六十六条、第五百八十四条、第五百九十二条，《中华人民共和国民事诉讼法》第一百七十七条第一款第二项之规定，判决如下：

一、维持广西壮族自治区柳城县人民法院（2023）桂 0222 民初 208 号民事判决第一项、第二项、第四项；

二、变更广西壮族自治区柳城县人民法院（2023）桂 0222 民初 208 号民事判决第三项：韦某向黄某赔付经济损失 20000 元；

三、驳回黄某其他诉讼请求。

【法官后语】

转租是租赁交易市场中常见的交易方式，有利于交易流转，可以有效提高租赁物使用效率。在转租的过程中出租方、承租方、次承租方没有协商好达成一致意见就容易出现纠纷。本案就涉及转租时出租人对转租态度前后不一致导致承租人损失的法律责任认定问题。

一、出租人对转租态度前后不一致的构成违约，因此导致承租人损失的应当承担法律责任

《中华人民共和国民法典》第七百一十六条规定："承租人经出租人同意，可以将租赁物转租给第三人。承租人转租的，承租人与出租人之间的租赁合同继续有效；第三人造成租赁物损失的，承租人应当赔偿损失。承租人未经出租人同意转租的，出租人可以解除合同。"根据该规定，承租人转租必须征得出租人同意。出租人的同意，既可以发生于出租人与承租人订立租赁合同时，也可以发生于租赁合同关系形成之后、承租人将租赁物转租之前。出租人同意的意思表示既可以采取明示的方式，也可以采取默示的方式。出租人同意转租的，原租赁合同继续有效。承租人擅自转租的，出租人可以解除合同。根据合同的相对性，出租人行使解除权时，通知承租人即可，而无须通知第三人。对于擅自转租，出租人在知道或者应当知道承租人转租，但是在 6 个月内未提出异议

的，视为出租人同意转租。本案中，承租人在与次承租人签订转租协议后，次承租人就直接向出租人支付租金，并且之后承租人与出租人就转租事宜签订了《协议书》，这些行为都表示出租人经过明示的方式同意承租人将房屋转租给次承租人。但之后出租人对外张贴了租赁公告，并在另案的庭审中表示不同意转租。因出租人对转租态度前后不一致，次承租人未能继续使用案涉商铺，因此利益受到损失，承租人向次承租人赔偿了损失。就出租人与承租人签订的合同而言，出租人对转租态度前后矛盾已经构成违约，因此应当承担法律责任，赔偿承租人的损失。

二、承租方对损失的发生有过错的，可以减少相应的损失赔偿额

在转租过程中，承租人未及时告知出租人追认情况及妥善化解出租人与次承租人之间的矛盾，对损失的发生也有一定过错。《中华人民共和国民法典》第五百九十二条规定："当事人都违反合同的，应当各自承担相应的责任。当事人一方违约造成对方损失，对方对损失的发生有过错的，可以减少相应的损失赔偿额。"因此，本案最终的赔偿经济损失金额应综合考虑出租人、承租人的行为对造成合同无法履行的原因力大小及过错程度进行认定，二审法院酌情判定韦某赔付金额为20000元。

签订合同后，各方都应该严格按照合同规定的内容履行相应的义务，违约造成对方损失的应该承担相应的违约责任，对方对损失的发生有过错的，可以减少相应的损失赔偿额。

编写人：广西壮族自治区柳城县人民法院　黄海舒

十二、承揽合同纠纷

24

非金钱给付类违约行为，违约金调整规则的适用

——某信用合作联社诉某电梯安装工程公司承揽合同案

【案件基本信息】

1. 裁判书字号

广西壮族自治区柳州市中级人民法院（2023）桂02民终3652号民事判决书

2. 案由：承揽合同纠纷

3. 当事人

原告（上诉人）：某信用合作联社

被告（被上诉人）：某电梯安装工程公司

【基本案情】

2016年1月，原告某信用合作联社就某大厦12台电梯采购及安装项目公开发出招标文件，其中对电梯安装调试的质保期及售后服务作出了明确要求。被告某电梯安装工程公司进行投标，投标文件对此作出售后服务承诺。2016年8月15日，原告某信用合作联社与被告某电梯安装工程公司签订《某大厦电梯采购及安装项目合同书》，合同总标的1628.8万元，双方对电梯售后服务等事

项进行了约定，并约定如被告某电梯安装工程公司未按合同和投标文件中规定的售后服务承诺提供服务的，应按合同总金额的5%向原告某信用合作联社支付违约金。合同签订后，被告某电梯安装工程公司按照合同约定完成了电梯安装、调试工作，并于2021年移交全部电梯给原告某信用合作联社。L1-L10电梯维护保养期自2021年1月19日起至10月28日止，L11-L12电梯维护保养期自2021年1月19日起至2022年9月1日止。在电梯维护保养期间，被告某电梯安装工程公司未完全履行电梯维护保养义务，被告某电梯安装工程公司对电梯进行检修并对损坏、老坏、缺失的配件进行更换，产生费用40265元，并于2021年6月23日另行委托了其他企业对电梯进行维护保养工作。原告某信用合作联社因此提起诉讼要求被告某电梯安装工程公司支付违约金814400元（16288000×5%＝814400元），被告某电梯安装工程公司认为其不存在违约情形，如法院认定被告违约情形存在，请求减少违约金。

【案件焦点】

本案违约金是否需要调整，应如何调整。

【法院裁判要旨】

广西壮族自治区柳州市鱼峰区人民法院经审理认为：被告在电梯维护保养期间，仅对电梯维护1次至2次，与电梯维护保养的要求相差甚远，亦不符合特种设备安全管理的相关规定，被告在本案中的行为已构成违约。关于违约金，双方约定按照合同总金额的5%计算，但合同是兼采购、安装、维保等事项一并进行约定，合同标的较大，如按该标准计算违约金，不甚合理。另外，当事人设立违约金条款时应以可预见的损失作为考量基础，参照国家机关事务管理局《中央国家机关购买后勤服务管理办法（试行）》中电梯维护保养费标准核算，涉案12部电梯维护保养费用16440元/月，据原告与其他企业签订的三份《电梯维护保养合同》折算，12部电梯平均维护保养费用为8657.6元/月。本案中，双方约定的违约金为合同总金额的5%即814400元，折算每月维护保养费用为22622.22元，远超出可预见的损失金额，故本案违约金确有调整的必要。

关于违约金的调整，应结合合同履行情况、双方过错程度、预期利益、实际损失等因素予以综合考量。被告未完全履行维保义务，给原告所造成的损失主要为可获得利益损失、维修成本以及委托他人进行维护保养所产生的实际损失。2021年6月23日至2022年9月1日，原告已委托其他公司予以维护保养，故应按照实际损失计算。2021年1月19日至6月23日可获得利益损失，按照原告与其他企业相近时间段签订的《电梯维护保养合同》确定，金额为94306.64元，另原告对电梯实际检修以及对损坏、老坏、缺失的配件更换费用40265元，合计损失134571.64元。考虑到违约金兼有补偿性及惩罚性之功能，故在此基础上上浮30%确定违约金为174943.13元，同时考虑到电梯移交之后的数月时间，原告作为特种设备使用方，未完全尽到督促义务，存在懈怠之处，应自行承担10%的责任，被告应承担的违约金为174943.13元×90%=157448.82元。

综上，广西壮族自治区柳州市鱼峰区人民法院依照《中华人民共和国民法典》第一百一十九条、第五百零九条第一款、第五百七十七条、第五百八十五条、第五百九十二条之规定，判决如下：

被告某电梯安装工程公司支付原告某信用合作联社违约金157448.82元。

某信用合作联社不服一审判决，提起上诉。

广西壮族自治区柳州市中级人民法院经审理认为：同意一审法院裁判意见，依照《中华人民共和国民事诉讼法》第一百七十七条第一款第一项之规定，判决如下：

驳回上诉，维持原判。

【法官后语】

违约金的约定在商业交易过程中普遍存在，关于违约金的调整，在司法审判实践中，也较为常见。如当事人约定的违约金过分高于造成的损失的，人民法院或仲裁机构可以根据当事人的请求予以适当减少，但“过分高于损失”“适当减少”等抽象表达实质上是赋予了人民法院对违约金调整的自由裁量权，受价值判断的影响，违约金的调整也存在不确定性。

立法上,《中华人民共和国民法典》第五百八十五条承继了《中华人民共和国合同法》(已失效) 第一百一十四条关于调整违约金的精神,《最高人民法院关于适用〈中华人民共和国民法典〉合同编通则若干问题的解释》第六十五条沿袭了《最高人民法院关于适用〈中华人民共和国合同法〉若干问题的解释(二)》(已失效) 第二十九条的内容,并在总结司法审判实践经验的基础上,对违约金的调整规则进一步细化,明确了违约金的调整基础、参考因素以及调整幅度,确立了鲜明的价值导向,该规定可作为规范违约金调整、统一裁判标准的重要依据。本案虽不是在《最高人民法院关于适用〈中华人民共和国民法典〉合同编通则若干问题的解释》出台后审理,但是案件审理结果契合了解释的立法精神,充分体现了违约金的填补损失以及惩罚性功能,对审判实践具有一定的参考作用。

实践中主要存在两种类型的违约行为:一种是金钱给付类违约行为,如逾期付款行为;另一种是非金钱给付类违约行为,如本案所涉及的违反了合同约定的对电梯维护保养义务的行为。违约金调整规则在非金钱给付类违约行为中的应用,也可以从守约方的损失方面作为切入点进行分析,关于损失的范围,《中华人民共和国民法典》第五百八十四条明确规定,因违约所造成的损失,包括合同履行后可以获得的利益,但是,不得超过违约一方订立合同时预见到或者应当预见到的因违约可能造成的损失。据此可知,损失范围不仅包括实际损失,还应包括可获得利益损失(不超出预期利益),就本案而言,在电梯移交原告的一段时间内,被告未尽电梯维护保养义务,导致原告未能享受到相应服务,产生可获得利益损失,之后原告对电梯进行维修并委托其他企业对电梯进行维护保养产生维修费、维护保养费等实际损失,前述损失均是本案的损失范围。

违约金酌减的前提条件是违约金过分高于损失,是否“过分高于损失”,可以从合同主体、交易类型、合同的履行情况、当事人的过错程度、履约背景等因素进行考量。本案中,交易双方均是具备完全行为能力的商事主体,经过招投标方式签订合同,应具备履约风险的预见和控制能力,按理说对其减少违约金的请求应当更加严格,但是从交易内容可知,合同是兼采购、安装、维保等事项一并进行约定,合同标的较大,如按合同总标的5%计算违约金,不甚合理，另就履约的市场背景可知，双方约定的电梯维护保养费用标准远超出市场价格，超出了签订合同时的预期可得利益。在合同履行、过错程度方面，被告仅仅对电梯进行一、二次维护保养，与合同约定要求相差甚远，也不符合特种设备安全管理的相关规定，属于严重违约，但是原告作为特种设备使用方，未完全尽到督促义务，存在懈怠之处，应自行承担10%的损失。

综合上述考量因素分析后，遵循公平原则和诚信原则可对违约金进行调整，鉴于案件涉及的是电梯（特种安全设备）的维护保养服务，被告的违约行为涉及人民群众的公共安全，应发挥违约金的惩罚性之功能，在损失基础上增加30%作为惩罚性违约金，并按照责任比例确定违约方应承担的违约金。

编写人：广西壮族自治区柳州市鱼峰区人民法院　蒙海芬

25

债务人已破产注销，在破产阶段未申报债权的“未确定之债”债权人无权另行通过诉讼方式主张债权

——某钢架销售部诉某综合开发公司等承揽合同案

【案件基本信息】

1. 裁判书字号

北京市第二中级人民法院（2024）京02民终2186号民事判决书

2. 案由：承揽合同纠纷

3. 当事人

原告（上诉人）：某钢架销售部

被告（被上诉人）：某综合开发公司、某种子协会、某农业推广中心（某动物疫病预防控制中心）

【基本案情】

2015年10月20日，种子管理站［后更名为农产品质量安全检验检测站（以下简称农产品检测站）］出具《授权书》，授权某种子协会为相关种子大会的办会主体，承担主体责任，确定大会各项主题活动，履行大会的办会手续申请和安全运行保障的职责，确定大会承办单位、协办单位，并实施授权委托，确保大会安全有序进行。次日，某种子协会与某中心签署协议，约定某种子协会将本届大会承办权委托给该中心具体实施，某中心承担大会的全部承办经费。

因大会品种展示工作需要，某钢架销售部负责十栋春秋钢架大棚的制作及安装施工，约定价格为21253元/栋，但未签订书面合同。大棚于2015年6月底完工，现仍然正常使用中，使用者为某农业推广中心。

2022年，某钢架销售部将某农产品检测站、区农业农村局（以下简称区农业局）诉至法院，请求支付大棚制作及安装款212530元及利息等。原告主张与某农产品检测站存在承揽合同关系，由于某农产品检测站系农产品监测站前身，因此，农产品监测站应对该债务承担责任；区农业局系某农产品检测站开办单位，故应承担责任。审理中，某钢架销售部提交梅某签字的《证明》。该案审理中，梅某出庭陈述称，其当时是某农产品检测站副站长，2015年4月离职，同年5月任某中心法人。任某农产品检测站副站长期间负责建造大棚事项，认可某建造10栋大棚及承揽价格。关于梅某任职情况，农产品检测站、区农业局提交任职文件，确认其2015年2月起不再担任某农产品检测站副站长职务，同时被任命为某中心法人。法院经审理认为，依据现有证据难以认定某钢架销售部与某农产品检测站之间存在承揽合同关系；某农产品检测站为独立法人，依法独立享有民事权利、独立承担民事责任，因此区农业局不承担责任。2023年4月25日，该院判决驳回某钢架销售部全部诉讼请求。

2022年10月26日，某中心被法院宣告破产，2023年3月6日被宣告终结破产程序，2023年4月4日经核准注销，注销前某中心唯一股东为某综合开发公司。

现某钢架销售部主张，自身与该中心就案涉大棚制作成立承揽合同关系，由于该中心已经破产，而某综合开发公司为某中心唯一股东和开办人，故应对该中心债务承担全部责任。某种子协会作为种子大会的主要承办方和案涉大棚的使用方，也应承担付款责任。某农业推广中心作为案涉大棚目前的使用方，亦应承担付款责任。某钢架销售部起诉请求法院判令三被告共同向原告支付大棚制作及安装款212530元及逾期付款利息。三被告对原告上述主张均不同意。

【案件焦点】

某综合开发公司、某种子协会、某农业推广中心是否应向某钢架销售部支付大棚制作安装款。

【法院裁判要旨】

北京市丰台区人民法院经审理认为：案涉十座钢架大棚系由某中心委托某钢架销售部承揽制作。其一，梅某曾任某农产品检测站副站长，并于2015年2月被任命为某中心法人，从其出具的证明及前案当庭陈述可知其曾与某钢架销售部沟通钢架大棚承揽制作事宜。其二，在某钢架销售部自述承揽制作钢架大棚的期间，即2015年6月，梅某担任某中心法人职务，有权代表某中心。其三，某钢架销售部制作安装的大棚系为种子大会品种展示工作需要而建造，某中心系承办单位，具体负责大会各项筹备、运行工作并承担大会所需经费。因此，某钢架销售部系受某中心委托而建设案涉大棚，双方之间成立承揽合同关系。某钢架销售部交付大棚，该中心应向其支付相应费用。

某综合开发公司作为某中心的股东无须向某钢架销售部承担付款责任。破产程序具有不可逆性，旨在终局性地清理破产企业的债权债务。本案中，该中心已经向法院宣告破产，现破产程序已终结，某钢架销售部要求某综合开发公司在破产程序终结后单独对其清偿缺乏法律依据。

由于合同具有相对性，某种子协会、某农业推广中心均非与某钢架销售部建立承揽合同关系的相对方，故某种子协会、某农业推广中心无须向某钢架销售部支付大棚制作费用。

北京市丰台区人民法院依照《中华人民共和国企业破产法》等相关规定，判决如下：

驳回某钢架销售部的全部诉讼请求。

某钢架销售部不服一审判决，提起上诉。

北京市第二中级人民法院经审理认为：某钢架销售部要求某综合开发公司在破产程序终结后单独对其清偿缺乏法律依据，同意一审法院裁判意见，依照《中华人民共和国民事诉讼法》第一百七十七条第一款第一项之规定，判决如下：

驳回上诉，维持原判。

【法官后语】

在清算阶段未申报债权的"未确定之债"，即债务人在债权人提起诉讼前已经完成清算程序并注销，且之前双方并未通过对债权予以确认。"未确定之债"特殊性在于，既不可以归责于债权人未在法定期限内申报债权，也不可以归责于公司清算过程不合法。笔者认为，"未确定之债"处理结果与清算程序存在关联：如果债务人经过破产清算，债权人未在清算阶段申报的"未确定之债"无权通过诉讼方式主张；如解散清算，债权人可能存在向债务人股东或者清算组成员请求赔偿的权利。

破产清算与解散清算在适用条件、程序和结果上均存在差异。如果公司能够清偿全部债务，可以进行解散清算；如果公司发生破产原因，不能清偿到期债务，或在清算过程中发现公司资不抵债时，则应进入破产程序。破产清算存在两项特点：其一，破产清算由法院指定的管理人接管债务人对破产财产进行清算、评估、处理和分配，公权力介入程度更深，中立性和独立性更强，不受债权人和债务人的干涉。其二，破产清算基于债务人资不抵债的客观事实，在清偿顺序、清偿程序、对执行和保全的效力以及合同解除、撤销权、抵销权、无效制度等方面规定均与公司解散清算的规定不同，目的是在债权无法获得全额清偿的情况下，更为公平地清理债权债务。因此，破产清算阶段公司债权债务关系已得到全面清理，注销后债权债务自此消灭。

当债务人破产清算时，未申报债权的债权人无权主张债权。《中华人民共和国企业破产法》第四十四条规定，人民法院受理破产申请时对债务人享有债权的债权人，依照本法规定的程序行使权利。第五十六条规定，在人民法院确定的债权申报期限内，债权人未申报债权的，可以在破产财产最后分配前补充申报……债权人未依照本法规定申报债权的，不得依照本法规定的程序行使权利。因此，破产程序具有不可逆性，旨在终局性地清理破产企业的债权债务，在破产清算阶段未申报债权的债权人在破产程序完结后，无权通过诉讼方式主张债权。即使债权人发现债务人经过破产程序后仍有股东未实缴出资等问题，由于破产程序中“债权人公平受偿”理念的影响，也不得请求未实缴股东个别清偿。只有当未申报债权的债权人证明由于破产管理人的过错导致自身未能及时申报债权时，才能向破产管理人申请赔偿，但该赔偿性质上属于破产管理人因未履行自身职责所做的赔偿，而并非分割债务人的破产财产。

当债务人解散清算时，未申报债权的债权人可能存在诉讼救济途径。由于清算组成员一般由公司实际控制人、股东、董事、监事、高级管理人员等担任，与公司解散结果存在紧密的利益关系，中立性和独立性不强，因此有必要倾斜保护公司债权人权利。当公司债权人在公司解散清算阶段未能及时申报债权时，可向未履行清算通知义务的清算组成员主张权利；债权人并非因重大过错导致未在规定期限内申报债权的，可根据《最高人民法院关于适用〈中华人民共和国公司法〉若干问题的规定（二）》第十四条第一款之规定，请求在公司尚未分配财产中清偿，或在股东在剩余财产分配中已经取得的财产范围内清偿。

具体到“未确定之债”问题中，在破产清算情况下，由于破产程序具有不可逆性，债权债务关系已完整清理，破产管理人对于“未确定之债”债权人未申报债权不存在过错，因此债权人无权继续主张债权。在解散清算情况下，因为“未确定之债”的债权人对于未及时申报债权不具有重大过失，且债务人清算组成员对于该事项亦不具有过错，因此该债权人无权向债务人清算组成员主张赔偿，但是可以要求债务人股东在经过清算程序后所分配财产的范围内主张债权。该种安排亦符合公司股东与债权人的收益与风险对等原则。

本案中，债务人某中心已经过破产清算程序且被注销法人资格，“未确定之债”债权人某钢架销售部无权主张债权。

编写人：北京市丰台区人民法院　苏洁　张茜

26

合并建制的新村委会在原建制村债务范围内承担民事责任

——朱某诉某村村民委员会承揽合同案

【案件基本信息】

1. 裁判书字号

山东省潍坊市临朐县人民法院（2022）鲁0724民初4433号民事判决书

2. 案由：承揽合同纠纷

3. 当事人

原告：朱某

被告：某村村民委员会

【基本案情】

原告朱某诉称：朱某承揽原某甲村民委员会（以下简称原某甲村）全村墙面外墙丙烯酸涂料喷涂工程，余款218628.6元拖欠至今。请求被告支付该欠款并承担诉讼费用。被告某村村民委员会辩称：承揽业务发生在原某甲村与原告之间，不应由合并后的新某村村民委员会承担责任。

法院经审理查明：2020年10月24日，朱某与原某甲村签订《施工协议》，由朱某为原某甲村的全村墙面喷涂项目进行施工，朱某垫资购买丙烯酸涂料，垫付人工费，验收合格后拨付垫付资金。朱某施工完毕后，2021年11月17

日，原某甲村对该项目收方结算，总价款233628.62元。原某甲村已支付给朱某款项15000元，剩余218628.62元。

根据当地规定，撤销现有建制村、组建中心村（居），坚持“五个不变”，即自然村村名不变；原建制村土地、河滩、林地等自然资源隶属权不变；原建制村债权债务和农机、电力、水利等服务设施，公共房屋、道路、树木等固定资产的所有权、使用权不变；土地承包、租赁合同不变；原建制村财务核算方式不变。原某甲村村民委员会与原某乙村村民委员会合并组成某村村民委员会，合并之后原某甲村、原某乙村的财务、财产等各自独立，2022年5月，街道收回了原某甲村、原某乙村两个村民委员会的公章。

【案件焦点】

合并后的某村村民委员会对合并前原建制村原某甲村债务如何承担责任。

【法院裁判要旨】

山东省潍坊市临朐县人民法院经审理认为：综合原被告陈述、当地文件等证据，临朐县城关街道的原某甲村村民委员会与原某乙村村民委员会合并组成新的某村村民委员会，属于基层群众性自治组织法人的新设合并也即创设合并，被合并的原某甲村村民委员会、原某乙村村民委员会的法人资格已经归于消灭，该两原法人的权利和义务都由新的法人某村村民委员会承受。但合并后，原某甲村、原某乙村的财务、财产等实际相互独立，作为债权人的原告对此也无异议，因此，合并后的某村村民委员会在原某甲村财产范围内向原告承担案涉债务的支付责任，更符合本案的客观实际。

山东省潍坊市临朐县人民法院依照《最高人民法院关于适用〈中华人民共和国民法典〉时间效力的若干规定》第一条，《中华人民共和国民法典》第六十七条、第四百六十五条、第五百零九条、第七百七十条、第七百八十二条，《中华人民共和国民事诉讼法》第六十七条、第一百四十五条，《最高人民法院关于适用〈中华人民共和国民事诉讼法〉的解释》第九十条之规定，判决如下：

山东省潍坊市某村村民委员会在原某甲村财产范围内支付朱某墙面喷涂款218628.6元，于本判决生效之日起十五日内履行完毕。

判决后，双方当事人均未上诉，本判决现已生效。

【法官后语】

本案属于建制变化后，涉及合并前原建制村债务纠纷。司法实践中，对此类案件民事责任主体、诉讼主体及承担责任方式的认定分歧较大，存在判决原建制村单独承担责任、合并后新村民委员会单独承担责任、两者共同承担责任等裁判尺度不统一的情形。

一、涉及农村集体民事活动及民事纠纷中民事主体、诉讼主体资格的分析

《中华人民共和国民法典》第一百零一条明确赋予了村民委员会独立法人地位，解决了村民委员会在民事活动中主体地位不清的问题。村民委员会作为基层群众性自治组织法人，享有独立的民事主体资格，可以从事为履行职能所需要的民事活动。上述法律规定还立足我国农村经济发展的实际，明确了农村集体经济组织和村民委员会履行职责的关系，即农村集体资产优先由农村集体经济组织进行管理，农村集体经济组织在民事活动中担任一方民事主体，只有未设立村集体经济组织的，村民委员会可以依法代行村集体经济组织的职能。《最高人民法院关于适用〈中华人民共和国民事诉讼法〉的解释》（2022年修正）第六十八条规定，居民委员会、村民委员会或者村民小组与他人发生民事纠纷的，居民委员会、村民委员会或者有独立财产的村民小组为当事人。

综上规定可以看出，涉及农村集体民事活动及民事纠纷中，依法成立的村民委员会、农村集体经济组织均具有独立法人地位、民事主体资格和诉讼主体资格，有独立财产的村民小组也可以依法享有民事主体资格和诉讼主体资格。因此，本案中，合并前的原两建制村村民委员会虽然具有独立法人地位，但合并后原村民委员会已经被撤销，其民事主体资格和诉讼主体资格不复存在，只能由合并后的新村民委员会作为适格民事主体和诉讼主体。根据《中华人民共和国民法典》规定的非法人组织设立登记的条件程序以及《中华人民共和国民事诉讼法》及其司法解释规定的其他组织的法定条件，合并前的原建制村也不

属于法律规定的非法人组织和其他组织，不具备民事主体和诉讼主体资格。司法实践中，合并前的建制村“某某村民委员会”改为“某某村”的名义作为当事人参加诉讼，并判决原建制村单独或与合并后新村民委员会共同履行债务，均于法无据，不应支持。

二、民法意义上的法人合并与村民委员会合并的异同

《中华人民共和国民法典》第六十七条第一款规定，法人合并的，其权利和义务由合并后的法人享有和承担。法人合并，是指两个以上的法人不经清算程序而合并为一个法人的法律行为。法人合并的基本形式分为吸收合并和新设合并，前者仅是被合并的法人主体资格不复存在，后者则是原有的法人资格均被消灭并产生新的法人。从法律性质上分析，法人合并是原法人权利义务向新法人的法定概括转移，无论是吸收合并还是新设合并，都不会导致原法人权利义务的消灭。从法律后果上分析，法人合并后，原法人即被合并法人的动产、不动产及其他财产性权利全部归合并后的新法人享有，原法人债权债务由合并后的新法人享有和承担，合并后新法人享受原法人移转权利的同时，也当然有义务承担原法人的民事损害赔偿责任。

但是，实践中，像本案当地政府坚持自然村村名、土地等资源、债权债务及固定资产等、土地承包及租赁合同、村财务核算方式“五个不变”原则，虽然尊重和符合农村历史发展状况、集体资产实际和村民意愿，但在法律性质上不属于上述法律规定的法人合并，故不能简单套用“合并后新法人享有和承担合并前原法人权利和义务”的规则处理。

三、不属于民法意义上法人合并后的村民委员会承担责任的方式

根据《中华人民共和国民法典》第一百零一条的规定，本案中，原某甲村村民委员会与原某乙村村民委员会合并组成新的某村村民委员会后，未设立村集体经济组织，某村村民委员会可以依法代行村集体经济组织的职能。案涉债务系合并前原某甲村村委会所欠，合并后的原某甲村虽仍有独立财产但已不具备民事主体和诉讼主体资格，合并后的新某村村民委员会具备民事主体和诉讼主体资格但其财产分属原某甲村、原某乙村所有。新某村村民委员会与原某乙

村村民均担心判决新某村村民委员会承担责任后，法院执行原某乙村的财产。新某村村民委员会作为基层群众性自治组织法人，依照《中华人民共和国村民委员会组织法》（2018年修正）第八条规定，有权管理本村属于村农民集体所有的土地和其他财产。法院坚持办案政治、社会和法律效果相统一，综合考量农村集体资产历史背景、现状实际及村民意愿等因素，依法判决合并后的新某村村民委员会在原某甲村财产范围内支付原告工程款，兼顾了债权人朱某、合并后的新某村村民委员会、原某乙村村民的利益，维护了合并建制的成果，实现了双赢、共赢、多赢的良好办案效果。

综上，不属于民法意义上法人合并的合并建制，要立足农村村级集体财产权属的客观实际，兼顾各方主体利益诉求，对合并前原建制村村民委员会债务，应由合并后新村民委员会在其管理的原建制村财产范围内承担给付责任。

编写人：山东省潍坊市临朐县人民法院　尹洪茂

十三、建设工程合同纠纷

27

装饰装修工程未经验收使用的责任承担认定规则

——某装饰工程公司诉某管理服务公司装饰装修合同案

【案件基本信息】

1. 裁判书字号

广西壮族自治区柳州市中级人民法院（2023）桂 02 民终 3326 号民事判决书

2. 案由：装饰装修合同纠纷

3. 当事人

原告（被上诉人）：某装饰工程公司

被告（上诉人）：某管理服务公司

【基本案情】

2021 年 12 月 17 日，某管理服务公司（甲方）与某装饰工程公司（乙方）就某大厦三层的室内装饰工程签订《某大厦三层室内装饰工程施工合同》，就工程内容为面积约 1770 平方米的装修工程的具体装修项目、价款及支付等内容进行约定，并确定按双方确认的施工图纸中所有的内容，进行包工包料、包安全施工，工期共计 45 天，自合同签订后 3 天开始计算。

2021年12月20日，某管理服务公司向某装饰工程公司出具《工程开工令》，同意该日开工。双方就案涉装修工程施工组建“产业园基地3楼装修设计施工群”并就施工问题进行沟通交流。施工期间，某管理服务公司多次以影响邻层为由要求某装饰工程公司避开噪声工序，以及在工期内新增水泥砂浆找平层等项目。

2022年3月，案涉场地已有租户进场使用，双方于3月14日进行初步验收并根据验收情况制作《某大厦三层室内装饰工程验收单》，该单据载明对工程43项项目“牢固、平整、干净”验收要求下的验收结果及整改意见。

2022年5月，某管理服务公司对外发布案涉场地招商信息。2022年6月，该场地已用以举办沙龙活动。

2022年8月5日，某装饰工程公司与某管理服务公司拟对案涉工程进行验收，双方到场员工签署《竣工验收签到表》及《现场收方单》，《现场收方单》中载明对工程电梯厅空调未装、二层新风机只能往外抽风、砖砌阶梯教室讲台未做等七项意见。

诉讼双方在诉讼中提出鉴定申请，工程质量鉴定检测公司于2023年3月10日作出《装饰工程质量鉴定意见书》，认定该工程中框架梁、框架柱、阻燃板、栏杆杆件不符合安全标准存在安全隐患。某工程造价咨询公司出具《工程造价鉴定意见书》，认定工程造价。

【案件焦点】

涉案工程的付款条件是否成就。

【法院裁判要旨】

广西壮族自治区柳州市柳南区人民法院经审理认为：主要争议焦点在于涉案工程的付款条件是否成就，双方是否存在对方主张的违约行为。法院认为，在案涉工程验收交付前，某管理服务公司已于2022年3月默许租户使用场地，违反合同验收移交约定及甲方协助乙方做好施工现场及成品保护工作之义务，且案涉场地已实际交付使用至今，参照《最高人民法院关于审理建设工程施工合同纠纷案件适用法律问题的解释（一）》第十四条的释义，一审法院对某管理服务公司以工程存在质量问题验收不合格、付款条件未成就为由拒绝付款之辩解不予采纳，某管理服务公司应自场地交付时视为满足验收条件并按合同约定在次月内付至结算总价 97%，现某管理服务公司逾期付款的行为亦属违约。

广西壮族自治区柳州市柳南区人民法院依照《中华人民共和国民法典》第五百七十九条、第五百八十三条，《最高人民法院关于适用〈中华人民共和国民事诉讼法〉的解释》第九十条、第九十二条第一款之规定，判决如下：

一、某管理服务公司向某装饰工程公司支付工程款 316012.13 元及暂计至 2022 年 8 月 31 日的逾期付款损失 4709.01 元，之后的损失以尚欠工程款本金为基数，按年利率 3.7%继续算至某管理服务公司实际清偿之日止；

二、驳回某装饰工程公司的其他诉讼请求。

某管理服务公司不服一审判决，提起上诉。

广西壮族自治区柳州市中级人民法院经审理认为：争议焦点为一审关于工程价款的认定有无依据。

法院认为，根据《最高人民法院关于审理建设工程施工合同纠纷案件适用法律问题的解释（一）》第十四条之规定，建设工程未经竣工验收，发包人擅自使用后，又以使用部分质量不符合约定为由主张权利的，人民法院不予支持；但是承包人应当在建设工程的合理使用寿命内对地基基础工程和主体结构质量承担民事责任。本案中，双方并未进行最后竣工验收，但某管理服务公司已将案涉工程交由他人实际使用，依法应自场地交付使用时视为满足合同约定的验收条件，上诉人应按合同约定在次月内付至结算总价 97%，一审对其以工程存在质量问题为由拒绝付款的辩解不予采纳于法有据。

法院认为上诉人某管理服务公司的上诉请求不能成立，应予驳回；一审判决认定事实清楚，适用法律正确，应予维持。

广西壮族自治区柳州市中级人民法院依照《中华人民共和国民事诉讼法》第一百七十七条第一款第一项之规定，判决如下：

驳回上诉，维持原判。

【法官后语】

对于建设工程未经竣工验收，发包人擅自使用后的责任承担已有明确的法律规定，但对于装饰装修是否纳入建设工程范围，一直存在争议。对此，本案在区别不同类型的装饰装修工程基础上明确不同的责任承担规则。

一、装饰装修工程的不同类型及法律适用

《中华人民共和国建筑法》第二条第二款规定的建筑活动中，并未提及装修。但根据国务院《建设工程质量管理条例》的规定，建设工程包括装修工程。在《最高人民法院关于装修装饰工程款是否享有合同法第二百八十六条规定的优先受偿权的函复》中，也曾表示“装修装饰工程属于建设工程”。对此，从体系解释来看，《建设工程质量管理条例》第二条第二款虽然将装修工程涵盖在建设工程范围内，但《住宅室内装饰装修管理办法》第四十五条规定，住宅竣工验收合格前的装饰装修工程管理，按照《建设工程质量管理条例》执行，显然，住宅竣工验收合格后的装饰装修工程是未被纳入其中的。现实中，在竣工验收交房后一般业主的住宅室内家装，规模较小，难度不高，往往不涉及公共安全等因素，故多是由没有资质的个体装修从业者实施，假如都纳入建设工程范围，必然难以符合建设工程相关法律规定的施工人资质、竣工验收等方面的严格规范，这不但不符合实践需求，也将导致相应从业市场的萎缩，不符合建筑立法维护建筑市场秩序，保证建筑工程的质量和安全的立法价值。所以，对于装饰装修工程是否属于建设工程，应当从两个方面进行判断：

第一，是否是住宅竣工验收合格后的装饰装修工程，假如是，则可能被排除在外。

第二，需审查房屋的性质与用途、设计工程的规模、合同约定的具体内容及难易程度、是否涉及公共安全等因素。假如包括土建工程施工中建筑主体和承重结构变动等，尤其是针对工商业及公共场所的装饰装修，即使是竣工验收合格后进行的装饰装修工程，也应当纳入建设工程范围。

二、对于装饰装修工程未经竣工验收即使用的规则适用

（一）属于建设工程的装饰装修工程的规则适用

装饰装修被纳入建设工程范围的，应当适用《最高人民法院关于审理建设工程施工合同纠纷案件适用法律问题的解释（一）》第十四条规定，建设工程未经竣工验收，发包人擅自使用后，又以使用部分质量不符合约定为由主张权利的，人民法院不予支持；但是承包人应当在建设工程的合理使用寿命内对地基基础工程和主体结构质量承担民事责任。

本案中，涉案装修工程范围较大且涉及公共范围的使用，故应当纳入建设工程范围。发包方已提前允许租户使用场地，故对于主体工程之外的质量问题不能再主张相应权利。

（二）对于未纳入建设工程范围的装饰装修工程的规则适用

目前现实中，大部分家庭装饰装修工程为业主自行委托，且对施工人员也无严格的资质要求，并无严格的竣工验收标准、程序规范。基于家庭需要在装修完成前提前使用，后续继续装修其余部分的现象也不少见，使用过程中发现质量问题需要整改的情况较为普遍，为此，不应对家庭装饰装修的业主过多苛责，不能仅因为未经验收而使用就将工程质量责任风险转移给业主。

编写人：广西壮族自治区柳州市柳南区人民法院　韦茜茜

28

足额缴纳社会保险不当然认定存在劳动关系

——房某诉某建设公司建设工程施工合同案

【案件基本信息】

1. 裁判书字号

福建省泉州市中级人民法院（2023）闽 05 民终 5302 号民事判决书

2. 案由：建设工程施工合同纠纷

3. 当事人

原告（反诉被告、上诉人）：房某

被告（反诉原告、上诉人）：某建设公司

【基本案情】

2017年7月13日，招标人征迁工作领导小组综合办公室向某建设公司发出《中标通知书》，确认某建设公司为案涉工程中标人，后由指挥部办公室与某建设公司签订《房屋拆除委托协议书》（拆除规模约289200平方米，每平方米拆除费用5.5元）。2018年9月15日，某建设公司作为甲方与房某作为乙方签订1份《项目投资合作协议书》，约定某建设公司将其中标的案涉房屋拆除工程交由房某施工。协议书主要内容：乙方向甲方支付50万元（其中20万元为项目利润保证金；另30万元为履约保证金，由乙方承担，甲方代转发包人，待发包人退还保证金后，甲方在5个工作内退还乙方），乙方向甲方上缴利润110万元整（甲方收取1元/平方米作为管理费用），等等。协议签订后，房某先后向某建设公司指定的账户转账支付合计50万元。后由于施工进度、质量安全无法达到发包方的要求，业主指挥部办公室向某建设公司发出房屋拆除委托关系解除通知书。2019年12月10日，房某组织工人离场。据统计，房某于2018年6月13日开始组织施工，完成拆除房屋125658.67平方米，对应工程价款565464.02元（双方均认可按每平方米4.5元计算）。

房某认为，双方之间形成转包合同关系，因其不具有承包建设工程的资质，违反了法律强制性规定，应认定为无效合同。请求某建设公司立即退还保证金并支付工程价款及资金占用期间的利息损失。

某建设公司在审理中提起反诉并认为，房某受其公司聘用担任案涉施工项目的现场管理人员，其公司亦为其缴纳相应的社会保险。且房某在另案亦表示其于2018年5月22日入职公司，故双方形成劳动关系。而案涉项目投资合作协议约定公司将案涉项目的施工管理任务以内部承包方式交由房某具体负责，并对双方的权利和义务、付款、结算办法和违约责任等进行了明确约定，属于内部承包合同关系。该协议系双方真实合意，依法有效，各自应全面履行，故请求：1. 房某支付其利润 110 万元及资金占用期间的利息损失；2. 以案涉项目保证金 50 万元补偿其遭受的经济损失。

【案件焦点】

1. 房某与某建设公司之间是否存在劳动关系；2. 双方签订的《项目投资合作协议书》是否属于建设工程内部承包合同的问题。

【法院裁判要旨】

福建省泉州市泉港区人民法院经审理认为：某建设公司虽然提交证据证明其为房某缴纳了社会保险，但房某否认双方间存在劳动合同关系，某建设公司未能提交其他证据证实双方之间确实形成管理与被管理的隶属关系，某建设公司主张双方存在劳动关系，依据不足，难以认定；从案涉协议书中双方约定的具体权利义务看，某建设公司只收取管理费和利润款，未在资金、技术、设备、人力等方面提供支持，因此，双方间实际上形成工程转包合同关系。因房某不具备施工资质，违反法律强制性规定，上述协议书应认定为无效。合同无效后，房某有权要求某建设公司退还已支付的履约保证金 30 万元及资金占用期间利息损失。房某已完成部分施工，其有权要求某建设公司支付对应的工程价款 565464.02 元及资金占用期间利息损失。某建设公司要求房某支付其利润款 110 万元，但未能提供证据证实，不予支持。但其确实存在一定的损失，综合考虑案涉工程为房屋拆除项目特点、已完成的拆除面积数量和双方的过错程度等，房某已支付给某建设公司的利润保证金 20 万元，可不予以返还，用于补偿某建设公司的经济损失。

福建省泉州市泉港区人民法院判决：

一、某建设公司支付房某工程价款 565464.02 元、返还履约保证金 30 万元及相应资金占用期间利息损失；

二、房某以已支付的利润保证金 20 万元补偿某建设公司的经济损失；

三、驳回房某的其他诉讼请求；

四、驳回某建设公司的其他反诉诉讼请求。

双方均不服一审判决，提起上诉。

福建省泉州市中级人民法院经审理认为：同意一审法院裁判意见，判决如下：

驳回上诉，维持原判。

【法官后语】

企业内部承包是一种生产经营模式的激励机制创新，本身不为法律所禁止。其主要特征有：一是内部承包合同主体之一的内部承包人必须是施工企业的在职职工或下属分支机构；二是内部承包人与施工企业之间有统一的财务管理，这是企业内部财务制度的统一性和账目登记的完整性的需要；三是内部承包情况下，施工企业对外负担项目的亏损，在内部承包人会因管理不善受到一定的经济处罚。从现行规定以及司法判例来看，内部承包合同本身为有效合同，但实践中时常出现一些施工企业以“内部承包”之名行违法转包、挂靠之实。因此，区分内部承包与内部承包虚假名义下的“转包”“挂靠”，显得尤为重要。

一、关于内部承包与内部承包虚假名义下的“转包”

内部承包是施工企业将承包的部分或全部工程转给本单位的分支机构或在册员工，并签订内部承包协议，内部合法有效，企业对外承受权利义务。而内部承包虚假名义下的“转包”，主要是指施工企业将所承包的工程部分或全部交由与其无任何隶属关系的主体承包施工，属于违法行为，依法归于无效。所以，判断承接主体与施工企业之间的关系是区分二者的关键。

二、关于内部承包与内部承包虚假名义下的“挂靠”

“内部承包”形式的挂靠，系由被挂靠企业任命或聘用挂靠的自然人为其职员并委以职务，双方再签订“内部承包合同”，以“内部承包”名义行挂靠之实。二者本质的区别，在于招投标及与发包人签订施工合同的参与度以及承接主体与施工企业之间的隶属关系。一般的内部承包，招投标及与发包方签订建筑施工合同完全由施工企业负责，下手的内部承包主体只参与后续工程的承接施工；而挂靠则不然，系全程深度代替性参与。

以上，不难看出，内部承包虚假名义下的“转包”“挂靠”，均可能存在虚构劳动关系（隶属关系）以掩盖非法目的情形。《全国法院民商事审判工作会议纪要》指出要“通过穿透式审判思维，查明当事人的真实意思，探求真实法律关系”。

劳动者人格及经济从属性是认定劳动关系最核心的标准。笔者认为，认定劳动关系必须采取综合认定的方法，即劳动关系应该根据劳动者是否实际接受用人单位的管理、指挥或者监督，劳动者提供的劳动是否属于用人单位业务的组成部分，用人单位是否向劳动者提供基本劳动条件，以及向劳动者支付报酬等因素综合认定。具体来讲，对于用人单位未与劳动者订立书面劳动合同的，应当综合考虑下列情形认定双方之间是否存在劳动关系：(1)劳动者实际接受用人单位的管理、指挥与监督。(2)用人单位有向劳动者支付过工资性劳动报酬的记录，劳动者在经济上依赖于用人单位。(3)劳动者被纳入用人单位的生产组织体系中从事劳动，而不是从事独立的业务或经营活动。(4)劳动者无权将工作分包给他人完成。(5)劳动工具、原材料一般由用人单位提供。(6)工作时间、场所一般由用人单位决定或受其控制。(7)劳动者只为一个用人单位提供劳务。(8)劳动者提供的劳务是继续性的而不是一次性的。(9)劳动者向用人单位提供较为长期、固定的劳务。当然，由于劳动关系本身的特殊性和复杂性，认定当事人之间是否存在劳动关系，上述标准并非绝对，还需要结合具体情况加以分析。在具体的证据审核认定上，可以参照原劳动和社会保障部《关于确立劳动关系有关事项的通知》第二条第一款所规定的凭证进行判断，即：(1)工资支付凭证或记录（职工工资发放花名册）、缴纳各项社会保险费的记录；(2)用人单位向劳动者发放的“工作证”“服务证”等能够证明身份的证件；(3)劳动者填写的用人单位招工招聘“登记表”“报名表”等招用记录；(4)考勤记录；(5)其他劳动者的证言等。因此，足额缴纳社会保险仅是认定劳动关系的一个参考因素，而非决定因素，法官不应拘泥当事人之间的合同形式乃至合同名称来认定双方法律关系，而应运用“穿透式审判思维”从实质特征进行判断。

具体到本案，某建设公司以公司为房某缴纳社保费用为由主张双方存在劳动关系，虽房某在另案曾自述其为该公司职员，但在本案中又予以否认，并对其在另案所作自述相应事实进行了合理解释说明，在未能进一步提供管理、考勤等证据佐证双方之间确实形成管理与被管理的隶属关系的情况下，法院对某建设公司的主张不予采纳。本案系通过“穿透式审判思维”，深入探究查明当事人的真意，探寻真实的法律关系，整体评判案件全貌，合理公平地确定举证责任，对欲借内部承包之名行违法之实予以否定，进而最终恢复规则背后应有的实体公正和秩序价值，达到矛盾纠纷实质性化解的目的，充分发挥了司法裁判的规则引领和价值导向功能。

编写人：福建省泉州市泉港区人民法院　叶绿萱　张秀灵

29

实际施工人的原告主体资格认定标准

——林某诉某仓储物流公司建设工程合同案

【案件基本信息】

1. 裁判书字号

广东省揭阳市中级人民法院（2023）粤52民终292号民事裁定书

2. 案由：建设工程合同纠纷

3. 当事人

原告（上诉人）：林某

被告（被上诉人）：某仓储物流公司

第三人：某建设公司揭阳分公司、蔡某、张某

【基本案情】

2020 年 9 月 25 日，发包人某仓储物流公司与张某挂靠的某建设发展公司签订了《消防施工分包合同》，工程为某综合楼，总造价为 168 万元。张某因其没有消防资质，与某仓储物流公司还有其他生意合作，经蔡某介绍认识林某，张某委托林某、蔡某共同管理涉案工程。

2020 年 9 月至 11 月期间，林某与孙某等人签订了《劳务分包合同》，将涉案综合楼的消防工程分包给其施工；与深圳某某公司签订了《销售合同》，向该公司购买消防报警设备；与上海某某公司签订了设备《租赁合同》，向该公司租赁高空作业平台；与被挂靠方第三人某建设公司揭阳分公司签订了仓储物流园资质使用合同。

同年 12 月某仓储物流公司与某建设公司揭阳分公司签订了《消防工程施工合同》，某仓储物流公司决定将项目钢结构消防安装工程发包给某建设公司揭阳分公司施工，某建设公司揭阳分公司委派现场人员林某与某仓储物流公司对接工作。2021 年 1 月某仓储物流公司法定代表人黄某与林某在工程结算清单（总）上签名确认，清单主要内容是：总工程量包工、包料造价总金额为 2533050 元，双方签名确认并与合同同时生效，现移交某仓储物流公司使用及管理。第三人张某夫妻确认已支付涉案工程款 160 多万元，是通过微信、银行转账或现金支付给林某、被挂靠公司、材料厂家、风管商家、孙某等劳务人员。

林某主张某仓储物流公司尚欠其工程款 2533050 元及后续增加部分工程的工程款 198060 元，合计 2731110 元，经林某催讨，某仓储物流公司拒绝付款。林某提起民事诉讼，请求法院：判决某仓储物流公司向林某支付工程款项 1053471.93 元。

【案件焦点】

林某是否为实际施工人，是否具有原告主体资格，是否有权追索工程款。

【法院裁判要旨】

广东省揭阳市揭东区人民法院经审理认为：林某挂靠的某建设发展公司、

某建设公司揭阳分公司与被告某仓储物流公司签订涉案工程的承包合同，由林某作为发包人将工程分包给其他人承包，并由其与被告进行工程结算，但张某在工程施工过程中履行了实际承包人的职责和义务，而林某在工程施工过程中也只是履行了管理人的职责，并没有履行实际承包人的职责和义务，也不是实际施工人。林某不是本案适格原告，其无权向被告主张权利。

广东省揭阳市揭东区人民法院依照《中华人民共和国民事诉讼法》第六十四条和第一百一十九条之规定，判决如下：

驳回林某的诉讼请求。

林某不服一审判决，提起上诉。

广东省揭阳市中级人民法院经审理认为：林某是否为本案适格原告，只有举证证明其构成实际施工人，才有权追索工程款。林某提供了施工合同、结算单、客户收款回执、送货单、材料结算证明等证明案涉工程合同、单据由其作为某建设公司揭阳分公司的代表与某仓储物流公司签订并持有，由其管理，但未能提供相应的施工记录、工程签证单、领款单、工程请款单、工程验收单等施工过程中产生的凭证材料，以证明由其实际施工、请款等事实，且某仓储物流公司否认结算金额，并要求与张某结算。另，张某提供了涉案工程的工程款、材料款、购买消防设备、风管、劳务费、租赁设备等费用系其与妻子支付的凭证，且提供微信聊天记录证明张某有实际指挥、管理施工，并指示林某付款或直接支付给挂靠方，再转支给材料供应商等垫付及预支工程款的情况。再者，林某尚未能有效举证其最终实际投入资金、材料和劳动力，并对案涉工程享有独立支配权，有实际施工行为，履行施工合同义务。本院根据高度盖然性的证明标准，认定林某不是本案适格原告，对不属于实际施工人范围的当事人以发包人为被告主张欠付工程款的，已经受理的，应当裁定驳回起诉。

广东省揭阳市中级人民法院依照《最高人民法院关于适用〈中华人民共和国民事诉讼法〉的解释》第三百二十八条之规定，裁定如下：

一、撤销广东省揭阳市揭东区人民法院（2021）粤 5203 民初 2476 号民事判决；

二、驳回林某的起诉。

【法官后语】

本案重点探讨在《最高人民法院关于审理建设工程施工合同纠纷案件适用法律问题的解释（一）》实施后，审判中如何从严把握实际施工人的认定标准，甄别并剔除不构成实际施工人的主体，以期为统一裁判标准提供审判样本。

一、我国实际施工人制度的发展脉络

2004年《最高人民法院关于审理建设工程施工合同纠纷案件适用法律问题的解释》（已失效）出现“实际施工人”这一说法，但没有明确其内涵及外延。2018年《最高人民法院关于审理建设工程施工合同纠纷案件适用法律问题的解释（二）》（已失效）规定了“实际施工人”的范围仅包括转包和违法分包，没有明确借用资质的情形。通过分析三部审理建工合同司法解释的发展过程，使用“实际施工人”一词，意指无效合同中最终实际投入资金、材料和劳动力进行施工的法人、非法人团体、个人合伙、自然人等。实际施工人一般具有民事权利能力和民事行为能力，但实际施工人不具有从事建筑工程施工的从业资质资格，实际施工人不是法律规定从事建设工程业务的合法市场主体，其从事工程施工转包、违法分包行为为无效民事行为。① 通常认为，实际施工人在建设工程实践中主要有三种表现形式，即转包人、违法分包人、借用资质的挂靠承包人。实务中倾向认为，对2020年《最高人民法院关于审理建设工程施工合同纠纷案件适用法律问题的解释（一）》第四十三条解释的适用问题应当从严把握，该条款只规定转包和违法分包两种类型，不包括挂靠型，实际施工人不属于与发包人订立建设工程施工合同的承包人，不享有建设工程价款优先权。

二、甄别实际施工人的主体资格

在建筑行业中，施工班组通常被认为是劳务单位或包工头个人在组织施工

① 李恒、马凤玲：《建设工程法律制度与实务技能》（第3版），法律出版社2021年版，第49页。

过程中将钢筋工、木工、瓦工、电工等相同工种组织在一起形成最小施工单元。[1] 施工班组长与实际施工人之间是劳动关系或劳务关系，施工班组长并非实际施工人，通常仅为建筑工人的代表，对农民工实施管理的中间人，究其原因施工班组没有实际投入资金、没有实际指挥管理、没有承担项目盈亏的风险，无自主控制权。本案的林某无法证明其为实际施工人，但其确实参与工程项目的具体管理，甚至作为代表在施工合同签字、出面以其名义购买设备、材料、租赁设备、雇佣工人等组建施工单元，更像是“施工班组长”。实践中，实际施工人雇佣施工班组长作为某个项目的负责人或名义上“挂名人”“代理人”委任其代为从事市场活动，能有效规避经营风险，隐藏自己的身份，如此表里不一极易导致索款主体之争。

三、穿透实际施工人认定标准

实际施工人要证明其符合实际施工人身份，需证明案涉工程实际所需的人力、物力、财力都是由其独立负责并承担的，自证其身份往往要形成完整证据链。人民法院审理此类“挂名”案件应注意透过现象看本质，探究当事人的真实意思表示，结合实际施工人的法律特征以及投入成本综合判断。

该案体现从“外观主义”过渡到“穿透式审判”的裁判理念，探索了能动司法的积极意义，追求实质正义，不机械适用外观主义的圭臬。

编写人：广东省揭阳市中级人民法院　曾舒扬

---

① 史鹏舟、徐寅哲、雷涛、杨峰：《建设工程实际施工人法律问题深度解析》，法律出版社 2022 年版，第 46 页。

十四、运输合同纠纷

30

物流公司未尽到提示说明义务或不合理免除或减轻自身责任的保价条款无效

——舒某诉某运输公司运输合同案

【案件基本信息】

1. 裁判书字号

北京市第一中级人民法院（2023）京01民终7849号民事判决书

2. 案由：运输合同纠纷

3. 当事人

原告（被上诉人）：舒某

被告（上诉人）：某运输公司

【基本案情】

某运输公司系从事城市配送运输服务的公司。舒某注册某运输公司的应用程序后，于2022年3月21日通过该应用程序下单运送绿松石项链，运费为15.3元，并未选择保价服务。某运输公司派件员完成取件后于一个小时后告知舒某货物丢失。某运输公司将舒某所支付的运输费退还，但以舒某未选择保价服务为由拒绝赔偿因绿松石项链丢失给舒某所造成的损失。

经查，舒某在注册案涉应用程序时需同意《服务用户协议》，该协议中约定：费用是按照物品的重量收取的服务费用，并非按照物品的实际价值以及您的预期收益收取费用，本着公平合理的原则，您同意本协议约定的各项理赔规则；未保价物品在递送环节因我们的过错发生灭失、破损、短少的，公司将在运费的3倍范围内承担赔付责任（最高不超过200元），若您认为该赔偿标准不足以弥补您的损失，您应当根据物品的实际价值进行保价，具体的保价规定请您参阅《物品保价服务协议》；若您未选择保价递送，则视为物品价值不超过500元。庭审中舒某认为该条款系格式条款，应认定为无效，而某运输公司认为舒某在注册时同意《物品保价服务协议》的行为，即已同意接受保价条款的约束。

另庭审中双方对于物品的实际价值存在争议，舒某向法庭提交了购买项链组成物的支付凭证，某运输公司并未认可。

【案件焦点】

1. 案涉保价条款是否系格式条款及其效力问题；2. 当事人签署用户协议是否系对保价条款的认可；3. 若保价条款无效，被告应如何承担赔偿责任。

【法院裁判要旨】

北京市海淀区人民法院经审理认为：舒某作为托运人下单并支付费用，某运输公司作为承运人应当按照托运人指令将物品安全递送至指定地点，但是某运输公司员工将物品丢失应当承担违约责任，赔偿托运人遭受的损失。某运输公司抗辩称舒某在注册某运输公司应用程序时点击确认《服务用户协议》，系认可协议内容的行为，故应当受该协议中保价条款的约束，在舒某并未支付保费的情形下，某运输公司仅需在运费3倍范围内承担赔偿责任。但是经审查，该协议内容系某运输公司单方面制作，对于免除或限制责任的条款未以字体加粗等形式进行标识，未能起到提示、说明的义务，且明显不合理地减轻了承运人某运输公司的责任，加重了舒某作为托运人的义务，故根据《中华人民共和国民法典》第四百九十六条、第四百九十七条之规定，《服务用户协议》中的保价条款符合格式条款的构成要件应当认定为无效，对双方当事人并不具有法律约束力。

关于寄送物品价值的认定，因舒某向法庭提交了网上购买绿松石项链、项坠的微信聊天记录以及付款的支付凭证，故法庭对于舒某可以明确的损失部分予以支持。

综上，北京市海淀区人民法院依据《中华人民共和国民法典》第四百六十五条、第四百九十六条、第四百九十七条第二项、第五百零九条、第五百七十七条、第五百八十四条、第八百零九条、第八百一十一条、第八百三十二条之规定，判决如下：

一、被告某运输公司与原告舒某签署的《服务用户协议》第六条第三款无效；

二、被告某运输公司向原告舒某偿还损失 3.6 万元；

三、驳回舒某的其他诉讼请求。

某运输公司不服一审判决，提起上诉。

北京市第一中级人民法院经审理认为：争议焦点在于《服务用户协议》第六条第三款是否系格式条款及其效力。格式条款的提供方对免除自己责任的条款应当尽到提示说明义务，否则该条款不成为合同内容。《服务用户协议》中限制赔偿的相关条款，明显减轻了某运输公司在合同中的主要责任，且未能以足够充分的方式对用户进行提示说明，故该条款不具有约束力，应属无效。且舒某提供了相关证据对丢失物品的价值予以证明，故某运输公司应当照价赔偿。

综上，北京市第一中级人民法院依照《中华人民共和国民事诉讼法》第一百七十七条第一款第一项之规定，判决如下：

驳回上诉，维持原判。

【法官后语】

本案的发生有其偶然性也有其必然性。随着移动支付技术、电子商务技术的不断发展，快递已然成为人们生活中不可或缺的一环。海量的快递构成了庞大的基数，即使概率再低，消费者也会遭遇快递毁损、丢失的情形，而快递公司为了降低交易成本，降低规避经营风险，通常会在快递服务合同中约定保价条款。[①] 实践中，寄送人与物流公司就保价条款的性质与效力有着截然不同的观点，保价条款是否系格式条款及其效力问题往往成为案件的争议焦点。

因缺乏意思表示一致的协商过程，提供格式条款的一方形成了“法律或事实上的垄断”，所以我国立法例对于格式条款的态度始终较为严苛。但是格式条款在实现节省交易成本，实现交易标准化、规模化方面具有不可替代性，是现代市场交易中不可或缺的一项重要法律制度。所以，只能对格式条款进行规范和控制，扬长避短，以完善格式条款法律制度的方式来严控格式条款的负面效应。

根据《中华人民共和国民法典》第四百九十六条之规定，合同条款符合具备如下三要素即可认定为格式条款：为了重复使用、预先拟定、未与对方协商。其中，“未与对方协商”是认定格式条款的关键，也正是格式条款受到法律否定性评价的原因。物流公司所提供的合同条款确系为了重复使用而预先拟定，同时寄送人若需使用物流公司的服务，其只能接受物流公司所提供的合同条款，并无任何协商讨论修改的余地，故案涉合同条款系格式条款几乎已成定论。

但是合同条款系格式条款并不意味着必然系无效条款，随着《最高人民法院关于适用〈中华人民共和国民法典〉合同编通则若干问题的解释》的出台，关于格式条款效力的认定路径得到进一步的完善，即格式条款分为“绝对无效情形”与“相对无效情形”。绝对无效情形包括：具有民事法律行为无效的情形，属于法定无效的免责条款情形；利己损彼达到不合理程度；排除相对方的主要权利。相对无效情形包括：免除或减轻合同提供方责任、排除或限制对方权利（未达到不合理程度）等与对方有重大利害关系的异常条款，经格式条款提供方依法履行了提示和说明义务之后，该条款有效。本案中，某运输公司主张的保价条款既免除了某运输公司所应承担的数万元赔偿明显达到不合理程度，

① 通过对我国十家大型物流公司《快递服务协议》《电子运单契约条款》梳理，所有快递公司均约定了保价条款，未保价的赔付规则为，按照实际价值赔偿损失，但是最高赔付金额为3倍至10倍运费金额，部分公司还约定了理赔期限与发生纠纷后管辖。

也未尽到提示说明义务，故案涉条款无效。但是目前物流公司所提供的保价条款大多均以标红、加粗、下划线的形式进行了提示，保价条款也称为下单界面中提醒的主要内容。此时法院审查的焦点即应集中于免除或减轻合同提供方责任是否系不合理程度，实践中应结合损失金额与赔偿金额进行总体判断，不应一概认定为无效。

格式条款之于商业活动而言，无疑是“双刃剑”，现代化的市场交易无法脱离格式条款的参与，但同时也应时刻保持对格式条款的警惕，《最高人民法院关于适用〈中华人民共和国民法典〉合同编通则若干问题的解释》无疑是对格式条款制度的细化与完善，不仅强化了对格式条款效力的控制，同时也实现了合同提供方与接收方之间利益的衡平。

编写人：北京市海淀区人民法院　武文昊

31

乘客无权直接请求网约车司机等履行辅助人承担违约责任

——李某诉某汽车租赁公司公路旅客运输合同案

【案件基本信息】

1. 裁判书字号

重庆市第一中级人民法院（2023）渝01民终9863号民事判决书

2. 案由：公路旅客运输合同纠纷

3. 当事人

原告（上诉人）：李某

被告（上诉人）：某汽车租赁公司

【基本案情】

2021 年 10 月 17 日 11 时许，李某通过网约车平台某科技公司，搭乘吕某驾驶的小型轿车在行驶过程中与其他车辆发生碰撞，导致李某受伤。案涉事故发生时，李某落座于车辆后排，未系安全带。该事故经重庆市公安局渝北区分局交通巡逻警察支队认定，案涉车辆驾驶人吕某应承担事故的全部责任。

案涉车辆登记于某汽车租赁公司名下。李某遂以某汽车租赁公司作为承运人违反公路旅客运输合同为由，起诉请求某汽车租赁公司支付医疗费、伤残赔偿金、误工费等各项赔偿款共计 723916. 56 元。

【案件焦点】

乘客搭乘网约车发生交通事故遭受损害，选择以公路旅客运输合同作为请求权基础主张违约责任，责任主体应当如何认定。

【法院裁判要旨】

重庆自由贸易试验区人民法院经审理认为：某汽车租赁公司系案涉车辆的登记所有人，对外有公示效力。案涉车辆从事网约车运营，李某通过网约车平台与某汽车租赁公司建立的运输合同关系合法有效，某汽车租赁公司是合同相对人，承担承运人义务，受运输合同约束。某汽车租赁公司与吕某之间签订的挂靠合同不得对抗第三人。根据《中华人民共和国民法典》第八百二十三条之规定，李某乘坐某汽车租赁公司运营的车辆导致受伤，某汽车租赁公司应对李某的损害结果承担全部责任。李某乘坐机动车未按规定系安全带的行为违反道路交通规章制度，存在过失，应酌情减轻某汽车租赁公司应负的赔偿责任。根据双方过错程度，一审法院认定李某承担 15%的责任，某汽车租赁公司承担 85%的责任。

重庆自由贸易试验区人民法院依照《中华人民共和国民法典》第八百零九条、第八百二十三条、第一千一百七十九条，《最高人民法院关于审理人身损害赔偿案件适用法律若干问题的解释》第六条、第八条第一款、第九条、第十条第一款、第十一条、第十二条第一款、第十三条、第二十二条第二款以及

《中华人民共和国民事诉讼法》第六十七条第一款、第一百四十五条之规定，判决如下：

一、某汽车租赁公司在判决生效后十日内向李某支付赔偿金 333403.56 元；

二、驳回李某的其他诉讼请求。

李某、某汽车租赁公司均不服一审判决，提起上诉。

重庆市第一中级人民法院经审理认为：李某在案涉交通事故中遭受损害，本案中选择以公路旅客运输合同作为请求权基础，请求某汽车租赁公司承担违约责任。而认定某汽车租赁公司是否应当承担责任的前提，在于认定某汽车租赁公司与李某之间是否成立公路旅客运输合同关系。本案中，李某系通过网约车平台某科技公司搭乘案涉车辆。《网络预约出租汽车经营服务管理暂行办法》第十六条规定，网约车平台公司承担承运人责任，应当保证运营安全，保障乘客合法权益。根据前述规定，与李某订立公路旅客运输合同关系的相对方即承运人应当是网约车平台某科技公司，并非某汽车租赁公司。某汽车租赁公司仅系承运人的履行辅助人。因此，李某主张公路旅客运输合同以外的第三方某汽车租赁公司承担承运人责任，没有事实和法律依据。

重庆市第一中级人民法院依照《中华人民共和国民法典》第八百二十三条、《中华人民共和国民事诉讼法》第一百七十七条第一款第二项之规定，判决如下：

一、撤销重庆自由贸易试验区人民法院（2022）渝 8601 民初 307 号民事判决；

二、驳回李某的全部诉讼请求。

【法官后语】

随着互联网技术与共享经济日益紧密融合发展，网约车逐渐成为人们出行选择的重要交通工具，但是当乘客搭乘网约车发生交通事故时，却时常发生网约车司机、车辆被挂靠公司、网约车平台等多个主体相互推诿责任的情况，导致遭受损害的乘客权益难以得到保障。司法实践中，网约车发生交通事故造成乘客损害，因侵权责任与合同责任发生竞合，乘客大多选择提起侵权责任诉讼，对此的裁判规则已较成熟明晰，大多数生效判决均认定网约车平台应当基于安全保障义务承担相应的承运人责任。然而，当乘客选择提起合同责任诉讼时，即对于本案所涉及的违反公路旅客运输合同约定的责任主体认定问题，各地法院的认识存在一定的分歧，有的生效判决认定网约车驾驶人作为承运人承担赔偿责任，有的生效判决认定车辆被挂靠的运输公司作为承运人承担赔偿责任，还有的生效判决认定车辆驾驶人与被挂靠运输公司承担连带赔偿责任。因此，厘清公路旅客运输合同的主体关系，是本案值得探讨的问题。

《网络预约出租汽车经营服务管理暂行办法》第十六条规定，网约车平台公司承担承运人责任，应当保证运营安全，保障乘客合法权益。该部门规章基于合同特征、公共安全等多方面因素考虑，认定网约车平台承担承运人责任，即网约车平台作为公路旅客运输合同的主体承担责任，具有重要的参照适用意义。

第一，从合同的规则设置来看，网约车平台系格式合同等规则的单方制定者。网约车平台在其研发的打车软件中事先设置了包括计价标准、派车原则、违约责任等合同条款及相关规则，而其他主体无论乘客、司机还是其他运输主体，均没有改变相关规则的权利和能力。

第二，从合同的订立过程来看，网约车平台处于合同直接订立者的地位。乘客通过网约车平台打车，意在与网约车平台之间订立运输合同，并没有选择特定司机或其他运输主体的主观意图，乘客下单时也并不能确定为其提供运输服务的车辆信息及司机身份，而网约车平台在派单时却享有选择司机等权利。

第三，从合同的履行特征来看，网约车平台扮演着组织管理者的主动角色。虽然网约车平台并未直接履行合同，但其对履行过程全程进行组织安排、监督管理甚至调度控制，网约车司机仅系接受网约车平台指派以其名义履行合同义务的履行辅助人，如在原本指派的司机无法履行运输义务时，网约车平台有权调配其他司机提供运输服务。

第四，从合同的利益分配来看，网约车平台享有绝对的支配性权利。网约车平台不仅可以直接获取合同收益，而且对于计费标准、收费方式、收益分配比例等与收益相关的重大事项均享有充分的话语权和决定性的支配权限。

因此，与乘客之间成立运输服务法律关系的合同主体系网约车平台，基于合同的相对性原则，乘客主张承担违约责任的主体也只能是网约车平台，而并非辅助网约车平台履行合同义务的网约车司机或其他运输主体，即使车辆被司机挂靠登记于第三人名下，对于乘客而言，该第三人的身份亦仅系网约车平台公司的驾驶辅助人，故乘客无权直接请求作为履行辅助人的网约车司机或其他运输主体承担违约责任。

编写人：重庆市第一中级人民法院　付永雄　李逾婧

十五、委托合同纠纷

32

代运营商单方删除商品推广链接的行为性质及其法律后果

——某食品公司诉某电子商务公司委托合同案

【案件基本信息】

1. 裁判书字号

重庆市第五中级人民法院（2022）渝05民终6501号民事判决书

2. 案由：委托合同纠纷

3. 当事人

原告（反诉被告、上诉人）：某食品公司

被告（反诉原告、上诉人）：某电子商务公司

【基本案情】

某食品公司是在某网购平台从事速食食品销售的商家。2020年3月30日，某食品公司与某电子商务公司签订《代运营服务合作协议》，约定某食品公司委托和授权某电子商务公司进行运营服务，主要包括店铺设计与装修、营销推广、产品销售等，合同期限自2020年4月1日0时起至2021年3月31日24时止。2021年3月4日，某食品公司向某电子商务公司发出《告知函》，告知某电子商务公司合同到期后，不再续签合同，并将于2021年4月1日0点收回某

网购平台“官方旗舰店”的运营管理权限。2021 年 3 月 31 日 10 点左右，某电子商务公司删除 3 个商品 ID 的推广链接，该三个推广链接对应的商品销量在某食品公司店铺内排名分别为第 1 名、第 3 名、第 6 名，2021 年 3 月，该三款商品占该店铺总销售额的 48.64%，剩下的 24 款产品销量占比 51.36%。2021 年 3 月 31 日 12 点 50 分，某食品公司登录运营账号，对账号的登录密码进行了修改。链接删除之后，某食品公司未按时向某电子商务公司支付剩余推广费用 80763.1 元。某食品公司起诉请求某电子商务公司支付违约损害赔偿金 76485.68 元，某电子商务公司反诉某食品公司支付逾期付款滞纳金 46842.6 元及违约金 263275.7 元。

【案件焦点】

1. 某电子商务公司删除商品推广链接行为是否构成违约行为；2. 某食品公司是否可以行使先履行抗辩权。

【法院裁判要旨】

重庆市南岸区人民法院经审理认为：某电子商务公司删除某食品公司旗舰店三款商品的推广链接，一定程度上影响了该商品在某网购平台的搜索排名，也对某食品公司销售该商品造成了影响。某食品公司为提升该商品在某网购平台的曝光度，必然产生一定的推广费用支出。综合考虑合同的履行情况、某电子商务公司的过错程度等因素，一审法院酌情确定某电子商务公司赔偿某食品公司 2 万元。

重庆市南岸区人民法院依照《最高人民法院关于适用〈中华人民共和国民法典〉时间效力的若干规定》第一条，《中华人民共和国民法典》第五百零二条第一款、第五白零九条第一款及第二款、第五百七十七条、第五百八十三条、第五百八十四条、第五百八十五条、第九百一十九条、第九百二十九条，《中华人民共和国民事诉讼法》第六十七条第一款之规定，判决如下：

一、由本诉被告某电子商务公司于本判决生效之日起十日内支付本诉原告某食品公司违约损害赔偿金 2 万元；

二、由反诉被告某食品公司于本判决生效之日起十日内支付反诉原告某电子商务公司逾期付款违约金（以 60763.1 元为基数，自 2021 年 4 月 19 日起按照全国银行间同业拆借中心公布的贷款市场报价利率的标准计算至 2021 年 8 月 13 日止）；

三、驳回本诉原告某食品公司的其他诉讼请求；

四、驳回反诉原告某电子商务公司的其他诉讼请求。

双方均不服一审判决，提起上诉。

重庆市第五中级人民法院经审理认为：推广链接虽非商品链接，但因在网络购物平台上的推广行为能促进产品销售并为店铺带来浏览量，客观上会起到引流的作用进而提高店铺销量，具有一定的财产属性。某电子商务公司虽拥有独立的运营权限，但其作为接受委托的服务提供方，应当遵循诚实信用原则并以某食品公司的利益最大化为标准履行合同，不应刻意减损已经形成的产品竞争优势。某电子商务公司无合理理由在合同到期的最后一天删除推广链接的行为违反诚实信用原则，应当认定为违约并承担相应的违约责任，一审法院酌情确定案涉违约损害赔偿金为 2 万元并无不当，故维持该项判决。某食品公司为预防某电子商务公司进一步损害其利益，通过修改密码的方式阻止某电子商务公司登录运营账号系为防止损失扩大、维护其正当权益的合理行为，不应认定为违约。某食品公司逾期支付剩余推广费的金额并未超过某电子商务公司违约给某食品公司造成的损失范围，亦是合理行使其先履行抗辩权。

重庆市第五中级人民法院依照《中华人民共和国民法典》第四百六十五条、第五百零九条第一款、第五百二十六条、第五百七十七条，《中华人民共和国民事诉讼法》第一百七十七条第一款第二项等规定，判决如下：

一、某电子商务公司支付某食品公司违约损害赔偿金 2 万元；

二、驳回某食品公司的其他诉讼请求；

三、驳回某电子商务公司的诉讼请求。

【法官后语】

随着互联网产业的蓬勃发展，电商平台已成为日常生活中不可或缺的购销渠道，潜移默化地改变着人们的消费习惯、商家经营模式。除互联网平台自营业务外，代运营业务已经成为电子商务产业重要的组成部分。本案属于电商代运营领域的典型纠纷情形，通过识别商品推广链接价值属性，明晰代运营合同双方当事人的权利与义务界限，为此后审理类似案件提供有益的参考价值。

一、财产属性：商品推广链接具有直接的经济价值

商品推广链接也被称为佣金链接或定向链接，是电商平台（或代运营商）提供给商家的一种营销工具，通过这些链接可将潜在消费者引导到指定的商品或店铺页面，从而达到引流效果、促成交易。当消费者通过链接完成交易时，商家可获得直接的经济利益，实现营业创收；电商平台（或代运营商）也可以获得一定比例的佣金。商品推广链接因此也就具有了财产属性，是提升销售转化率、增加营业利润的重要工具。

二、行为评价：代运营商单方删除推广链接的法律性质

电商代运营模式主要指商家向代运营商支付服务费，代运营商提供网店装修、营销推广、产品销售等代运营项目服务。代运营商单方删除委托方推广链接的法律性质，可从以下两个方面进行分析。

首先，代运营商删除商品推广链接是否构成违约，需根据双方签订的合同内容来认定，属当事人意思自治。案涉《代运营服务合作协议》对某电子商务公司如何运营无明确约定，其可独立运营不受某食品公司的干涉。因此，在一般情形下，若合同无禁止性约定，代运营商单方为正常运营删除商品推广链接可视为独立经营行为，不构成违约。

其次，电商付费委托代运营商进行链接推广和产品销售，主要目的是增加盈利、完成销售目标。推广链接仅是代运营商实现盈利的手段，其单方删除推广链接是否违约，应当放在是否符合盈利、引流的目的来看，以此评价合同履行行为是否妥当。某电子商务公司作为受托运营方，在合同到期的最后一天删除某食品公司几款爆款商品的商品链接，没有尽到合同全面履行义务，违反了诚信原则。该行为已超出独立经营范围，存在明显不当，已构成违约。

三、行为后果：代运营商不当删除推广链接的法律后果

第一，根据《中华人民共和国民法典》第五百八十四条的规定，代运营商不当删除推广链接给合同相对方造成损失的，应承担违约损失赔偿责任。某食品公司损失主要指履行利益损害，即某食品公司在合同履行后原本可获得的利益，现因某电子商务公司的不当删除推广链接行为而无法获得，某电子商务公司应当对此承担赔偿责任。

第二，根据《中华人民共和国民法典》第五百二十六条的规定，当事人互负债务，有先后履行顺序……先履行一方履行债务不符合约定的，后履行一方有权拒绝其相应的履行请求。某食品公司与某电子商务公司因代运营合同互负债务，合同履行期限均已届满，按约定某电子商务公司履行代运营义务在先，其后，某食品公司才支付佣金。现因某电子商务公司不当删除推广链接行为不符合约定，给某食品公司造成了损失。故某食品公司在某电子商务公司赔偿损失前，主张行使先行履行抗辩权，具有法律依据和事实根据。

编写人：重庆市第五中级人民法院　邓筱茜　王晓宇

33

无偿委托合同关系的风险分担及责任承担的法律适用

——赵某诉赖某委托合同案

【案件基本信息】

1. 裁判书字号

福建省厦门市中级人民法院（2023）闽02民终3977号民事判决书

2. 案由：委托合同纠纷

3. 当事人

原告（上诉人）：赵某

被告（上诉人）：赖某

【基本案情】

赵某与赖某原系朋友关系，双方于微信聊天的过程中，因赖某称在与朋友做自营基金项目，保证高额收益，赵某先后于2020年11月12日、2021年2月19日出资30万元、90万元共计120万元，委托赖某投资理财。在双方微信聊天中，赖某宣称是“自己的自营团队在操作”，“我至少能确保安全，收益不会让你失望”“你到时候跟着我买就可以”“我们自己做的东西最起码安全”“我们三年上百亿规模”“目前基金收益率达56%，按这个速度，个人一年可以得到四倍的回报”。

赖某（基金份额持有人）与科技公司（基金管理人）分别签订了两份《自营基金认购协议》。第一份《自营基金认购协议》签订时间为2020年11月16日，认购金额为280万元，约定基金存续期限为1年，自2020年11月16日起至2021年11月15日止。第二份《自营基金认购协议》签订时间为2021年2月22日，认购金额为1365万元，约定基金存续期限为1年，自2021年2月22日起至2022年2月21日止。赖某在庭审中自述，前述资金均是其替不同人员代持，其中赵某投资金额为120万元。

2022年3月7日，赖某通过微信告知赵某他们遇到了骗子，以前每个月公布的业绩应该都是假的，赖某会去报警。3月8日，赵某要求赖某将交易记录及合同提供给赵某。赖某表示他亦是受害者，对于代持损失会给个交代。

2022年3月10日，赖某与朱某等前往深圳市公安局南山分局经济犯罪侦查大队报案。赖某自述：“我与犯罪嫌疑人梁某、李某认识是由以前银行的同事邹某介绍的，时间是2020年6月前后，邹某介绍梁某、李某股票交易很厉害、收益高，我经过初步交流了解，认可他的交易逻辑，所以于2020年11月投入280万元给他做股票。2021年春节前分得收益大概50%不等。2021年2月又投入1365万元……合同到期后至今无法兑付，打他们电话不接，信息不回，处于失联状态……所以特来报案……”

2022年4月22日，赵某向法院提起本案诉讼。

2022年5月6日，深圳市公安局南山分局出具一份立案告知书，上载：朱某被合同诈骗一案，我局认为符合立案条件，现已立案侦查。

赵某另提出如下诉讼请求：(1) 赖某赔偿赵某投资理财损失120万元，并自起诉之日起按年息6%计算利息，利随本清。(2) 本案诉讼费用由赖某承担。

赖某辩称：赵某委托赖某为其代购基金，赖某未收取任何报酬，应属于无偿的委托合同，其也是受害者，故赵某应自行承担投资理财损失。

【案件焦点】

1. 赖某在受托过程中是否存在故意或重大过失；2. 本案损失及双方的责任应如何认定。

【法院裁判要旨】

福建省厦门市湖里区人民法院经审理认为：关于争议焦点一，赖某在受托过程中存在重大过失。理由如下：本案中，赵某与赖某系好友关系，以表兄妹相称，赖某曾担任银行行长，案涉的私募基金投资系双方聊天过程中赖某向赵某推荐的。私募基金投资属于高风险的投资产品，赖某相较于赵某有更为丰富的金融经验，其在向赵某推荐产品时，理应对投资风险有合理的注意和提醒义务。但其并未将该投资基金基本情况、基金行业协会登记手续办理进程、基金管理人情况等基本信息告知赵某，反而宣称是“自己的自营团队在操作”，强调“我至少能确保安全，收益不会让你失望”“你到时候跟着我买就可以”“我们自己做的东西最起码安全”“我们三年上百亿规模”等。基于双方的信赖关系，赖某该种陈述会对委托人的判断产生重大影响。同时，根据赖某自己提交的报案自述材料可以看出，赖某受托处理的资金达到1645万元，在处理如此大额投资资金的情况下，其并未对科技公司及其所谓自营基金做过尽职调查，也未主动向委托人进行过相应的披露，可见，其未尽到合理的注意义务和风险提示义务，存在重大过失。

关于争议焦点二，法院经审理认为，虽然赖某在处理委托事务过程中存在重大过失，但赵某作为完全民事行为能力人，对涉案私募投资基金存在高回报收益的同时亦可能存在高风险未予重视，不仅未签订书面委托合同明确委托事项，对于赖某的具体投资内容亦不过问，其对于损失的产生亦存在一定过错。综合考量双方的过错程度和对损失发生的原因力大小，再结合本案无偿接受委托的情况，酌情认定赖某赔偿赵某 60 万元。关于赵某要求赖某支付自起诉之日起按年息 6%计算利息的诉求，因本案案涉法律关系为委托合同，并非借贷关系，故该诉求并无事实和法律依据，法院不予支持。

福建省厦门市湖里区人民法院依照《中华人民共和国民法典》等规定，判决如下：

一、赖某于本判决生效之日起十日内向原告赵某赔偿损失 60 万元；

二、驳回原告赵某的其他诉讼请求。

赵某、赖某均不服一审判决，提起上诉。

福建省厦门市中级人民法院经审理认为：同意一审法院裁判意见，依照《中华人民共和国民事诉讼法》第一百七十七条第一款第一项之规定，判决如下：

驳回上诉，维持原判。

【法官后语】

所谓“受人之托，忠人之事”，委托合同具有较强的人身依赖性。在无偿委托合同中，因委托人单方面获益而受托人未获报酬，故受托人只有在故意或者重大过失造成委托人损失时，才负有赔偿责任。本案的关键在于，以委托投资为内容的无偿委托合同，应如何认定受托人是否存在过错？对于投资损失的责任应如何承担？

首先，关于受托人过错的判断。所谓故意，是指受托人明知或者应当知道损害可能发生，却促使或者放纵该损害的发生。所谓重大过失，是指受托人在其注意义务范围内，能够预见而没有预见，或者已经预见但轻信可以避免从而导致损害的发生。具体到委托投资行为当中，对于私募基金等高风险的权益类投资，受托人在推荐产品时应对投资风险有合理的注意和提醒义务。在本案中，无偿受托人以自身专业背景为背书，采取夸大、虚假性的描述导致委托人投资决策失误并造成损失，构成重大过失，应当向委托人承担赔偿责任。

其次，关于责任的承担。由于投资理财本身存在较高的风险，委托人对于自身的投资行为也应当保持审慎态度，对投资情况进行监督和管理。《中华人民共和国民法典》第九百二十七条规定，受托人处理委托事务取得的财产，应当转交给委托人。根据权利义务相一致原则，当受托人基于委托事务而取得积极性财产时，该财产利益归属于委托人，与此同时，当委托人因此取得消极性财产（如亏损、负债）时，该消极性后果亦应当由委托人承担。凡是投资均自带风险，这是由商业属性所决定的。若委托人未尽到合理的注意义务，单纯依赖受托人的决策而未采取任何风险防范措施，其自身也对投资失败的风险承担一定的责任。

综上，无偿委托并不免除受托人的基本注意义务，特别是在投资领域，受托人应当秉持诚信和专业的原则，向委托人充分披露信息并提示风险。同时委托人也应意识到投资行为的风险性，审慎考察受托人的专业能力、信誉及投资经验，积极参与委托事项的监督和管理。本案通过对无偿委托投资行为的分析，对于明确无偿委托合同关系中受托人的责任边界、双方的风险分担及权利义务平衡标准具有借鉴意义。

编写人：福建省厦门市湖里区人民法院　薛潇　郭雅萱

十六、委托理财合同纠纷

34

民间委托理财合同中事前保底条款与事后亏损负担承诺的效力认定及损失分担

——于某诉杨某委托理财合同案

【案件基本信息】

1. 裁判书字号

河南省洛阳市中级人民法院（2023）豫 03 民终 4248 号民事判决书

2. 案由：委托理财合同纠纷

3. 当事人

原告（上诉人）：于某

被告（被上诉人）：杨某

【基本案情】

于某、杨某二人系同社区居民、朋友关系。2022 年 12 月 30 日于某与杨某口头协商一致后，于某将自己的股票账户及交易密码交付给杨某，由杨某代为进行股票操作、交易，当日于某账户余额为 718.68 元，股票市值 392915 元，总资产 393633.68 元。2023 年 1 月 6 日，杨某向于某发送微信，载明“凡是经我操作造成的损失，我全部承担，但是利润必须按 3∶7 的比例分配，我得 7，你得3，我接手时，你账上的钱是383000元”，于某表示同意。截至1月20日，于某账户余额为580.03元，股票市值329777元，总资产330357.03元。当天，杨某向于某出具《欠条》一份，载明：“今欠到于某人民币53000元（因股票操作失误给其造成的这个损失皆由我承担，2023年3月20日前，股票若不能补回这个损失，本人须现金付清此款）。”2023年3月20日，于某账户余额为808.63元，股票市值279134元，总资产279942.63元。2023年3月20日股市收盘后，于某将上述股票的交易密码进行了变更，并告知杨某终止委托。

于某提出如下诉讼请求：（1）杨某赔偿于某损失款113691.05元及利息（以113691.05元为基数，自2022年12月30日起按照同期全国银行间同业拆借中心公布的贷款市场报价利率计算至全部履行完毕之日止）。（2）诉讼费由杨某承担。

【案件焦点】

案涉事前保底条款是否有效，杨某是否应赔偿于某损失款113691.05元及利息。

【法院裁判要旨】

河南省洛阳市孟津区人民法院经审理认为：于某将自己的证券账户委托给杨某管理、投资，双方约定盈利分成，杨某以个人名义接受委托，故于某与杨某之间形成民间委托理财合同法律关系。关于杨某接受委托后给于某方造成的损失问题，本院认为2023年1月20日杨某自愿向于某出具欠条，并明确载明其因炒股造成于某损失，欠于某53000元，法院认为该欠条意思表达明确，且与杨某向于某发送的微信信息载明的内容相互印证，予以采信。故于某主张杨某支付赔偿款53000元的诉讼请求证据充分，予以支持；关于2023年1月20日之后至2023年3月20日杨某因炒股行为给于某造成的损失问题，孟津法院认为2023年3月20日股市收盘前于某和杨某并未将账户上股票全部卖出变现，于某账户上的股票市值不能作为判断其实际损失的唯一客观依据，双方在2023年3月20日亦未对股票账户资产进行结算，即2023年1月20日之后至3月20

日于某因股票交易造成的实际损失不能客观确定，故于某仅依据 2023 年 3 月 20 日收盘时的股票市值对应的资产数额来主张其损失的诉讼请求证据不足，不予支持。杨某辩称的于某单方终止委托违反双方约定，其不承担赔偿责任的抗辩主张证据不足、理由不充分，不予支持。

河南省洛阳市孟津区人民法院依照《中华人民共和国民法典》第九百二十九条第一款，《中华人民共和国民事诉讼法》第六十七条、第一百四十五条之规定，判决如下：

一、杨某于本判决生效后十日内向于某支付赔偿款 53000 元；

二、驳回于某的其他诉讼请求。

于某不服一审判决，提起上诉。

河南省洛阳市中级人民法院经审理认为：本案系民间委托理财合同纠纷。本案争议焦点为于某股票账户出现的损失如何确定及相应损失如何分担的问题。

一、关于损失的分担问题

本案中，于某将股票账户交付于杨某操作，双方事先约定了盈利亏损的分配方案，即盈利于某与杨某按 3∶7 分配收益，亏损则由杨某全部承担。上述关于损失全部由杨某承担的约定属于事先约定的保底条款，该约定免除了委托人应承担的投资风险，诱导作为委托人的投资者误判或漠视投资风险，非理性地将资金投入金融市场，违背了委托代理的基本原理，亦扰乱了金融市场投资的交易规则。该事前保底条款约定应属无效，根据法律规定，合同无效后行为人因该行为取得的财产应当予以返还；不能返还或者没有必要返还的，应当折价补偿。有过错的一方应当赔偿对方由此所受到的损失；各方都有过错的，应当各自承担相应的责任。本案中，因案涉股票账户内的资产并未发生所有权转移，杨某亦未从中取得任何财产，因此不涉及返还事宜。但根据案涉股票账户的资产净值变化过程，应当认定于某因案涉委托理财合同的履行遭受了损失，对出现的亏损则应根据双方的过错予以分担。

关于 2023 年 1 月 20 日《欠条》的效力，杨某操作股票出现亏损后自愿向于某出具《欠条》承诺之前产生的炒股损失 53000 元由杨某承担，该《欠条》

明确了既已发生的炒股损失及该损失的负担问题，属于对事后亏损负担约定，该约定确定的权利义务只会对协议双方构成实质性影响，不会如事前保底条款一样诱导投资者误判或漠视投资风险，亦不会引发损害社会公共利益的后果，因此该事后亏损负担约定即案涉《欠条》应当认定有效。

本案委托理财期间自2022年12月30日起至2023年3月20日止，其间，既存在事前保底条款约定又存在事后亏损负担约定，通过上述分析，双方关于事先约定损失全部由杨某承担的约定无效，但出现亏损后杨某出具的《欠条》应认定有效，故2022年12月30日至2023年1月20日的损失，应由杨某按照其出具的《欠条》内容承担相应责任。关于2023年1月20日至3月20日产生的理财损失，因双方事前关于收益分配、损失承担的约定不再具有法律约束力，且杨某未对此期间损失作出承诺，则该期间的损失承担依法应当根据双方的过错程度确定责任比例。于某、杨某均为完全民事行为能力人，对股票市场存在风险应当有足够的认知，无论是将股票账户交予他人操作，还是代为操作他人股票账户，双方均具有一定的过错，结合双方约定的盈利分配比例为3∶7，故法院酌定该期间的损失亦按照于某30%、杨某70%的比例承担。

二、关于本案委托期间的理财损失如何确定的问题

双方在确定委托理财合同关系时未约定理财盈利亏损的计算方法，现于某主张按照股票账户总资产自委托起始日至委托届满日期间的实际差额来计算损失，但杨某对此不予认可，且按照于某主张的计算方法亦不能得出《欠条》载明的53000元数额，在于某不能提供其他证据证明双方曾就其主张的计算损失方法达成过一致合意的情况下，基于股票交易的特殊性，应以实际损失计算亏损数额。截至2023年3月20日，于某账户内尚剩有单支股票未卖出变现，双方亦未能及时清算导致实际损失难以确定，但杨某一审中自认2022年12月30日至2023年3月20日经其手操作买入、卖出股票亏损为95949元（不含某食品股票），故法院据此认定杨某经手操作股票期间于某股票账户总损失数额为95949元。因杨某向于某出具《欠条》自认截至2023年1月20日的损失为53000元，则2023年1月20日至2023年3月20日的损失经计算为42949元

（95949－53000＝42949 元），根据前述认定的责任比例，该期间杨某应承担的损失数额为 42949×70%＝30064.3 元。综上，杨某应承担的损失数额应为上述两部分之和，即本案杨某应向于某支付损失赔偿款共计为 83064.3 元（53000＋30064.3＝83064.3 元）。

河南省洛阳市中级人民法院依据《中华人民共和国民事诉讼法》第一百七十七条第一款第二项之规定，判决如下：

一、撤销河南省洛阳市孟津区人民法院（2023）豫 0308 民初 2245 号民事判决第二项；

二、变更河南省洛阳市孟津区人民法院（2023）豫 0308 民初 2245 号民事判决第一项为：杨某于本判决生效后十日内向于某支付赔偿款 83064.3 元；

三、驳回于某的其他诉讼请求。

【法官后语】

本案的典型性在于，委托理财期间自 2022 年 12 月 30 日起至 2023 年 3 月 20 日止，委托期间当事人双方既存在事前保底条款约定，也存在 2023 年 1 月 20 日在理财亏损出现后杨某自愿向于某出具的《欠条》，也即事后亏损负担承诺。而对事前保底条款和事后亏损负担承诺效力的区分，既是对契约正义和契约自由的平衡，根据法律行为对公序良俗的影响程度，合理把握司法公权介入意思自治的限度；同时也是对维护金融市场秩序需要和保护广大投资者利益需要的平衡，既要引导投资者理性判断投资风险，也要在个案中保护投资者的合法权益，保障金融市场稳定有序运行。

一方面，事后亏损负担承诺确认有效。其理由主要在于：（1）从风险分配角度来讲，事后亏损负担承诺是受托人在充分了解现存风险的情况下积极与委托人达成的合意。（2）从投资者决策角度来讲，事后亏损负担承诺对投资者决策的诱导力度较小，符合公平原则与公序良俗。（3）从金融市场秩序角度来讲，事后亏损负担承诺对遏制金融市场投机行为、稳定金融市场秩序、防范化解金融风险有一定的积极作用。（4）从广大投资者利益角度来讲，事后亏损承诺是受托人进行的风险自认，有利于维护投资者利益。就本案而言，受托人杨某操作股票出现亏损后自愿向委托人于某出具《欠条》，承诺之前产生的炒股损失53000元由其承担，该《欠条》明确了既已发生的炒股损失及该损失的负担问题，该约定确定的权利义务只会对协议双方构成实质性影响，不会如事前保底条款一样诱导投资者误判或漠视投资风险，亦不会引发损害社会公共利益的后果，因此该事后亏损负担约定有效，也即案涉《欠条》应当认定有效。

另一方面，事前保底条款的效力存在不同观点。一种实务观点认为，保底条款无效，金融市场的基本交易规则就在于风险自担，而保底条款则突破了这一基本交易规则，违背了金融市场基本规律。另一种实务观点认为，保底条款有效，公权不应随意干涉市场主体的自由意志选择。还有一种观点认为，保底条款可撤销，若当事人以保底条款明显违反公平原则申请撤销，法院应当予以支持。笔者认为，事前保底条款应为无效，其主要具有两个方面的理由。

其一，关于认定事前保底条款无效的法律依据，有学者认为，将事前保底条款有效或无效的社会结果加以预测后，着重于社会效果预测和社会目的衡量，以社会效果更符合社会目的为目标，认定事前保底条款无效的法律推理路径在于对《中华人民共和国民法典》第六条和第一百五十三条的填补，也即事前保底条款因违反公平原则和违背公序良俗而无效。

其二，关于认定事前保底条款无效的推理路径：一是认定事前保底条款无效可以弥补行政监管的不足。非金融机构或自然人接受不特定多数人委托理财数额累积到一定程度后，已明显带有非法集资的性质，极易产生社会负外部性效应，因此法院有必要以司法干预抵销其负外部性，弥补行政监管的不足。二是认定事前保底条款无效可以有效引导社会投资风向。司法裁判理应实现法律效果和社会效果的统一，在实现法律效果的前提下，还应关注法律规则背后的价值因素、道义性需求和社会价值观，我们有必要通过利益衡量、漏洞填补的方式确认事前保底条款无效，保证法律的正确适用和案件的妥当裁判。三是认定事前保底条款无效符合委托代理责任承担规则。民间委托理财的风险应由委托人自行承担，但事前保底条款却约定由受托人承担全部风险，这显然违背了委托代理关系中的责任承担规则，应属无效。四是认定事前保底条款无效遵循了自负盈亏、等价有偿的金融原则。2018年出台的《关于规范金融机构资产管理业务的指导意见》指出要打破“刚性兑付”，确立金融市场“卖者尽责、买者自负”的原则，而事前保底条款往往约定委托人仅享有收益、不承担风险，这明显违背了风险自负原则，不符合商事投资活动的本质，理应认定其无效。

论及本案，认定事前保底条款无效后，定分止争的另一个关键在于委托理财资产损失的认定和分担规则。

关于委托期间理财损失的确定，法院应着重审查当事人双方在签订民间委托理财合同时是否对理财盈利亏损的计算方法有过明确约定。如果当事人双方有明确约定，按约定的计算方式认定委托期间的理财损失；如果当事人双方没有明确约定，且委托人、受托人双方在案件审理过程中不能提供其他证据证明双方曾就盈利损失的计算方法达成一致合意的情况下，基于股票交易的特殊性，应以实际损失为限来计算亏损数额，即委托期间的理财损失为委托期限开始时委托人实际交付受托人金融资产的当日市值与委托期限结束时受托人向委托人交还金融资产控制权时的当日市值之差。需要注意的是，对委托期间理财损失的认定应以受托人实际接手、掌控、操作的股票价值为准。

关于保底条款无效后，受托方未作出事后亏损负担承诺的损失部分的分担规则，笔者认为法院应对损失分担综合考虑案件实际以及委托人和受托人的过错程度等因素进行自由裁量。

一是要看各自的过错程度。包括：(1) 要看委托人、受托人各自对合同无效的过错程度，实践中，受托人对委托理财合同的订立起到主导作用，且其基于知识技术和从业经历的优势，在明知事前保底条款约定无效的情况下，仍向委托人作出承诺，其过错程度更大；同时委托人也未尽到审慎注意义务，轻信受托人承诺，盲目追求低风险高回报，亦存在一定过错。(2) 要看委托人、受托人各自对委托资产损失的过错程度，人民法院应着重审查受托人在委托理财期间是否尽到了审慎注意义务，以理财行为和理财结果为参照判断标准，同时还要查明委托人在受托人操作不当导致资产损失的情况下是否采取了适当措施防止损失的进一步扩大。

二是要看盈利分配约定。以公平原则和利益风险相匹配原则为基础，民间委托理财资产损失的风险分担可以委托合同中当事人双方对盈利的分配约定为参考，并依据当事人双方各自的过错程度作出适当调整。

综上所述，本案是关于民间委托理财合同同时存在事前保底条款和事后亏损承诺情形下如何认定保底条款效力、如何划定损失分担的典型案例。一直以来，民间委托理财合同中保底条款的效力认定与损失分担都是理论界和实务界的热议话题，目前审判实践对这一问题裁判标准模糊、认定结果不一。本文通过区分事前保底条款与事后亏损负担承诺，从法律推理和事实推理两条路径认定事前保底条款无效，总结出以填补《中华人民共和国民法典》第六条和第一百五十三条为核心，以弥补行政监管不足、引导社会投资风向、遵守委托代理规则、遵循自负盈亏金融原则为支撑的价值衡量体系；并进一步在认定事前保底条款无效后，以各自过错程度、盈利分配约定为判断要素构建起损失分担规则，对提炼裁判规则、统一裁判尺度具有实践意义。

编写人：河南省洛阳市中级人民法院　王甜甜

十七、物业服务合同纠纷

35

公共管道堵塞返水导致楼下损失，物业公司未履行疏通义务的，应承担违约责任

——周某、朱某诉某物业公司物业服务合同案

【案件基本信息】

1. 裁判书字号

江苏省无锡市中级人民法院（2023）苏 02 民终 4919 号民事判决书

2. 案由：物业服务合同纠纷

3. 当事人

原告（被上诉人）：周某、朱某

被告（上诉人）：某物业公司

【基本案情】

周某、朱某系小区 16-101 室业主。2021 年 4 月 15 日，周某、朱某与某物业公司签订《前期物业服务协议》。合同第二条约定某物业公司对周某、朱某的上述房屋提供物业服务，约定物业管理服务内容包括：房屋共用部位的维护和管理、房屋共用设施设备（包括共用的上下水管道、落水管等）及其运行的维护和管理。合同第三条约定物业服务质量参照无锡市普通住宅物业服务等级

六级服务标准执行。同日，开发商向周某、朱某交付了房屋。

2021 年 11 月，周某、朱某外卫因二楼以上住户使用的主排污管堵塞导致家中返水致其屋顶出现水渍，周某、朱某遂向某物业公司报修。某物业公司疏通后，可见有较小的水流不断流出来，故告知周某、朱某疏通完成。2021 年 12 月初，案涉房屋再次因同一原因致房顶大面积漏水，周某、朱某报修后，某物业公司再次疏通并告知疏通完成。2021 年 12 月中旬，案涉房屋第三次因同一原因屋顶大面积漏水。多次漏水致周某、朱某装修严重受损。经街道协调，某物业公司组织对案涉房屋外卫进行开挖，发现排污管转弯处存在一块混凝土混合物。

另查明，无锡市普通住宅物业服务等级六级服务标准载明：对于排水系统，某物业公司应当每月清扫一次以上排水明沟，每季对地下管井清理一次，每半年对地下管井彻底疏通一次。

【案件焦点】

公共管道堵塞反水导致楼下损失，某物业公司是否存在违约行为。

【法院裁判要旨】

江苏省无锡市锡山区人民法院经审理认为：首先，根据《前期物业服务协议》的约定，某物业公司应当按照无锡市普通住宅物业服务等级六级服务的标准向周某、朱某提供物业服务。根据无锡市普通住宅物业服务等级六级服务标准，某物业公司应当每季对地下管井清理一次，每半年对地下管井彻底疏通一次。根据双方提供的证据，开发商于 2021 年 4 月 15 日将案涉房屋交付给业主，同时业主与某物业公司建立物业服务合同关系，根据上述标准，某物业公司应当至迟于 2021 年 10 月 15 日对地下管井进行彻底疏通一次，但某物业公司未能提供其对地下管井进行彻底疏通的证据。其次，就造成本案房屋装修损失的外卫公共管道返水事件，周某、朱某于 2021 年 11 月 20 日即发现小面积的返水，并报告给某物业公司，某物业公司未能重视，仅以管道口中有清水流水作为疏通完成的标志。正因为某物业公司未能完全疏通管道，反而告知案涉管道已疏通，从而导致案涉房屋外卫主管道于 2021 年 12 月 7 日及 12 月 16 日的大规模返水，进而导致了周某、朱某的房屋装修损失。综上，某物业公司未能完全履行物业服务协议约定的义务，存在违约行为，现周某、朱某要求其承担赔偿损失的诉讼请求，于法有据。

关于具体损失，法院结合案件查明事实予以处理。

江苏省无锡市锡山区人民法院依照《中华人民共和国民法典》第五百八十四条、第九百三十七条、第九百四十二条，《中华人民共和国民事诉讼法》第一百四十五条之规定，判决如下：

一、某物业公司于判决生效后十日内给付周某、朱某 102038.28 元；

二、驳回周某、朱某的其他诉讼请求。

某物业公司不服一审判决，提起上诉。

江苏省无锡市中级人民法院经审理认为：一审判决认定事实清楚，适用法律正确，应予维持。依照《中华人民共和国民事诉讼法》第一百七十七条第一款第一项之规定，判决如下：

驳回上诉，维持原判。

【法官后语】

随着社会的发展，高层住宅越来越多地出现在人们的生活中。管道使用频率、使用时间以及不当使用等几种因素叠加，导致管道堵塞的现象时有发生，作为低楼层的住处苦不堪言。本案原告就是一楼房屋业主，而堵塞的管道系二楼及以上住户使用的公共管道，原告家中因管道堵塞导致二楼反水，进而导致其家中受损，原告作为受害人在主张其权利时存在请求权的竞合，即原告可以侵权之诉主张楼上住户、开发商以及某物业公司承担财产损害赔偿责任，亦可以作为物业服务合同的相对方主张某物业公司承担违约责任。然，提起侵权之诉，原告需找出具体侵权人，其举证难度非常高，而提起违约之诉，被告明确，故本案原告主张某物业公司承担违约责任。

关于违约责任的承担方式，《中华人民共和国民法典》第五百七十七条规定："当事人一方不履行合同义务或者履行合同义务不符合约定的，应当承担继续履行、采取补救措施或者赔偿损失等违约责任。”本案中，原告主张了赔偿损失的违约责任承担方式。至于某物业公司应否承担赔偿损失的违约责任以及如何承担赔偿责任，需要考虑以下几点：（1）某物业公司是否存在违约行为。(2) 业主主张的损失是否符合可预见性原则。(3) 业主对于损失的发生有无过错。

首先，关于某物业公司是否存在违约行为。根据双方签订的物业服务合同，物业服务质量参照无锡市普通住宅物业服务等级六级服务标准执行。而根据《无锡市物业服务收费管理实施办法》中关于物业服务等级六级服务标准的规定，某物业公司应当每季对地下管井清理一次，每半年对地下管井彻底疏通一次。根据双方提供的证据，开发商于2021年4月15日将案涉房屋交付给业主，根据上述标准，某物业公司应当至迟于2021年10月15日对地下管井进行彻底疏通一次。案涉堵塞的管理虽位于原告家中，但该管道系二楼及以上住户共同使用的主排管道，属于《无锡市物业服务收费管理实施办法》中规定的地下管井范畴。某物业公司应当提供证据证明其在2021年10月15日之前对该管道进行过彻底疏通，但某物业公司未能提供相应的证据。此外，业主存在两次报修记录，某物业公司于业主第一次和第二次报修时既未能认真排除堵塞原因，也未能认真完成疏通义务，而是以管道中有水流出来作为疏通完成的标志。某物业公司的不适当履行导致了第三次大范围的返水而造成本案损失，故某物业公司存在违约行为。

其次，业主主张的损失是否符合可预见性原则。可预见性原则是指违约损失不得超过违约方订立合同时预见到或应当预见到的因违反合同可能造成的损失。本案中，某物业公司作为在无锡地区从事物业服务的专业公司，应当熟知《无锡市物业服务收费管理实施办法》的内容，其应当知晓每半年应对地下管井进行疏通一次。未能疏通将产生堵塞情况导致业主家中装修受损，也符合一般人的认知。本案原告主张的损失也未超过一般装修受损的金额，故原告主张的损失符合可预见性原则。

最后，业主对于损失的发生有无过错。《中华人民共和国民法典》第五百九十一条第一款规定，当事人一方违约后，对方应当采取适当措施防止损失的扩大；没有采取适当措施致使损失扩大的，不得就扩大的损失请求赔偿。具体到本案中，业主在第一次家中出现零星返水时即时向某物业公司报修，某物业公司疏通后告知疏通完成；而后又发生第二次和第三次大规模返水导致产生本案主要损失。业主作为非该管道的使用人，仅能在屋顶发生漏水时才能被动地知道管道发生堵塞，屋顶发生漏水后也及时向某物业公司报修，业主已经采取适当措施防止损失的扩大，故业主对于损失的发生并无过错，某物业公司应承担全部赔偿责任。

编写人：江苏省无锡市锡山区人民法院　谢妍　洪明琪

36

业主不能以房屋存在一般质量瑕疵问题为由拒交物业费

——某物业公司诉李某物业服务合同案

【案件基本信息】

1. 裁判书字号

广东省中山市第一人民法院（2022）粤2071民初30134号民事判决书

2. 案由：物业服务合同纠纷

3. 当事人

原告：某物业公司

被告：李某

【基本案情】

2020年10月23日，某房地产开发有限公司与李某签订商品房买卖合同，约定李某购买涉案物业，该司于2020年11月30日前将符合本合同约定的商品房交付李某使用，合同中记载了李某的联系电话。

后某物业公司（甲方）与李某（乙方）签订德云轩前期物业管理服务协议，约定：乙方交纳费用时间按商品房买卖协议或房屋产权证明上的建筑面积计算，从房地产开发公司通知乙方收楼之日起开始计算物业服务费，住宅按建筑面积每月 2.8 元/平方米收取；逾期交纳物业服务相关费用的，每天按本金加收千分之三的滞纳金。某物业公司称开发商已于 2021 年 12 月 15 日通知李某收楼，李某收楼后未缴纳 2022 年 1 月至 6 月期间的物业服务费，其向李某催收无果，遂诉至法院，主张上述实体权利。

为证明在 2022 年 1 月前已通知李某办理收楼手续，某物业公司提交了业主收楼通知书、电话录音、短信截图予以佐证。其中收楼通知书载明某房地产公司通知李某于 2022 年 1 月 1 日办理收楼手续。某物业公司主张开发商已通过挂号信的方式向李某的户籍地寄送上述收楼通知书，挂号信的邮戳时间显示为 2021 年 12 月 17 日，但某物业公司未能提供寄送凭证的原件，李某不确认收到上述收楼通知书。短信截图显示某物业公司员工于 2022 年 1 月 9 日向商品房买卖合同中注明的李某的联系电话发送短信。电话录音反映某物业公司员工分别于 2022 年 1 月 11 日、12 日拨打李某预留的联系电话，通知对方办理收楼手续。李某对手机短信及电话录音的真实性不持异议，但认为物业公司并非交房主体，物业公司和其并不存在商品房买卖合同关系，物业公司也没有证据证明其有代开发商交房的代理权。李某主张其是在 2022 年 2 月 8 日前往涉案物业处，当时发现房屋有阳台积水等质量问题，并发送了现场图片给物业公司，要求开发商及物业公司维修整改，开发商及物业公司经维修整改后其才于 2022 年 3 月 21 日接收涉案物业，在 2022 年 3 月 21 日才确认收楼。据此，李某主张其实际收楼时间为 2022 年 3 月 21 日，故其不应缴纳 2022 年 1 月至 3 月期间的物业费。庭审中，李某当庭支付了涉案物业 2022 年 4 月至同年 9 月期间的物业服务费 4769.4 元。

【案件焦点】

1. 涉案物业的开发商及物业公司有无通知业主办理收楼手续；2. 涉案物业

的交付时间应如何认定；3. 业主能否以房屋存在质量问题为由拒交收楼进而拒绝缴纳物业费。

【法院裁判要旨】

广东省中山市第一人民法院经审理认为：本案中，李某辩称因涉案房屋存在质量问题导致其未能如期收楼，其于 2022 年 3 月 21 日才实际收楼，故其不应支付该日前的物业服务费。本院认为，某物业公司主张其于 2021 年 12 月 17 日向李某的户籍地发送收楼通知书通知李某于 2022 年 1 月 1 日收楼，虽然某物业公司未提交收楼通知书及挂号信函收据原件，但结合某物业公司向李某发送短信的时间及内容，尤其是 2022 年 1 月 9 日的短信中提及“小区开发商和物业公司于 2021 年 12 月 16 日用挂号信的方式向您邮寄了收楼通知书”，李某并未对此提出异议，且短信中提及的邮寄挂号信的时间与某物业公司举示的挂号信的邮戳时间相吻合，综合以上事实本院认定某物业公司的主张具有高度盖然性，故本院采信某物业公司的主张，认定某物业公司及涉案物业的开发商已通过挂号信的方式通知李某于 2022 年 1 月 1 日收楼，李某未按收楼通知书的要求及时办理收楼手续，应承担相应的不利后果。此外，李某抗辩称系因涉案物业阳台存在积水等质量问题才导致其未能如期收楼，本院认为，物业公司并非房屋买卖关系的主体，房屋质量问题与物业纠纷并非同一法律问题，且并非只要存在房屋质量问题，业主就能拒绝收房，只有在房屋主体结构存在质量不合格或者严重影响居住使用的情况下，业主才能拒绝收房。如房屋确实存在一般质量问题，可在保修期内要求开发商修复，但李某不能以房屋存在一般质量问题为由拒绝收房以及拒绝向物业服务企业交纳物业费。李某陈述的房屋质量问题并非主体结构质量问题，李某也未提交房屋存在严重质量问题影响交付的有效证据。故本院认定涉案房屋的交付时间为 2022 年 1 月 1 日，李某应当向某物业公司支付该日起的物业服务费。经核算，李某应向某物业公司支付 2022 年 1 月至 3 月期间的物业服务费为 2384. 67 元（794. 89 元/月×3 个月）。

广东省中山市第一人民法院依照《中华人民共和国民法典》第五百零九条、第五百八十五条，《物业管理条例》第四十一条第一款，《中华人民共和国民事诉讼法》第六十七条第一款之规定，判决如下：

被告李某于本判决发生法律效力之日起七日内向原告某物业公司支付2022年1月至3月期间的物业服务费2384.67元及违约金。

判决后，双方当事人均未上诉，本判决现已生效。

【法官后语】

在物业合同纠纷案件中，经常会发生开发商通知业主收楼，业主收楼时认为房屋存在质量问题，拒绝收楼进而拒绝缴纳物业费的情况。而《物业管理条例》第四十一条第二款规定："已竣工但尚未出售或者尚未交给物业买受人的物业，物业服务费用由建设单位交纳。"根据上述法律规定，物业公司只能向业主主张房屋交付后的物业费，对于房屋交付前的物业费则无权主张。

故本案的关键就在于认定房屋的具体交付时间。对于房屋交付时间，物业公司认为应当按照通知交付时间认定，即依据《商品房买卖合同》约定的交付时间；业主李某则认为应当按照实际交付时间，即开发商与李某实际办理房屋交接手续的时间。

笔者认为，在房屋仅存在一般质量瑕疵的情况下，因房屋已经具备法定交付条件，如因业主自身原因未按时办理收楼手续，应当由业主自行承担责任，故本案业主李某应从收楼通知书载明的收楼时间开始支付物业管理费。如果房屋确实存在主体结构等重大质量问题导致客观上不满足安全居住的基本收楼条件，则业主拒绝收楼及拒绝支付物业费才具备合理性。需要注意的是，根据相关法律规定，对于业主通常主张的墙体裂缝、层高不足、门窗损坏、瓷砖空鼓、房屋漏水、房屋装修不符合同约定等常见的质量问题仅属于一般质量瑕疵。在商品房存在一般质量瑕疵的情况下，由于并不影响房屋的基本功能，并未导致商品房买卖合同目的不能实现的，不构成严重影响正常居住的根本违约，故业主不得以此为由拒绝收房以及不交纳物业管理费。

另外，业主交纳物业费是基于其接受了物业公司提供的服务，至于房屋是否存在质量问题，与业主是否应该交纳物业费并非同一法律关系，房屋存在质量问题亦非由物业公司造成。业主如发现房屋质量问题可另行向开发商主张质量瑕疵的保修责任以及相应的损失赔偿。

依照《中华人民共和国民法典》合同编相关规定，当事人应遵循诚信原则，按照约定全面履行自己的义务。如果物业公司没有违反合同内规定的内容，则小区业主就必须依照合同规定缴纳物业费。

编写人：广东省中山市第一人民法院　曹慧星

十八、行纪合同纠纷

37

“网红”主播违约停播，高额违约金如何承担

——某文化传媒公司诉李某行纪合同案

【案件基本信息】

1. 裁判书字号

北京市大兴区人民法院（2023）京 0115 民初 17649 号民事判决书

2. 案由：行纪合同纠纷

3. 当事人

原告：某文化传媒公司

被告：李某

【基本案情】

2020 年 10 月 16 日，甲方某文化传媒公司与乙方李某签署《艺人直播独家经纪合作协议》。约定：乙方授权甲方为演艺经纪方面的独家代理人。合作期限为 2 年，自 2020 年 10 月 16 日起至 2022 年 10 月 15 日止。现甲、乙双方就艺人在线演绎独家经纪合作一事，达成如下合作协议，本合同性质：甲乙双方均确认，本合同非劳动合同。保底工资：甲方前期为扶持乙方稳定直播，给予保底工资待遇，给予乙方保底 6000 元/月，要求乙方每个月直播时长不低于 190

小时，每天不低于6.5小时，有效天数不低于26天，乙方按要求完成甲方的要求，后台收到佣金未达到6000元，则甲方补乙方到6000元，如乙方收入超过6000元，则按照双方约定好的分成比例正常分配。乙方在完成规定有效直播时长中不得以游戏、睡觉等消极直播的行为混直播时长，出现上述情况，甲方有权取消保底。乙方在按照本协议的要求完全履行其义务，不存在违约行为，且没有给甲方造成损失的情况下，有权获得甲方一次性支付乙方签约费用4万元。在线演绎直播佣金：乙方有权取得自己在甲方合作平台收益（扣除企业增值税后）的70%作为报酬；乙方的收益及结算方式：根据甲方合作平台的薪资发放时间，甲方于收到合作平台支付的收益，并完成结算后10个工作日内，以银行转账形式，向乙方支付上一月收益。乙方每个自然月有效直播时间应不低于26个自然日，每日直播时间应不低于6.5小时，每月有效直播时间应不低于190小时。若乙方每月有效直播时间低于190个小时或每天直播时间低于6.5小时的，则甲方有权根据乙方的实际直播时间进行结算。如当月直播时长不达标，自愿延长签约时间，直至达标完整两年直播时长；如乙方因个人原因不能履行本协议直播时长，则乙方需返还甲方支付的签约费用。如连续3个月，未达到本条约定的直播时间或不配合甲方工作安排的，甲方有权单方解除本合作协议，要求乙方返还已收取的费用。乙方应向甲方支付违约金200万元，并另行赔偿甲方损失。2020年10月19日某文化传媒公司向李某支付签约费4万元。

2020年10月至2023年6月，李某在该直播平台进行直播，根据公司回函显示李某2020年11月至2022年10月完成直播时长3442.98小时。某文化传媒公司主张因根据合同约定其应完成时长为4560小时，因此，李某应补时长。2022年11月至2023年4月，仍有631.68小时未补足。但该公司回函显示李某自2021年2月至2021年6月、2021年9月至2023年4月的每月直播时长均未达到190小时。

某文化传媒公司另提交管理平台截图3张，主张通过平台截图可以看出在6月24日、27日至29日李某连续直播时长为23—24小时，通过这些数据可以看出李某并没有进行有效直播，而是登录直播平台进行挂机，而根据该截图显示6月直播总时长是324小时，但是6月总收益493.77元，大部分天收益是0元，因此李某均非进行的有效直播。

某文化传媒公司称其为了帮助李某带流量支出成本，根据管理平台出具回函称，2020年11月1日至2023年4月，某文化传媒公司为李某所在直播房间号提供推广资源。李某对上述价值额不予认可，其从不知情，而且如果知道也不会同意，该笔费用因何而出，由谁承担，在双方协议中并没有明确约定。另外，某文化传媒公司花费用购买，因此某文化传媒公司没有遭到实际损失，可能只是平台的一种象征性优惠政策。

李某提交其2023年4月与2023年6月的检验报告单两份主张其因2023年3月怀孕且属于高龄产妇，从怀孕初期到现在身体出现多种不适。其另提交平台直播端结算中心与投诉平台截图，主张其2023年4月至6月仍在完成直播，应当得到的提成应为2344.01元、427.75元、296.43元，但某文化传媒公司均未向其支付上述分成，李某称因此其坚持直播到2023年6月，因某文化传媒公司连续三个月未向其支付分成，以及其个人怀孕的原因，决定暂停直播，并非恶意停播。

现某文化传媒公司诉至法院要求解除与李某之间的《艺人直播独家经纪合作协议》并要求李某返还某文化传媒公司支付的签约金4万元，同时出于人道主义角度考虑降低协议约定的200万元违约金要求李某支付违约金10万元。

【案件焦点】

1.“网红”主播违约停播是否承担高额惩罚性违约金；2. 某文化传媒公司主张其为了帮助李某获得流量和热度支出成本的认定。

【法院裁判要旨】

北京市大兴区人民法院经审理认为：依法成立的合同，对当事人具有法律约束力。本案中，某文化传媒公司与李某签订的《艺人直播独家经纪合作协议》系双方的真实意思表示，且不违反法律、行政法规的强制性规定，内容合法有效，双方均应据此行使权利、履行义务。关于某文化传媒公司要求解除其与李某之间签订的《艺人直播独家经纪合作协议》的诉讼请求，某文化传媒公司主张李某未完成直播时长，构成违约。对此本院认为，合同第 7. 2 条约定，每个自然月有效直播时间应不低于 26 个自然日，每日直播时间应不低于 6. 5 小时，每月有效直播时间应不低于 190 小时。李某如连续 3 个月，未达到约定的直播时间或不配合某文化传媒公司工作安排的，某文化传媒公司有权单方解除本合作协议，要求李某返还已收取的费用并支付违约金 200 万元，并另行赔偿损失。如当月直播时长不达标，自愿延长签约时间，直至达标完整两年直播时长；如因个人原因不能履行本协议直播时长，则李某需返还支付的签约费用。根据李某提交的其与某文化传媒公司的微信聊天记录，李某在期限内直播时长不达标，后期需要补时长，某文化传媒公司向其要求“按照 160 小时或者 150 小时播。补时长也是一个月总的补 150 小时，每天 5 小时或者 6 小时，想休息就 6 小时，不想休息就 5 小时，尽量去播够吧”。2022 年 10 月开始每月直播时间已无法达到后续某文化传媒公司要求其达到的每月 150 小时的时长，在 2023 年 6 月之后便停止直播，某文化传媒公司有权根据双方约定主张解除合同。综上，某文化传媒公司有权解除本案涉案合同，李某虽称其愿意在生完孩子并完成恢复之后继续履行案涉协议，但李某已停止直播且其所称的“在生完孩子并完成恢复”的前提以及时间均具有不确定性，故本院对某文化传媒公司要求解除涉案合同的诉讼请求予以支持。合同解除的时间以本案诉状送达李某时间为准。关于某文化传媒公司主张的违约责任。第一，某文化传媒公司要求李某返还签约金 4 万元的请求，根据合同第 7. 2 条约定，某文化传媒公司有权要求李某返还已支付的费用，本院对该项请求予以支持。第二，某文化传媒公司要求李某支付违约金，合同第 7. 2 条约定的违约金金额为 200 万元，鉴于某文化传媒公司提交的证据并不足以证明其因李某的违约行为所遭受的具体损失，故本院认为该违约金的标准过高，关于违约金的数额，本院综合考虑合同期限及履行情况、李某的主观过错、李某作为主播的经济价值及收益能力、某文化传媒公司对合同继续履行的合理预期等因素，酌情支持 5 万元，其余部分，不予支持。

北京市大兴区人民法院依照《中华人民共和国民法典》第五百六十五条、第五百六十六条、第五百八十五条之规定，判决如下：

一、确认某文化传媒公司与李某于2020年10月16日签订的《艺人直播独家经纪合作协议》解除，解除日期为2023年10月10日；

二、李某于本判决生效之日起十日内返还某文化传媒公司签约金4万元；

三、李某于本判决生效之日起十日内支付某文化传媒公司违约金5万元；

四、驳回某文化传媒公司的其他诉讼请求。

判决后，双方当事人均未上诉，本判决现已生效。

【法官后语】

随着互联网信息技术的飞跃提升，直播的内容表达形式逐渐被更多人接受，行业的高速发展促进了参与主体——直播传媒公司与“网红”主播的数量不断增加。但在这一过程中，“网红”主播的违约跳槽时有发生，该类诉讼案件也逐年攀升。而在该类案件中，因来源于直播行业，较之传统行业不同又打上了互联网特质的鲜明烙印，在合同的签署、成立、效力、履行、违约行为、收益计算、违约损害赔偿的认定上往往具有自身的特点，需要站在直播行业的视角，结合行业现实情况进行分析判断。“网红”主播违约、跳槽纠纷中高额违约金的适用往往是该类纠纷中最为核心的争议焦点，亦是决定纠纷当事人乃至直播行业发展的重要一环。对于违约金的认定应当综合考虑。

一、违约金的承担需要兼顾直播平台公司与主播个体的双方利益平衡

较之传统企业的不同在于，直播平台公司因“网红”主播违约导致的损失较难有直接证据进行核算，因此设定高额违约金，约束和“网红”主播遵守合作协议，建立、维护平台公司和“网红”主播之间稳定的合同关系，防止在培养“网红”主播使主播获得较高知名度后违约、停播或解约跳槽的情况发生，系切合直播行业特质的合法合理措施。但违约金的数额需要与直播平台公司宣传推广成本、带宽技术成本等自身投入、“网红”主播根本违约所带来的预期利益损失、用户流水情况等综合考虑的结果相符。

还要考虑到，高额违约金是非理性行业竞争的产物。高额的违约金对应的

是高投入、高收益。非理性的挖角竞争致使违约金约定的金额逐个攀升，形成行业泡沫；高额的违约金不能真实反映各方的损失和价值，虽在一定程度上抑制主播跳槽，但该抑制也在一定程度上妨碍了“网红”主播的合理流动。并且也要考虑到有时直播平台亦存在一定过错如可能存在欠薪、封禁直播间等问题，会加快促使“网红”主播的跳槽，虽然该过错对不足认定主播违约即合理，但确会在调整违约金时应当综合考虑。

二、违约金的承担以直播平台公司的成本、损失为基础

一般情况下，违约金明显过高请求减少的，应以实际损失为基础，兼顾合同的履行情况、过错程度以及预期利益等综合因素，根据公平原则和诚信原则予以衡量。直播平台公司的成本付出如为主播的投流费用、宣传费用等在诉讼中主要依赖经纪公司的举证能力，经纪公司需在日常运营过程中留存如平台运营技术支持、客户支持、自有渠道推广资源，付费和免费外部渠道推广资源，承接商业活动成本、平台推广时间和经济成本等部分证据证明其实际产生了成本。而另外还需要考虑到，主播履行合同期间给公司带来的“收益”，以及假设主播继续履行合同，能够给公司带来的“预期收益”，这就需要综合判断主播的人气和知名度、个人创收能力等特别因素。

从建立健康有序的行业生态角度考虑，出于回归真实、理性的价值导向的考虑，违约金的认定，不应以限制竞争或者以超出支付能力的高额违约金为代价，在严格适用法律的前提下，寻求更符合直播行业特质、更有利于直播行业发展、更具有正向社会价值的适用思路。

编写人：北京市大兴区人民法院　魏若男

38

主播与经纪公司之间法律关系性质及主播停播、解绑账号行为之违约责任认定

——某文化传播公司诉李某行纪合同案

【案件基本信息】

1. 裁判书字号

广东省广州市中级人民法院（2023）粤01民终6051号民事判决书

2. 案由：行纪合同纠纷

3. 当事人

原告（被上诉人）：某文化传播公司

被告（上诉人）：李某

【基本案情】

2020年5月2日，某文化传播公司与李某签订了《演艺事业推广发展合同》，合作期限自2020年5月2日起至2025年5月2日止。某文化传播公司称李某自2021年6月1日起，未经某文化传播公司书面同意，无故不参加某文化传播公司安排的团队直播、直播带货等演艺活动。某文化传播公司认为李某的行为已构成根本违约，故诉至法院，请求判令解除双方签订的合同、李某向某文化传播公司支付惩罚性违约金、律师费、担保保函费和诉讼费。诉讼中，李某辩称其与某文化传播公司系劳动关系，且某文化传播公司未为其提供培训、策划、推广发展工作，构成根本违约，请求驳回某文化传播公司全部诉讼请求。

【案件焦点】

1. 某文化传播公司与李某是否构成劳动关系；2. 双方违约责任以及违约金数额的认定。

【法院裁判要旨】

广东省广州市白云区人民法院经审理认为：根据双方诉辩意见，本案的争议焦点为：（1）原、被告是否构成劳动关系；（2）双方违约责任以及违约金数额的认定。

关于争议焦点一。本案中，虽然原告对被告有一定程度的管理行为，但该管理行为系直播这一特殊行业所导致，目的是保障双方合作顺利进行。从案涉协议内容及实际履行情况来看，双方就合作内容各自分工，并根据约定按比例对收入进行分配，原告未为被告提供保底收入，被告依据直播等收入取得报酬，双方不具备明显的人身隶属性和经济从属性等劳动关系的基本特征。据此，被告主张双方构成劳动关系，理据不足，本院不予支持。

关于争议焦点二。被告主张原告未向其交付合同，从其向原告发出的律师函可知，被告详细列明了案涉合同关于原告权利义务的相关条款，本院对该主张不予采信。虽然案涉合同约定原告担任被告演艺事业的独家全权经纪公司，原告根据被告作为演艺人员的特点对被告的演艺事业做出完整合理的规划，但是在合同实际履行过程中，原告主要安排被告在直播领域发展并为其推广，在长达一年的时间内被告均未提出异议，也无证据证明被告存在其他特长但原告故意忽视并拒不为其安排相关活动，因此被告以原告未安排其他演艺活动为由主张原告违约，理据不足，本院不予支持。关于推广的问题，在原、被告合作期间，被告的粉丝数从几百增至 40 万左右，被告确认原告为其安排在其他主播的直播间进行直播等方式为被告涨粉，可证明原告履行了推广义务。至于被告在主播 A 的直播间以刷礼物等方式涨粉的问题，依据现有证据不足以判断该涨粉由被告自身所为或是原告所为，即使被告陈述属实，也无法证明原告存在违约。因此，被告主张原告先行违约，并依此要求解除合同，于法无据，本院不予支持。

关于被告是否构成违约。其一，原告于2021年5月31日对被告作出停播处罚，从处罚通告可知，原告认为停播系因被告个人行为不当所致，被告对此未提出异议，且被告在微信中自称“好好反思”，可知其对处罚内容予以认可。在此情况下，被告主张原告单方作出停播决议构成违约，理据不足，本院不予确认。在停播期间及期满之后，原告询问被告何时回公司，并敦促被告继续履行合同，但无证据证明被告依约参加直播等活动，已构成违约。其二，被告主张原告先行对双方合作的视频平台账号进行解绑，并提交了网页截图予以证明。该截图无法显示是案涉视频平台账号相关截图，退一步而言，即使该截图确为案涉视频平台账号下的相关内容截图，该内容显示解除与被告绑定关系的机构另有其人，无证据证明该机构即为原告。相反，原告在得知被告对案涉账号解绑后，及时与被告沟通并就被告私自解绑提出异议，被告未作辩驳。因此，原告主张被告未经原告允许对双方合作的视频平台账号进行解绑操作，具有高度盖然性，本院予以采信。其三，从原告与被告沟通解绑问题的时间及案涉视频账户提现的时间可知，2021年7月24日及2021年12月12日两次提现发生于被告解绑后，但无证据证明被告向原告支付该部分收入分成。综上，被告的行为已构成根本违约，原告主张解除案涉合同并要求被告支付违约金，合法有据，本院予以支持。原告于2022年7月7日当庭提出解除合同的诉讼请求，被告同意解除，故案涉合同应于当日解除。

关于违约金数额。原告提交了公司支出成本汇总表格拟证明其实际损失情况，但该证据由原告自行制作，且原告确认该部分支出并非均发生在被告一人身上，无法作为违约金的认定依据。依上文所述，被告单方解约且在提取账号收益后未向原告支付收入分成，案涉合同解除也将导致原告在合同有效期内的正常预期收益受损，但是综合考虑案涉合同履行时长、被告知名度及其获取报酬等情况，本院认为合同约定的违约金过高，故酌情调整为被告向原告支付违约金60万元。对于原告主张超出的部分，法院予以驳回。

关于原告主张的律师费、担保费。原告支出的律师费金额未超过律师费收取标准，双方对此两项费用的承担作出明确约定，原告要求被告承担律师费5

万元、担保费5953.43元，合法有据，法院予以支持。

广东省广州市白云区人民法院依照《中华人民共和国合同法》第六十条、第一百零七条，《最高人民法院关于适用〈中华人民共和国民法典〉时间效力的若干规定》第一条，《中华人民共和国民事诉讼法》第六十七条之规定，判决如下：

一、某文化传播公司与李某2020年5月2日签订的《演艺事业推广发展合同》于2022年7月7日解除；

二、本判决生效之日起五日内，李某向某文化传播公司支付违约金60万元；

三、本判决生效之日起五日内，李某向某文化传播公司支付律师费5万元、保全担保费5953.43元；

四、驳回某文化传播公司的其他诉讼请求。

李某不服一审判决，提起上诉。

广东省广州市中级人民法院经审理认为：同意一审法院裁判意见，依照《中华人民共和国民事诉讼法》第一百七十七条第一款第一项之规定，判决如下：

驳回上诉，维持原判。

【法官后语】

"网红"主播是"互联网+"背景下的新兴职业，其与经纪公司之间形成何种法律关系，是劳动合同关系抑或演艺经纪合作关系，当下对此争论不一。笔者认为，"网红"主播与经纪公司之间的法律关系，应基于个案事实具体分析，不能一概而论。

劳动合同关系是为劳动法所调整的权利义务关系，劳动者向用人单位提供劳动力，接受用人单位的管理，从事用人单位指定的工作，并获得劳动报酬和劳动保护所产生的法律关系；演艺经纪合作关系是由民事主体在平等自愿的基础上通过协商设立的民事权利义务关系；相比之下，劳动合同关系为特殊的民事法律关系。那么，关于"网红"主播与经纪公司之间的法律关系性质认定，可通过研究合同订立目的及合同履行过程情况来判断是否符合劳动合同关系，否则为演艺经纪合作关系。

关于劳动合同关系的认定，其具备以下三个特征：第一，有偿性。劳动者出卖劳动力，用人单位获得对劳动力的支配权，并向劳动者支付劳动报酬，含工资奖金等。第二，组织性。劳动者作为用人单位的成员，将自身的劳动力与用人单位的生产资料相结合，从事用人单位经营的业务范围内的工作。第三，从属性。劳动者与用人单位之间处于不平等的关系状态，劳动者依附于用人单位，无法独立自主开展工作，主要表现在以下两个方面：一方面是劳动者的人格从属性，劳动者应遵守单位的规章制度和工作纪律，开展工作的时间、地点及工作内容都须依照用人单位的管理和安排，用人单位对劳动者具有很强的控制性；另一方面是劳动者的经济从属性，劳动者的收入源于用人单位，其收入的构成与标准都由用人单位统一确定。

首先，本案李某所获得的收入并非某文化传播公司提供，而是取决于李某的直播收入，某文化传播公司未为李某提供固定报酬或保底收入。其次，李某开展的直播工作与某文化传播公司开展的演艺事业规划、演艺培训、形象策划及包装宣传存在较大区别，并非某文化传播公司的经营业务范围。最后，虽李某与某文化传播公司的协议约定“李某须保证每月至少 15 日、每日至少 1 小时的有效直播时长”，但李某的工作时间仍然具有较大选择性、灵活性，同时某文化传播公司也未对工作地点做出要求，李某也不用受考勤打卡、迟到旷工等约束，其具有完全的人格独立。另外，李某的收入来源包括直播收益、礼物和打赏等，但均非源于某文化传播公司，李某与某文化传播公司之间平等协商约定不同收益类型按照不同分成比例分配。因此，本案李某与某文化传播公司为演艺事业合作关系。

“网红”主播违约将面临高额违约金赔偿，因此，需要审慎认定“网红”主播的违约责任，这亦是司法实务中的难点。“网红”主播擅自停播、解绑账号、在其他竞争平台直播等行为，无疑都构成违约。本案中，李某抗辩某文化传播公司曾让其停播且某文化传播公司未履行推广义务，但李某在合作期间从未对停播提出异议，并表示会好好反思，在双方合同履行期间，李某的粉丝数量出现明显增长，合同履行期间其亦不曾针对某文化传播公司对其演艺事业规划提出异议，在双方产生争议后李某再依据上述事由不再履行合同甚至擅自解绑双方的合作账号，故本案认定李某违约。

另外，“网红”主播违约需承担高额违约金，这与直播行业的特点相关，因为主播作为经纪公司的核心资源，经纪公司在前期势必投入平台搭建、包装宣传、引流等较大成本，为主播提供好资源，让主播涨粉以提升流量，最终变现为直播收益。当主播粉丝数量从无到有、从少到多，主播擅自停播、解绑取消账号的行为都可能让经纪公司的投入付诸东流，故设定较高违约金既能对主播起到震慑作用，又能降低经纪公司的潜在风险。但畸高的违约金同样不可取，因此笔者认为，在审理该类案件时应结合合同履行时长、经纪公司前期投入的成本情况、主播直播间粉丝数量、主播知名度、直播收益和打赏情况等因素进行考量，平衡主播和经纪公司之间的利益，根据公平原则、诚信原则，合理确定违约主播所需承担违约金的数额。

编写人：广东省广州市白云区人民法院　傅贤珍　彭洁芳

39

网络主播签约模式及网络主播与经纪公司法律关系性质认定

——某文化传媒公司诉廖某行纪合同案

【案件基本信息】

1. 裁判书字号

北京市朝阳区人民法院（2023）京0105民初16558号民事判决书

2. 案由：行纪合同纠纷

3. 当事人

原告：某文化传媒公司

被告：廖某

【基本案情】

2021 年 5 月 27 日，主播廖某与其经纪公司某文化传媒公司签订《主播经纪合同》，约定廖某需根据某文化传媒公司要求于指定直播平台进行网络直播演艺及相关活动；合作期限为 2021 年 5 月 28 日至 2024 年 5 月 27 日，廖某收入为直播报酬的 30%~40%，剩余直播报酬归某文化传媒公司享有；若廖某无正当理由拒不配合某文化传媒公司的演艺活动安排、直播态度不端正，经某文化传媒公司沟通后仍不改正，因廖某原因导致合同无法正常履行等情况，均属于廖某违约，应向某文化传媒公司支付违约金。合同签订后，某文化传媒公司向廖某支付签约费 2 万元。根据某文化传媒公司提交的录屏，廖某不配合某文化传媒公司的演艺活动安排，直播态度不端正，且于 2022 年 6 月开始，廖某未经某文化传媒公司同意擅自停播，某文化传媒公司据此向廖某出具《警告函》。某文化传媒公司认为廖某的行为构成根本违约，应退还某文化传媒公司签约费 2 万元并支付违约金 12 万元。廖某认为双方实际构成劳动关系，案涉纠纷属于劳动争议，应当适用仲裁前置程序，故应驳回某文化传媒公司的起诉。经本院释明，某文化传媒公司未向仲裁机构申请劳动仲裁。

【案件焦点】

1. 网络主播与经纪公司订立合同构成民事合同关系还是劳动关系；2. 违约金如何调整。

【法院裁判要旨】

北京市朝阳区人民法院经审理认为：某文化传媒公司与廖某签订的《主播经纪合同》系当事人的真实意思表示，内容不违反法律、行政法规的强制性规定，不违背公序良俗，应属合法有效，双方应全面履行合同义务。《主播经纪合同》明确对廖某直播时长、直播天数进行了约定，根据查明事实，截至 2022 年 6 月廖某未再进行直播，存在违约行为，根据合同第 10. 2 条违约责任条款廖某应向某文化传媒公司退还签约费 2 万元。关于廖某抗辩称某文化传媒公司不符合起诉条件，应裁定驳回起诉，但申请劳动仲裁是提起劳动争议诉讼的前置程序，经本院释明，某文化传媒公司未向仲裁机构申请劳动仲裁，本院无法直接认定本案系劳动争议纠纷，故对其抗辩意见不予采信；关于廖某抗辩称其停播系针对某文化传媒公司克扣、拖欠工资、严苛管理及停发“签约费”而采取的救济行为，但廖某未进一步举证，如果双方对直播收益分成存在纠纷，可以另行解决。

关于违约金，当事人可以约定一方违约时应当根据违约情况向对方支付一定数额的违约金，约定的违约金过分高于造成的损失的，人民法院或者仲裁机构可以根据当事人的请求予以适当减少。损失赔偿额应相当于因违约所造成的损失，包括合同履行后可以获得的利益；但是，不得超过违约一方订立合同时预见到或者应当预见到的因违约可能造成的损失。本案中，某文化传媒公司所主张违约金的数额是依据其前期投入及预期利益损失预估得出。但是，首先，某文化传媒公司未举证证明其前期投入成本；其次，在计算可得利益损失时，应当综合运用可预见规则、减损规则、损益相抵规则以及过失相抵规则等，从非违约方主张的可得利益赔偿总额中扣除违约方不可预见的损失、非违约方不当扩大的损失、非违约方因违约获得的利益、非违约方亦有过失所造成的损失以及必要的交易成本。根据查明事实，廖某未按时支付某文化传媒公司直播收益分成，亦存在一定过失。综上，本院在考虑某文化传媒公司损失的基础上，综合考虑双方合同履行情况、当事人过错程度、正常商业交易的风险预估及预期利益等因素，兼顾公平原则和诚实信用原则，依法酌定廖某应向某文化传媒公司支付违约金 3 万元。

北京市朝阳区人民法院依照《中华人民共和国民法典》第五百零九条、第五百七十七条、第五百八十四条、第五百八十五条之规定，判决如下：

一、被告廖某于本判决生效之日起七日内退还原告某文化传媒公司签约费 2 万元；

二、被告廖某于本判决生效之日起七日内支付原告某文化传媒公司违约金 3 万元；

三、驳回原告某文化传媒公司的其他诉讼请求。

判决后，双方当事人均未上诉，本判决现已生效。

【法官后语】

一、网络主播签约模式

网络主播的签约模式主要可以分成以下三类。

（一）个人主播

个人主播只要在网络直播平台注册账号，就可以进行直播。主播注册账号时不需要与直播平台或经纪公司签订经纪合约，仍需与平台签订入驻协议，但是双方之间的合同通常局限在利润的分配上，对直播时长和劳动量没有限制。该种签约模式争议不大，直播平台只是提供技术中介服务、依约参与主播直播收益分成，主播可以自由选择直播时间和地点。

（二）网络主播与网络直播平台签约

为了保证平台流量的稳定性，直播平台会与主播签约让其成为平台旗下艺人，限制其进入其他竞争平台直播，并约定直播收益的分配方式、违约责任等商业条款，同时平台会对主播直播行为开展全面的管理和监督工作。对于此类新型合约的法律性质究竟是属于民事合同关系还是劳动关系，目前学术界和实务界都存在较大争议。

（三）网络主播与网络经纪公司签约

本案双方所订合同属于该种签约模式，通常主播会与经纪公司签订独家经纪合同，由经纪公司负责主播的全方位培训、包装和发展，主播须在经纪公司指定直播平台进行网络直播活动。主播可以自行选择直播场地，直播时间不固定，双方约定直播收益分成，经纪公司或公会通过约定每月的有效直播天数及每天的有效直播时长来约束主播的直播行为并对主播进行一定程度的管理。

二、网络主播与经纪公司订立合同的法律关系性质

无论是委托、中介还是经纪、合作或者综合性合同，民事合同关系属于平等主体之间的人身和财产关系；劳动关系建立的核心则是从属性，即经济从属性、人格从属性和组织从属性，强调管理与被管理的隶属关系。本案中，网络主播与经纪公司订立的《主播经纪合作合同》属于新类型合同，不应仅从合同名称认定其法律关系性质，还应从合同履行内容综合判断，虽然案涉合同包含

一定程度的管理内容，但是笔者仍倾向于构成平等的民事合同关系，并非劳动关系，因为双方管理与被管理的从属性并不稳定。

在司法实践中，确实存在将网络主播与经纪公司的签约模式视为劳动关系的案例。然而，在判断这种法律关系时，我们通常会从劳动关系确立标准的形式要件出发，但更为核心的是要考察实质要件，即劳动关系中的从属性是否成立。笔者认为该种签约模式在符合原劳动和社会保障部《关于确立劳动关系有关事项的通知》[①] 的认定标准方面存在三个显著的难点。首先，直播地点的灵活性使得传统的“工作地点”概念变得模糊，主播并不完全受控于经纪公司的空间管理；其次，主播的直播行为虽然是经纪公司服务内容的一部分，但并不构成其主营业务的全部，这使得业务组成标准的判断变得复杂；最后，主播的收益主要来源于其网络表演行为的盈利，而经纪公司的收益则基于对这些盈利的抽成，这与传统劳动关系中用人单位无论是否盈利都需要支付劳动者劳动报酬的原则存在差异。

因此，可以从直播地点、是否属于业务组成内容及收益来源三个角度综合认定网络主播与经纪公司订立合同的法律关系性质，以作出更为准确的判断。

编写人：北京市朝阳区人民法院　何方

---

① 参见原劳动和社会保障部《关于确立劳动关系有关事项的通知》第一条规定：“用人单位招用劳动者未订立书面劳动合同，但同时具备下列情形的，劳动关系成立。(一) 用人单位和劳动者符合法律、法规规定的主体资格；(二) 用人单位依法制定的各项劳动规章制度适用于劳动者，劳动者受用人单位的劳动管理，从事用人单位安排的有报酬的劳动；(三) 劳动者提供的劳动是用人单位业务的组成部分。”

十九、中介合同纠纷

40

中介合同的成立不以委托人最终实现预期利益为前提

——某进出口贸易公司诉王某中介合同案

【案件基本信息】

1. 裁判书字号

河南省南阳市中级人民法院（2023）豫13民终4451号民事判决书

2. 案由：中介合同纠纷

3. 当事人

原告（上诉人）：某进出口贸易公司

被告（被上诉人）：王某

【基本案情】

2020年4月13日，王某（乙方）草拟一份《居间合同》通过微信发送给某进出口贸易公司法定代理人李某（甲方），约定乙方自愿接受甲方委托，负责就某呼吸机采购项目（以下简称该项目），对接甲方和该项目销售单位进行洽谈，向甲方及销售单位提供关于该项目的重要信息，并最终促成甲方与销售单位签订该项目的购买合同。“居间成功”是指甲方与销售单位就该项目签订书面的销售合同。如果居间成功，则甲方应按本协议约定，向乙方支付居间报酬。若未及时支付，则按未按时支付金额的150%向乙方承担违约金。2020 年 4 月 14 日将该合同通过微信发送给李某，后李某发送一份盖章的居间合同，将居间成功定义为甲方与销售单位就该项目签订书面销售合同并开始交付货物，其他内容没有修改。某进出口贸易公司于当日即给王某转账 20 万元，备注诚意金，2020 年 4 月 15 日给王某转账 5 万元，备注其他，共计 25 万元。

另查明，2020 年 4 月 13 日，某进出口贸易公司与某某公司签订《产品购销合同》，约定订货数量 100 台，含税单价 17600 元，金额 176 万元。某进出口贸易公司于 2020 年 4 月 14 日分三次向某某公司支付 528 万元。某某公司于 2020 年 5 月 20 日向某进出口贸易公司返还 40 万元，2020 年 5 月 25 日返还 70 万元。2021 年 10 月 28 日，河北唐山市路北区人民法院出具民事调解书，确认某进出口贸易公司与某某公司 2023 年 4 月 13 日签订的《产品购销合同》解除，某某公司返还某进出口贸易公司货款 418 万元及利息 30 万元。

再查明，2020 年 5 月 9 日，某进出口贸易公司为王某出具证明一份，表示愿对该同志所做工作付出相应的劳动服务报酬。

【案件焦点】

1. 案涉双方之间的居间合同应否予以解除；2. 对某进出口贸易公司主张王某退还 25 万元应否予以支持。

【法院裁判要旨】

河南省内乡县人民法院经审理认为：某进出口贸易公司为购买某呼吸机项目，与王某签订的《居间合同》系双方的真实意思表示，合法有效。经王某斡旋，当天某进出口贸易公司即与供货方某某公司签订了《产品购销合同》，应认定为居间成功。在此情况下，请求解除《居间合同》于法无据，法院不予支持。此外，居间人的义务只是向委托人报告订立合同的机会或者提供订立合同的媒介服务，促成委托人与相对第三人成功签约。而某进出口贸易公司在居间合同定义中把居间人的义务扩充至“交付货物”，以预期利益作为居间成功的条件，突破了法律对居间人义务的规定。况且，某某公司未供货的原因是某进出口贸易公司未在约定时间支付货款，现据此要求返还已支付的25万元居间费用，显然与情理相悖。

河南省内乡县人民法院根据《最高人民法院关于适用〈中华人民共和国民法典〉时间效力的若干规定》第二条，《中华人民共和国合同法》第三十二条、第三十七条、第四百二十四条、第四百二十六条之规定，判决如下：

驳回某进出口贸易公司的诉讼请求。

某进出口贸易公司不服一审判决，提起上诉。

河南省南阳市中级人民法院经审理认为：王某作为中介，为某进出口贸易公司提供并完成了居间服务，某进出口贸易公司应向王某支付居间费。《产品购销合同》是否履行属于合同双方当事人的权利义务，王某作为居间人对合同是否履行并不具有决定权，某进出口贸易公司在王某已经促成合同签订后对该合同条款的修改明显加重了居间人义务，某进出口贸易公司也未提供证据证明双方对该条款的修改进行过磋商，并征得王某同意，故某进出口贸易公司对合同条款的修改对王某不发生法律效力。在王某已经完成居间义务的情况下，某进出口贸易公司主张解除双方之间居间合同并要求王某返还居间费用，一审法院未予支持并无不当，本院予以维持。

河南省南阳市中级人民法院依照《中华人民共和国民事诉讼法》第一百七十七条第一款第一项之规定，判决如下：

驳回上诉，维持原判。

【法官后语】[①]

本案在审理中，对于应否支持某进出口贸易公司的诉讼请求，有两种不同观点：

第一种观点认为，王某虽然促成某进出口贸易公司与某某公司签订了《产品购销合同》，但最终没有完成交付货物，故根据某进出口贸易公司修改的

---

① 《中华人民共和国民法典》已将“居间合同”类型表述为“中介合同”。本案遵循裁判时的有名合同类型，表述为“居间合同”。

“居间成功”定义，王某存在违约责任，应支持某进出口贸易公司要求解除《居间合同》诉讼请求，但某进出口贸易公司应当支付王某从事中介活动支出的必要费用。

第二种观点认为，某进出口贸易公司修改后的“居间成功”定义突破了法律对居间合同关于居间人义务的规定，加重了居间人的法律责任，与居间合同的立法精神不符，且最终没有完成货物交付，违约责任在某进出口贸易公司，王某不存在违约责任，故某进出口贸易公司的诉讼请求应予驳回。

笔者同意第二种观点。

首先，居间（中介）合同不能突破法律对居间人义务的规定。根据我国法律的规定，居间合同是居间人向委托人报告订立合同的机会或者提供订立合同的媒介服务，委托人支付报酬的合同。由此可见，居间合同分为报告中介合同和媒介中介合同。所谓报告居间，是指居间人为委托人寻找，寻觅并指示可以与委托人建立合同关系的人，它是直接面向委托人的。所谓媒介居间，是指居间人在委托人和第三人之间互寻、介绍和撮合，不但报告订立合同的机会，还周旋于委托人和第三人之间，促使双方订立合同。前者在于中介人应向委托人提供订立合同的机会，后者强调中介人应在委托人和第三人之间进行斡旋、协助，以促成委托人与第三人订立合同。本案中，某进出口贸易公司委托王某就采购呼吸机项目与销售单位进行洽谈，经王某斡旋，某进出口贸易公司与某某公司签订了《产品购销合同》，并向王某支付居间费25万元，某进出口贸易公司与王某之间成立媒介中介合同，且根据现行法律规定，应认定居间成功。但某进出口贸易公司在居间合同中把居间人的义务扩充至“交付货物”，突破了法律对居间合同关于居间人义务的规定，即某进出口贸易公司以其实现与某某公司签订《产品购销合同》的预期利益作为居间合同成功的条件，无疑加重了居间人的法律责任，与我国居间合同的立法意图、社会发展需要明显不符，不利于切实地保障中介人的合法权益，故该条款应认定为无效。

其次，中介合同的成立不以委托人最终实现预期利益为前提。在居间合同中，委托人最终能否最大限度地实现预期利益，取决于订立合同后委托人与相对人履行合同的最终效果，非中介人行为可决定。同时，根据法律规定，中介人促成合同成立的，委托人应当按照约定支付报酬，且支付中介报酬的法定条件仅包括：中介合同合法有效；中介人向委托人提供了中介服务；中介人履行了如实告知的义务；中介人促成合同成立。由此可见，居间报酬支付条件成就以委托方与第三人合同订立而非委托方预期利益实现为前提。本案中，某进出口贸易公司与某某公司签订的《产品购销合同》主体分别是某进出口贸易公司、某某公司，王某既非该合同任何一方主体，亦非任何一方的代理人，且某进出口贸易公司也无证据证明是基于中介人的原因导致其与某某公司的合同目的无法实现，故王某促成委托人与相对人成功签约，已经完成了居间义务。同时，某某公司未向某进出口贸易公司供货，系某进出口贸易公司未按《产品购销合同》中约定的时间支付货款而造成的，责任在己方，故某进出口贸易公司以购销合同相对人未供货要求解除与王某签订的《居间合同》等诉讼请求，显然于法、于理、于情相悖，依法应予驳回。

编写人：河南省内乡县人民法院　柴舒婷

41

中介人违反如实报告义务，无权要求支付报酬

——某房产信息所诉张某、丁某中介合同案

【案件基本信息】

1. 裁判书字号

浙江省绍兴市中级人民法院（2023）浙06民终1507号民事判决书

2. 案由：中介合同纠纷

3. 当事人

原告（上诉人）：某房产信息所

被告（被上诉人）：张某、丁某

第三人：吕某

【基本案情】

张某、丁某为出售某房产，委托某房产信息所提供中介服务。某房产信息所与意向买受人吕某、张某谈好上述房产以 172 万元价格成交，但张某为了给丁某一个交代，要求原告将书面合同上的成交价写成 175 万元。2022 年 1 月 26 日，甲方（卖方）张某、丁某与（乙方）买方吕某签订成交价为 175 万元的《房地产买卖契约 1》，付款方式为 2022 年 1 月 31 日前支付 50 万元，2022 年 5 月 27 日前支付 45 万元并当天完成过户，余款 80 万元以公积金+商贷组合贷款方式支付，具体放款日期以银行及公积金中心为准。同时，该契约第七条约定：“中介佣金按成交价的 1.5%由甲方支付，在合同签订时收取。本合同经双方签章后生效，若双方或单方中途毁约造成买卖中断，经调解无效后，则中介方不承担责任，佣金不予退还，由违约一方支付。”该契约上，原告作为中介方进行盖章。2022 年 1 月 27 日，因契约所载成交价 175 万元比实际协商成交价 172 万元虚高 3 万元，某房产信息所与张某就第一期付款先付 47 万元还是 50 万元产生了争议，同时双方还就中介佣金进行了协商。因某房产信息所要求张某、丁某实际收款 47 万元但出具 50 万元收条以及提供征信报告事宜，双方产生了矛盾，故张某称“算了，不卖了”。同日，某房产信息所经营者马某某跟吕某讲征信显示张某、丁某有几十万元网贷以及案涉房产的按揭款 80 万元，马某某认为因合同金额比实际成交价虚高 3 万元，张某要求现在打款 50 万元，万一吕某打完 50 万元后张某也要求按合同来会说不清，所以还是算了吧。某房产信息所未再通知吕某支付购房款。吕某为购房需要，又在某信息所看到了案涉房产的出售信息，基于对该房产的喜欢，其在某信息所的中介下于 2022 年 2 月 9 日签订了《房地产买卖契约 2》。该契约载明房产成交价 178 万元，付款方式为 2022 年 2 月 9 日付定金 10 万元，2022 年 5 月 27 日前付首付 68 万元并过户，余款 100 万元由银行贷款方式支付。

【案件焦点】

1. 原告某房产信息所是否就有关订立合同事项向委托人如实报告；2. 原告某房产信息所是否促成合同成立；3. 被告丁某、张某与吕某的行为是否属于“跳单”行为；4. 某房产信息所有无适当履行中介义务并要求丁某、张某支付中介报酬。

【法院裁判要旨】

浙江省嵊州市人民法院经审理认为：本案的争议焦点集中在：（1）原告某房产信息所是否就有关订立合同事项向委托人如实报告。（2）原告某房产信息所是否促成合同成立。（3）被告丁某、张某与吕某的行为是否属于“跳单”行为。（4）如果原告某房产信息所享有收取中介佣金的权利，则应支付中介佣金的责任方是否为被告丁某、张某。

关于第一个争议焦点。《中华人民共和国民法典》第九百六十二条规定，中介人应当就有关订立合同的事项向委托人如实报告。中介人故意隐瞒与订立合同有关的重要事实或者提供虚假情况，损害委托人利益的，不得请求支付报酬并应当承担赔偿责任。在二手房买卖中，房产转让价格是影响当事人是否买卖房屋的重要因素。原告某房产信息所为促成房产交易，未向委托人之一即被告丁某如实报告案涉房产的实际成交金额为 172 万元，反而促成签订形式上成交价为 175 万元的《房地产买卖契约 1》共同欺瞒丁某，属于故意隐瞒与订立合同有关的重要事实行为，损害委托人丁某的利益，根据法律规定不得请求支付报酬。

关于第二个争议焦点。《中华人民共和国民法典》第九百六十三条第一款、第九百六十四条中规定，中介人促成合同成立的，委托人应当按照约定支付报酬；中介人未促成合同成立的，不得请求支付报酬。合意的达成是合同成立的要件。本案中，第三人吕某的真实意思表示为以 172 万元购买案涉房产，与丁某以 175 万元出售案涉房产的意思表示不一致，买卖双方未达成合意，故案涉房地产买卖合同未成立，中介人不得请求支付报酬。

关于第三个争议焦点。《中华人民共和国民法典》第九百六十五条规定，委托人在接受中介人的服务后，利用中介人提供的交易机会或者媒介服务，绕开中介人直接订立合同的，应当向中介人支付报酬。本案中，吕某系在另外中介处看到案涉房产后购买，并未利用原告提供的交易机会或者媒介服务，不属于“跳单”，无须向原告支付报酬。

关于第四个争议焦点。基于前面三个争议焦点的阐述，法院认为原告无权请求支付中介佣金，故对应支付中介佣金的责任方是否为被告丁某、张某不再评判。

综上所述，原告的诉讼请求，于法无据，依法不予支持。

浙江省嵊州市人民法院依照《中华人民共和国民法典》第九百六十二条、第九百六十三条、第九百六十四条、第九百六十五条之规定，判决如下：

驳回某房产信息所的诉讼请求。

某房产信息所不服一审判决，提起上诉。

浙江省绍兴市中级人民法院经审理认为：对一审判决查明的事实予以确认。认为，本案二审主要争议焦点为：某房产信息所有无适当履行中介义务并要求丁某、张某支付中介报酬。根据查明的事实，丁某、张某系案涉房屋共同所有人及共同卖方，吕某系买方，某房产信息所系中介人，从 2022 年 1 月 26 日《房地产买卖契约 1》签订过程及合同内容来看，虽然张某、吕某、某房产信息所谈好以 172 万元成交案涉房产，张某为了给丁某一个交代要求某房产信息所将书面合同上的成交价写成 175 万元，但某房产信息所作为专业房产中介机构，并未尽到中介机构的如实报告义务，故意向共同出卖人之一的丁某隐瞒房屋实际成交价格，损害了丁某的利益。另外，丁某实际认可的是《房地产买卖契约 1》中约定的价格 175 万元，故买卖双方对房屋成交价格并未达成一致意见，案涉房屋买卖合同也未成立。依照《中华人民共和国民法典》第九百六十二条、第九百六十四条之规定，某房产信息所无权请求支付报酬。至于某房产信息所上诉中所称的案涉房屋存在一房二卖的上诉理由，如前所述，某房产信息所因故意向共同出卖人之一的丁某隐瞒房屋实际成交价格，导致本案买卖双方对房屋成交价格并未达成一致意见，某房产信息所实际并未促成案涉房屋买卖合同成立，某房产信息所未促成案涉房屋买卖合同成立与此前张某、丁某是否与案外人签订房屋买卖合同并无关联，故此前张某、丁某是否与案外人签订房屋买卖合同并不影响本案审理。

综上，某房产信息所的上诉请求不能成立，应予驳回；一审判决认定事实清楚，适用法律正确，应予维持。浙江省绍兴市中级人民法院依照《中华人民共和国民事诉讼法》第一百七十七条第一款第一项之规定，判决如下：

驳回上诉，维持原判。

【法官后语】

在二手房交易市场中，房产中介人汇总供求信息、提供交易便利的专业化服务是促成二手房交易的关键。虽然房产买卖缔约的选择权在于客户本人，但其作出缔约与否的选择与判断，离不开中介人的推介与助力。在整个交易过程中，买卖双方均有正当理由信赖中介人在促成缔约完毕时已为其利益保护做到最基本的风险防范。中介人应遵守《中华人民共和国民法典》第九百六十二条的规定，向委托人履行如实报告义务。

中介人不履行如实报告义务的表现分为两种情况。一种是故意隐瞒与订立合同有关的重要事实，属于一种消极不作为的状态。故意隐瞒属于典型的欺诈，中介人故意隐瞒能够影响委托人决定是否订立合同的信息，以及可能损害委托人利益的信息，直接影响委托人的理性交易判断。成交价格是二手房买卖合同中的重要条款，在委托一方存在两人以上的，中介人应对全体委托人的利益负责。本案中，委托卖房的房主为夫妻二人，即便向其中一人对外认同172万元的交易价格并不当然代表夫妻另一方的意思表示，何况张某明确丁某仅认可175万元的交易价格。案涉《房地产买卖契约1》中交易价格175万元不是张某、吕某、某房产信息所的真实意思表示，买卖双方对房屋成交价格并未达成一致意见，案涉房屋买卖合同也未成立。另一种是故意向委托人提供虚假情况，属于一种积极的乱作为的状态。遵循诚信原则，中介人应保证所提供中介信息的真实性。市场交易实时变更，繁多复杂，不能要求中介人提供的信息100%无差错，但如果知道或者应当知道该信息不具有真实性而告知委托人，属于欺诈，可以理解为一种积极作为的情形。

中介人违反如实报告义务实质构成根本违约，需要承担违约责任。此处违约责任的承担，并不以损害后果发生为前提，只要中介人故意隐瞒重要事实或者提供虚假情况，在性质上能够损害委托人的利益，不管事实上损害结果是否发生，中介人都应承担违约责任。首先，丧失报酬请求权。委托人可以对方根本违约为由主张解除合同，并拒绝履行支付报酬的义务。若委托人支付中介报酬之后才发现对方有违反如实报告义务情形的，可要求其返还报酬。其次，因中介人违反如实报告义务，致使委托人遭受损失的事实发生的，应当承担赔偿责任，此时构成违约责任与侵权责任的竞合。

编写人：浙江省嵊州市人民法院　许芝悦

42

中介公司促成当事人签订合同后，当事人自行协商变更合同条款，仍需支付中介费

——某中介公司诉刘某中介合同案

【案件基本信息】

1. 裁判书字号

北京市第一中级人民法院（2023）京01民终4469号民事判决书

2. 案由：中介合同纠纷

3. 当事人

原告（被上诉人）：某中介公司

被告（上诉人）：刘某

【基本案情】

2021年6月30日，甲方刘某与乙方某中介公司签订《佣金确认书》，约定：甲方通过乙方的居间服务签订房屋租赁合同，确认服务信息如下：房屋坐落于北京市海淀区某号，佣金金额（居间服务费）为36500元；乙方居间服务的具体内容：（1）提供租赁信息。（2）提供与租赁房屋相关的交易流程、交易风险、市场行情咨询。（3）协助甲方对房屋进行实地查验。（4）协助并促成甲方签订房屋租赁合同，甲方确认乙方已提供上述1、2、3、4项服务，甲方签订房屋买卖合同或者租赁合同，乙方即完成上述第4项服务；甲方承诺于收到首期租金2日内向乙方支付上述佣金，如逾期支付，每逾期一日，须按佣金金额的千分之五支付违约金。

某中介公司称已完成中介服务并促成刘某与现承租方签订《房屋租赁合同》，提供了：（1）微信聊天记录，显示：2021年6月18日，某中介公司员工添加了罗某微信；6月20日向罗某推荐了涉案房屋；6月28日，罗某表示“我觉得要租今天下午那个房子了，您帮忙问一下细节吧”。随后双方开始就该房屋进行协商，并约定6月29日和业主现场看房。（2）看房现场视频，拍摄于2021年6月29日带罗某现场看房过程中。（3）租房群微信记录，显示：于2021年6月29日建立微信群，群内人员有刘某、罗某、某中介公司员工，三方约定于2021年6月30日签署租赁合同。（4）《房屋租赁合同》首页复印件，相关内容为：甲方刘某将涉案房屋出租给乙方罗某，租赁建筑面积约为300平方米，租期为三年，自2021年7月1日至2024年6月30日，租金为4元每天每平方米，每两年递增5%。某中介公司称拍摄于承租双方签订合同现场，只拍了第一页，刘某就不让拍了。

审理中，刘某提供了：（1）刘某与罗某于2021年7月10日签订的《房屋租赁合同》，约定：甲方刘某将涉案房屋出租给乙方罗某，租赁建筑面积约为247平方米；租期为三年，自2021年7月10日起至2024年7月10日止；租金为4元每天每平方米，每两年递增5%。（2）刘某与罗某的微信聊天记录，显示：2021年7月2日，罗某称“我就一个诉求，按实际面积算房租。建筑多少，公摊多少，20平方米我就能多出一间教室”，“如果超出3%我就不租了”，刘某表示同意。

【案件焦点】

刘某在中介公司促成合同后与承租人协商变更合同条款另行签订合同，是否需要支付中介费。

【法院裁判要旨】

北京市海淀区人民法院经审理认为：某中介公司提供的证据足以证实该公司已为刘某提供了中介服务并促成刘某与承租方就涉案房屋签订了租赁合同。某中介公司与刘某签订《佣金确认书》后，刘某应当向某中介公司支付中介费，某中介公司要求刘某支付中介费36500元的理由正当。刘某认可曾签订房屋租赁合同，因承租方对建筑面积提出异议，故又重新签订房屋租赁合同，刘某以房屋建筑面积减少为由，否认某中介公司为其提供中介服务并拒绝支付中介费，于法无据。刘某未支付中介费，已构成违约，应当承担违约责任。故刘某应支付某中介公司中介费36500元。

北京市海淀区人民法院依据《中华人民共和国民法典》第五百七十七条、第五百八十五条之规定，判决如下：

一、刘某于本判决生效后七日内向某中介公司支付中介费36500元并支付违约金（以36500元为基数，按照全国银行间同业拆借中心公布的贷款市场报价利率二倍计算，自2021年7月12日起至实际支付之日止）；

二、驳回某中介公司的其他诉讼请求。

刘某不服一审判决，提起上诉。

北京市第一中级人民法院经审理认为：某中介公司已为刘某提供了中介服务并促成刘某与承租方就涉案房屋签订了租赁合同，《佣金确认书》确认的付款条件已经成就，刘某应该向某中介公司支付中介费。刘某以承租人对建筑面积提出异议，又重新签订房屋租赁合同为由主张某中介公司事实上并未促成签订房屋租赁合同，于法无据。

北京市第一中级人民法院依照《中华人民共和国民事诉讼法》第一百七十七条第一款第一项之规定，判决如下：

驳回上诉，维持原判。

【法官后语】

《中华人民共和国民法典》第五百七十七条规定，当事人一方不履行合同义务或者履行合同义务不符合约定的，应当承担继续履行、采取补救措施或者赔偿损失等违约责任。《中华人民共和国民法典》第九百六十一条规定，中介合同是中介人向委托人报告订立合同的机会或者提供订立合同的媒介服务，委托人支付报酬的合同。《中华人民共和国民法典》第九百六十五条规定，委托人在接受中介人的服务后，利用中介人提供的交易机会或者媒介服务，绕开中介人直接订立合同的，应当向中介人支付报酬。

自《中华人民共和国民法典》出台以来，在合同编中对于不同种类的合同分门别类作出了详细规定，而中介合同也被作为独立的合同类型进行了详细的法律规定，值得深入研究。本案中，中介公司为刘某提供中介服务，而刘某以自己最终签订的合同和中介公司促成的合同内容不一致为由，主张中介公司未完成中介服务，未履行合同义务。因此，如何在审判中准确把握中介服务是否履行的相关认定标准，如何认定委托人绕开中介人直接订立合同，是本案中值得研究探讨的重点问题。

一、中介服务是否完整履行的认定标准

从中介合同的定义来看，中介合同是中介人向委托人报告订立合同的机会或者提供订立合同的媒介服务，委托人支付报酬的合同。因此中介服务的核心在于中介公司是否能为委托人寻找到合同相对方，是否能促成委托人合同的订立。在本案中，中介公司从添加承租人微信开始，向承租人介绍涉案房屋信息，与双方协商现场看房时间、主持现场看房并且拍摄录像、见证双方签订合同文本，到此为止已经完整地完成了中介服务。从《佣金确认书》的内容来看，中介公司也已经完成了确认书载明的全部工作：(1) 提供租赁信息。(2) 提供与租赁房屋相关的交易流程、交易风险、市场行情咨询。(3) 协助甲方对房屋进行实地查验。(4) 协助并促成甲方签订房屋租赁合同。此时中介公司的中介合同义务履行完毕，委托人即应该按照佣金确认书支付中介费。而此后委托人另行签订新的租赁合同，属于新的法律事实和法律关系，与中介合同无关。

二、委托人绕开中介人订立合同的认定

在司法实践中，经常存在委托人绕过中介公司私下签订合同的情况，其认定需要结合中介公司是否提供了缔约机会以及缔约双方的关系进行综合确认。在本案中，如果刘某与承租人在看房现场就因为房屋面积问题产生争议而未能缔约，那么《佣金确认书》中的付款条件则不成就。但即便如此，当刘某与承租人后续调整了房屋面积的约定进行缔约后，其仍然应该向中介公司主张一定的费用。其原因在于刘某与承租人原本并不相识，如果不是中介公司提供了签订合同的机会则无法完成合同订立。此时，中介公司仍有权向刘某主张中介费用。

编写人：北京市海淀区人民法院　秦天

二十、土地承包经营权合同纠纷

43

合同履行过程中内容是否变更应综合认定

——张某诉王某土地承包经营权合同案

【案件基本信息】

1. 裁判书字号

黑龙江省林区中级人民法院（2023）黑75民终112号民事裁定书

2. 案由：土地承包经营权合同纠纷

3. 当事人

原告（上诉人）：张某

被告（被上诉人）：王某

【基本案情】

2020年张某作为甲方（发包方）、王某作为乙方（承包方）签订《土地承包合同》，约定："张某将位于清河林业局某地的旱田地101.5公顷承包给王某经营，承包期为三年，承包期限为2021年开始至2023年秋收止……负责修建道路、涵管，土地有大石块负责清理，张某提供两个大涵管……"合同签订后，2021年王某依约交纳了当年的土地承包费并对案涉土地进行了耕种。

2022年4月13日，张某以王某不给土地承包费并强行种地为由，到公安机关报案并提出增加 20 万元承包费，后经公安机关调解，王某同意增加 12 万元，双方自愿达成协议：互相不找事影响种地，王某同意一次性给张某承包费 52 万元。2022 年 4 月 14 日，王某以银行转账的方式向张某付款 52 万元。同日，张某作为发包方、王某作为承包方又签订一份《土地承包合同》，主要内容为：今有某旱田承包给王某，共 101 垧；每垧土地承包费 4000 元，土地承包费合计 404000 元，一次性交清；承包期限自 2022 年 4 月 14 日起至 2022 年 12 月 10 日止；承包期间所发生的一切灾害由承包方自负，发包方不负任何责任；承包期间，土地直补归发包方所有；此合同双方各执一份，签字生效，不得违约，违约方赔偿对方一切经济损失。该合同同时备注：倒茬补贴归发包方，农资补贴归承包方，粮食补贴归承包方。合同签订后，王某对案涉土地进行了耕种。

2022 年 7 月 17 日，双方又签订《轮作协议》，约定轮作补贴一人一半。后王某取得 2022 年度轮作补贴款的一半。2022 年 11 月 24 日，张某给王某打电话，主要内容是王某是否对案涉土地进行了修路、清理石块以及倒茬补贴之事。现张某依据双方于 2022 年 4 月 14 日签订的合同，以承包期限已于 2022 年 12 月 10 日届满为由，请求确认合同终止。

【案件焦点】

第二份合同是对第一份合同的补充还是修改。

【法院裁判要旨】

黑龙江省沿江区人民法院经审理认为：《中华人民共和国民法典》第五百四十三条规定，当事人协商一致，可以变更合同。第五百四十四条规定，当事人对合同变更的内容约定不明确的，推定为未变更。根据以上规定，当事人协商一致要求双方当事人必须有明确的变更合同的合意，如果一方当事人要求变更合同，对方虽然未反对，但也没有明确表示同意，或者没有以其行为表示同意，则不能认定对方当事人同意该变更。而且，变更内容必须要明确。明确的程度要达到具有排他性，否则将被推定为没有变更。

本案从第二份合同签订的背景看，2022 年 4 月双方因土地承包费发生矛盾后，王某同意增加 12 万元，双方承诺“互相不找事影响种地”，第二日王某给张某转款 52 万元并签订了合同。从第二份合同的内容看，双方约定的承包期实际就是 2022 年度农作物种植季，包含在第一份合同所约定的三年承包期内；而且，双方约定的倒茬补贴等农作物补贴归属在第一份合同中并未明确。因此，在双方未明确约定第二份合同修改了原承包期限，也未对第一份合同予以解除并就相关合同事项作出处理的情况下，认定第二份合同是双方在履约过程中为防止产生纠纷而对 2022 年度农作物补贴归属作出的补充约定，更符合常理。另外，从 2022 年 11 月双方沟通的情况看，二人均未提及承包期即将于 2022 年 12 月 10 日到期，王某亦未以其行为表明同意修改承包期限。综上，根据当事人的意思表示及法律规定，应认定案涉第二份合同是对第一份合同的补充，双方约定的三年承包期限未变更，第二份合同虽已履行完毕，但双方因第一份合同而产生的权利义务关系未终止。故对张某请求确认土地承包合同已于 2022 年 12 月 10 日终止的主张，不予支持。

黑龙江省沿江区人民法院依照《中华人民共和国民法典》第五百四十三条、第五百四十四条，《最高人民法院关于适用〈中华人民共和国民事诉讼法〉的解释》第九十条之规定，判决如下：

驳回张某的诉讼请求。

张某不服一审判决，提起上诉。

二审期间，张某申请撤回上诉，黑龙江省林区中级人民法院依照《中华人民共和国民事诉讼法》第一百八十条之规定，裁定如下：

准许张某撤回上诉。

【法官后语】

《中华人民共和国民法典》第五百四十三条规定：“当事人协商一致，可以变更合同。”合同的变更是指合同成立后，当事人在原合同的基础上对合同的内容进行修改或者补充。具体到本案，双方当事人前后分别签订了两份承包合同，均是其真实意思表示，且后份合同对前份合同的内容有所变更，因此，可以认定后份合同是对前份合同的变更，但该变更是对前份合同的修改还是补充，双方存在争议。具体而言，双方争议的主要焦点是合同的履行期限是否修改，进而决定合同是否因履行期限届满而终止。

合同变更的过程是当事人双方协商一致的过程，在变更合同的过程，当事人协商中可能未对拟变更的全部内容达成一致，使得合同变更的内容约定不明确，对此，《中华人民共和国民法典》第五百四十四条规定："当事人对合同变更的内容约定不明确的，推定为未变更。"即对变更约定内容不明确的法律后果作出了禁止推定为合同变更的规定。因此，当事人协商一致要求双方当事人必须有明确的变更合同的合意，如果一方当事人要求变更合同，对方虽然未反对，但也没有明确表示同意，或者没有以其行为表示同意的，则不能认定对方当事人同意该变更。而且，变更内容必须要明确。明确的程度要达到具有排他性，否则将被推定为没有变更。

具体到本案，虽然双方在前后两份合同中均约定了承包期限，前份合同的承包期为三年，后份合同的承包期为一年，而且后份合同的承包期包含在前份合同的承包期内，但双方并未对承包期限是否修改予以明确，在此情况下，应从缔约背景、签订过程、协议内容、履行情况、合同的周围情事等诸多方面来推定双方签约时的真实意思表示，依当事人的意思表示及法律规定对先签合同与后续合同的关系进行解释和认定。本案中，后份合同载明的承包期明确具体，且与前份合同的承包期发生了冲突，但法院没有简单认为后份合同意思表示最新最近，进而根据合同成立的时间先后，认定后份合同是对前份合同承包期限的修改而以后份合同确定的承包期为准；而是对前份合同的履行、后份合同签订的背景及过程、后份合同的内容、双方当事人后期沟通的情况进行分析，综合考量以下因素：(1) 前份合同中三年的承包费是一年一交纳。(2) 后份合同签订前双方曾因承包费问题发生矛盾，张某欲增加第二年的承包费，经协商王某增加了当年的承包费12万元，在此背景下双方签订后份合同并对前份合同中未约定的粮食补贴进行了明确。(3) 后份合同履行过程中双方又因倒茬补贴发生争议，且在后期沟通过程中张某从未提及合同履行期已届满。据此，在双方未明确约定后份合同修改了原承包期限，也未对前份合同予以解除并就相关合同事项作出处理的情况下，探求当事人的真实意思表示，最终认定后份合同是当事人双方在履约过程中为防止产生纠纷而对当年农作物补贴归属作出的补充约定，双方约定的三年承包期限未修改。

编写人：黑龙江省塔河县人民法院　王立群

二十一、合伙合同纠纷

44

"隐名合伙"关系的审查认定

——陈某甲诉罗某合伙合同案

【案件基本信息】

1. 裁判书字号

湖北省武汉市中级人民法院（2024）鄂01民终2883号民事判决书

2. 案由：合伙合同纠纷

3. 当事人

原告（被上诉人）：陈某甲

被告（上诉人）：罗某

【基本案情】

2000年8月14日，因鞭炮经营存储需要，张某、罗某、胡某、陈某乙、马某、李某六人合伙购买了一处鞭炮仓库，约定李某因特殊原因持半股，其他股东每人一股，每股8万元，共计44万元。陈某甲提出出资4万元入股，为了控制入股人数，上述六合伙人未同意。后陈某甲和罗某口头约定，陈某甲与罗某各出4万元，各持二分之一的股份，由罗某一人入伙。2000年12月26日，罗某向张某给付了8万元投资款，张某向罗某出具了收据。2001年6月28日，张某等六人签订了《合伙协议》并进行了公证，协议约定由上述六人共同出资购买仓库进行合伙经营；张某、罗某、胡某、陈某乙、马某各出资 8 万元，李某出资 4 万元；受让资产由合伙人共同经营，共享收益，共担风险，共同管理和使用；合伙经营期间，合伙人不得对外转让其出资，合伙人之间转让出资或处分自有财产，应当通知其他合伙人；合伙经营期间，合伙人不得退伙，也不允许新合伙人入伙……同日，某某公司与张某等六合伙人签订《房地产转让合同书》并进行了公证，约定某某公司将鞭炮仓库转让给上述六人，转让价款为 44 万元。上述六合伙人分别于 2002 年 3 月、2002 年 4 月 30 日取得了案涉鞭炮仓库的《集体土地建设用地使用权证》及《国有土地使用证》《房屋所有权证》。

后上述六合伙人将鞭炮仓库对外出租，并约定由张某经手收取租金及向各合伙人分红，每年租金分红的原则为如合伙人租用仓库，则在当年租金分红收益中抵减合伙人应支付的租金，结余为红利。2000 年 11 月至 2010 年，上述合伙人进行了租金分红。陈某甲亦用其二分之一的股份分红款抵减了其应支付的仓库租金。2011 年至 2021 年 7 月，鞭炮仓库闲置。2021 年 8 月 1 日，上述六合伙人与某培训公司签订《租用仓库协议》，约定某培训公司租用案涉鞭炮仓库，自 2021 年 8 月 1 日起至 2026 年 7 月 30 日止，租金合计 104 万元。2022 年案涉鞭炮仓库每股分红 3 万元。罗某于 2022 年 4 月 8 日收到张某给付的分红款 1 万元，并于同年 8 月 8 日收到陈某甲给付的分红款 2 万元，合计收到分红款 3 万元。陈某甲于 2022 年 8 月 10 日、9 月 15 日、10 月 27 日通过电话向罗某催要其应分得的分红款，罗某均拖延。

审理过程中，陈某甲向法院申请对案涉鞭炮仓库经营情况（2008 年至 2010 年）及陈某甲、罗某是否参与分红及以多大比例参与分红的情况进行审计鉴定。2023 年 9 月 14 日，某会计师事务所出具了《关于鞭炮仓库经营账户情况和原被告是否参与分红及分红比例的鉴定报告》，鉴定意见为：陈某甲确实在用半股分红款抵减了其应付仓库租金。陈某甲支付了鉴定费 3 万元。

【案件焦点】

罗某持有的合伙份额是否应由其与陈某甲共有。

【法院裁判要旨】

湖北省武汉市新洲区人民法院经审理认为：隐名合伙是指当事人一方对另一方的生产、经营出资，虽不参加实际经营活动，但分享营业利益的合伙。本案中，陈某甲与罗某虽未签订书面合伙协议，但陈某甲提交的张某等其余五合伙人的证明，合伙牵头人张某及合伙人陈某乙的当庭证言能够证明陈某甲系隐名合伙人，并在罗某持有的合伙股份中持有二分之一的股份。且会计师事务所出具的鉴定报告亦能够证明陈某甲在用上述二分之一股份分红款抵扣其应付的案涉仓库租金。另，在陈某甲向罗某催要 2022 年度的股份分红款时，罗某并未否认应当向陈某甲给付分红款的事实。综上，可以认定陈某甲与罗某之间存在合伙关系，且陈某甲享有二分之一的股权。罗某抗辩称其未与陈某甲合伙，陈某甲之前收取的租金分红款系其用自己的分红款抵扣应支付给陈某甲的货款，但其提交的证据并不足以证明上述事实。

湖北省武汉市新洲区人民法院依照《中华人民共和国民法典》第四百六十五条、第五百零九条第一款、第五百五十二条、第六百七十五条、第六百七十六条、第六百八十条第一款，《中华人民共和国公司法》第十六条第二款，《最高人民法院关于审理民间借贷案件适用法律若干问题的规定》第二十五条，《最高人民法院关于适用〈中华人民共和国民法典〉有关担保制度的解释》第七条第一款、第十二条、第十七条第一款第一项，《中华人民共和国民事诉讼法》第一百四十五条之规定，判决如下：

一、确认罗某持有的仓库合伙股份为其与陈某甲共同所有，陈某甲与罗某各占二分之一的股份；

二、罗某于判决生效之日起十日内向陈某甲支付分红款 1.5 万元；

三、驳回陈某甲的其他诉讼请求。

罗某不服一审判决，提起上诉。

湖北省武汉市中级人民法院经审理认为：本案中，陈某甲提交的分红明细、收据及除罗某外的其他合伙人出具的证人证言、鉴定报告载明的内容，能够互相印证，形成完整的证据链，可以证明陈某甲在罗某持有的合伙股份中占有二分之一的股份，且存在陈某甲用其半股分红款抵减应付仓库租金的事实。

湖北省武汉市中级人民法院依照《中华人民共和国民事诉讼法》第一百七十七条第一款第一项之规定，判决如下：

驳回上诉，维持原判。

【法官后语】

法律适用上，合伙合同是为了共同的事业目的，订立的共享利益、共担风险的协议。合伙人应就合伙事务共同作出决定，共同执行，合伙人之间具有很强的人身信赖性和整体性，而隐名合伙本质上是隐名合伙人与出名营业人之间的内部约定，隐名合伙人的缔约目的是投资获利等，出名营业人的缔约目的是融资经营依法成立的合伙合同等，二者并不相同。隐名合伙制度在我国法律中并没有明确规定，但在实务中，尤其是金融投资、资本流通快速发展的当下，隐名合伙因其融资快、投资灵活、成效高而频繁出现在市场经济中，相关的诉讼也是每年不断出现。民事法律关系以尊重当事人意思自治为原则，若当事人之间的约定没有违反法律、行政法规的禁止性规定，没有合同无效的情形，应合法有效，各方当事人应按照约定全面履行合同义务。无名合同的法律适用，在法律没有明确规定参照适用某有名合同规定时，应适用《中华人民共和国民法典》总则编、合同编的规定。

证据认定上，隐名合伙人与出名营业人之间可能仅是口头约定，尤其是自然人之间的隐名合伙中，双方关于权利、义务、责任承担等方面没有明确约定，当一方诉至法院时，另一方往往以民间借贷等其他法律关系为由进行抗辩，不认可双方之间的隐名合伙关系。在双方之间存在长期多种经济往来的合伙纠纷中，区分某一笔款是合伙投资款或者证明哪些交易是合伙投资分红就显得异常困难。本案中，从2000年开始，陈某甲与罗某已经约定隐名合伙事宜，在过去的二十余年里，陈某甲与罗某之间存在买卖合同法律关系，陈某甲与六合伙人之间存在租赁合同法律关系，多种法律关系缠绕，多笔经济往来发生，需要厘清事实脉络，找准关键证据突破点。综合全案证据，2001年至2010年鞭炮仓库对外租赁，陈某甲是鞭炮仓库的租户之一，那么陈某甲的每年租金金额及总租金金额是可以确定的，从执行合伙事务人张某的鞭炮仓库租金收入记账明细着手审查陈某甲交纳租金的方式、金额以及是否存在以半股投资分红折抵租金等。《中华人民共和国民事诉讼法》第七十九条规定："当事人可以就查明事实的专门性问题向人民法院申请鉴定。当事人申请鉴定的，由双方当事人协商确定具备资格的鉴定人；协商不成的，由人民法院指定。当事人未申请鉴定，人民法院对专门性问题认为需要鉴定的，应当委托具备资格的鉴定人进行鉴定。"在双方对证据质证的基础上，确定证据审查的重点和方向，借助专业鉴定机构，进一步查清当事人之间的经济往来账目，以及鞭炮仓库的经营情况、利润分红、罗某的分红比例，陈某甲是否参与分红及分红比例等。再结合其他合伙人之间的证人证言加以判断，由于隐名合伙人并没有取得其他合伙人的入伙同意，即便其他合伙人明知隐名合伙人的存在，但是合伙人没有按照合伙合同约定或者法律规定作出同意隐名合伙人入伙的决定，隐名合伙人仍然不是合伙合同中的合伙人，因此与其他合伙人之间没有产生法律关系。立足全案，逐个分析论证，多种证据之间能够相互印证，形成完整的证据链，证明隐名合伙人陈某甲与显名经营人罗某之间的关系。

综上，事实关系的审查以证据的认定为前提，法律关系的确定以法律的规定为依据。依法成立的合同，除法律另有规定外，仅对当事人具有法律约束力，尊重当事人意思自治，隐名合伙人的合同相对方是出名营业人，故其只能向出名营业人主张合伙权益。

编写人：湖北省武汉市新洲区人民法院　杜梦黎

45

合伙人请求返还出资款的责任认定

——黄某诉朱某、谭某合伙合同案

【案件基本信息】

1. 裁判书字号

广东省清远市中级人民法院（2023）粤18民终1654号民事判决书

2. 案由：合伙合同纠纷

3. 当事人

原告（上诉人）：黄某

被告（上诉人）：谭某

被告（被上诉人）：朱某

【基本案情】

2015年2月13日，朱某与谭某签订《合作办学协议书》，约定双方合作开办幼儿园，并明确约定了出资数额及合伙份额。2015年7月20日，黄某与谭某、朱某签订《合作办学协议书》，约定黄某用现金60万元购买谭某、朱某涉案幼儿园各2.5%的份额；购买后谭某占46.5%的份额、朱某占48.5%的份额、黄某占5%的份额。2015年10月17日，谭某、黄某作出《通告函》，主要内容为：为解决幼儿园资金不足的问题，经谭某及黄某（份额合计51.5%）表决并一致同意：各股东在2015年10月23日完成追加出资款，其中谭某已出资442444.9元，需追加1557555.1元，朱某已出资384913.9元，需追加1615086.1元，黄某已出资46万元，需追加购股款14万元。

另查明，涉案各方因同一合伙项目已引发多起诉讼。在另案中，法院判决解除黄某与谭某、朱某签订的前述合伙协议。另案判决中还认定了如下事实："各合伙人都投入了一定的资金，但均没有按双方约定完全履行各自的出资义务，并因资金不足，导致合作开办的幼儿园不能正常经营。涉案幼儿园因未取得中华人民共和国民办学校办学许可证，故被主管部门责令停止招生，停止教学……""谭某确认合同签订后，黄某实际交付了6万元，纠纷发生后，谭某自愿退还14万元给黄某，即黄某实际投资了46万元。"

诉讼中，黄某明确本案不需要对涉案合伙财产进行清算及审计，并表示由于谭某、朱某均未完全履行出资义务导致合伙协议解除，已构成违约，应当向黄某赔偿出资额及利息。

【案件焦点】

合伙合同纠纷中，一方构成根本违约，守约方以违约为基础，主张违约方返还出资款应否得到支持。

【法院裁判要旨】

广东省清远市清城区人民法院经审理认为：黄某提出谭某、朱某存在未足额出资的违约行为导致合伙协议解除，要求谭某、朱某退还其出资款46万元，故其主张退回出资款实际是要求赔偿的性质。本案的关键在于审查合伙合同解除的原因及责任由谁承担。根据各方的约定，朱某与谭某应出资额分别为200万元，黄某应出资60万元。其中，被告谭某已出资442444.9元，朱某已出资384913.9元，黄某出资60万元，后谭某自愿退还了14万元。另根据另案判决认定的事实，各合伙人均没有完全履行各自的出资义务，并因资金不足，导致合作开办的幼儿园不能正常经营。结合前述查明的事实，谭某实际出资金额仅占应出资额的22.12%，朱某实际出资金额仅占应出资额的19.25%。黄某足额出资后，谭某自愿退还14万元，故黄某最终未足额出资系不能归责于黄某自身的原因。

综合上述事实，可认定谭某、朱某未完全履行出资义务已构成违约，并因此导致涉案合伙协议的解除，故黄某有权要求谭某、朱某赔偿损失，根据现有的证据显示其损失了出资款。黄某以其出资额46万元作为损失并要求谭某、朱某返还的诉讼请求，应予以支持，谭某、朱某应对此承担共同清偿责任。另外，退还投资款虽然是法院认定谭某、朱某承担违约责任的方式，但黄某以资金占用为由要求谭某、朱某支付利息的诉讼请求，应不予支持。

广东省清远市清城区人民法院依照《中华人民共和国合同法》第六十条第一款、第一百零七条，《最高人民法院关于适用〈中华人民共和国民法典〉时间效力的若干规定》第一条第二款，《中华人民共和国民事诉讼法》第六十七条第一款、第九十五条、第一百四十七条之规定，判决如下：

一、被告朱某、谭某于本判决生效之日起十日内向原告黄某支付款项46万元；

二、驳回原告黄某的其他诉讼请求。

黄某、谭某不服一审判决，提起上诉。

广东省清远市中级人民法院经审理认为：同意一审法院裁判意见，依据《中华人民共和国民事诉讼法》第一百七十七条之规定，判决如下：

驳回上诉，维持原判。

【法官后语】

合伙合同案件中，在审查一方合伙人起诉要求其他合伙人返还出资款的诉讼请求应否得到支持时，应加以区分该合伙人是基于合伙合同已解除而要求分割合伙财产还是主张其他合伙人承担违约责任或损害赔偿责任。

一、一方合伙人仅以合伙合同已解除为由要求其他合伙人向其返还出资款

根据《中华人民共和国民法典》第九百六十九条第一款的规定，合伙人的出资、因合伙事务依法取得的收益和其他财产，属于合伙财产。实践中，合伙合同终止后，合伙关系陷入僵局或一方合伙人不配合合伙债权债务清算，合伙人只能向人民法院起诉要求其他合伙人向其返还出资款的情况大量存在。由于出资款成为合伙财产，由合伙各方共同共有，故在全体合伙人未对合伙财产及合伙债权债务清算前，合伙人不能主张由其他合伙人返还其出资款。此时法院应当依照举证责任分配规则，向该当事人释明是否申请对合伙财产进行审计。对拒绝申请审计又无法提供证据证明其主张的当事人，驳回其主张返还出资款

的诉讼请求。

二、合伙合同关系终结后负责账目管理、合伙事务的合伙人拒绝清算或者账目不清导致无法清算，其他合伙人要求退还出资款

合伙人之间基于对彼此的信任，往往约定由一方合伙人负责财务管理或合伙事务。但实践中，合伙人利用其负责管理财务的优势地位，拒绝向其他合伙人提供财务账目进行合伙清算或者财务状况混乱导致无法清算的情形屡见不鲜。此种情况下，不应机械地依据法律规定将合伙清算作为合伙财产分配的前提条件，而应在全面审核、认定证据的基础上，结合举证责任分配规则，合理平衡各合伙人的利益。由于作为负责合伙事务、账目管理的合伙人一方对于合伙项目的支出、收入、盈余或亏损最为清楚，而其他合伙人未实际参与财务管理，也无法提供合伙期间的财务资料，故应由负责账目管理、合伙事务的合伙人承担其他合伙人的出资用于合伙支出、合伙项目经营状况的举证责任。若该合伙人无法证明合伙存在亏损或无法确认退伙时可予分割的合伙财产，亦拒绝提供持有的合伙账目，或者不能提供能够证明合伙经营期间经营情况的资料以供审计，应据此认定合伙经营盈利或亏损状态不明，其他合伙人请求返还出资款的，应予支持。

三、一方合伙人以其他合伙人违约为基础主张权利并要求其他合伙人返还出资款

若一方合伙人以其他合伙人构成根本违约为由要求其他合伙人返还出资的，此时不应以当事人是否已进行合伙清算为前提，而应审查合伙合同解除的原因及责任应由谁承担的问题。合伙合同中各合伙人的共享利益、共担风险应发生在各方合伙人妥善经营、全面履行各自义务的基础上，故在查清一方合伙人怠于履行自己应尽的义务致使合伙合同解除、合同约定的目的无法实现或者对其他合伙人产生不利后果，而合伙合同中对此又没有特别约定时，该不利后果不应转嫁于其他合伙人，应由该合伙人自行承担相应的违约责任或损害赔偿责任。此种情况下，守约的一方合伙人以其出资款作为损失要求构成根本违约的合伙人返还出资款的，应获支持。

编写人：广东省清远市清城区人民法院　黄洁怡

二十二、服务合同纠纷

（一）旅游服务合同纠纷

46

游客在自行安排活动期间受伤旅游经营者承担赔偿责任

——栗某诉某科技公司等旅游服务合同案

【案件基本信息】

1. 裁判书字号

浙江省杭州市滨江区人民法院（2023）浙0108民初2896号民事判决书

2. 案由：旅游服务合同纠纷

3. 当事人

原告：栗某

被告：某科技公司、某旅游公司、宋某

【基本案情】

2022年8月，栗某通过某旅游公司发布的微信公众号推文报名了其组织的为期五天的草原自驾活动并支付了活动费用，某旅游公司为栗某提供了自驾游意外险。某科技公司为某旅游公司提供俱乐部系统技术服务并代收活动费用。

宋某系某旅游公司法定代表人，并为某旅游公司的活动在抖音、微信等平台进行宣传。栗某与朋友跟随团队自驾到沙漠前，领队通过微信群公告和对讲机介绍沙漠的娱乐项目，并告知其中的沙漠越野车项目系赠送项目，并提示有高血压心脏病之类以及年龄过小的伙伴不要参加该项目。栗某在体验赠送的沙漠越野车项目之后又自费体验了同一经营者运营的沙地摩托项目。在体验沙地摩托项目的过程中，栗某在翻越陡坡时受伤，导致骨折，花费医疗费1万余元，其伤情被鉴定为人体损伤八级。之后，栗某提起诉讼，要求被告赔偿医疗费、住院伙食补助费、误工费、护理费、营养费、残疾赔偿金、被抚养人生活、交通费等损失。

【案件焦点】

旅游自行安排活动期间的认定以及旅游经营者的责任确定。

【法院裁判要旨】

浙江省杭州市滨江区人民法院经审理认为：某旅游公司的领队将栗某等自驾游团员引领至目的地后，给予团员自由活动时间，由团员自行安排游玩项目、自行组队议价并直接向项目经营者支付费用，应认为栗某系在自行安排活动期间受伤。某旅游公司作为旅游活动的组织者、旅行线路的安排者，对自行安排活动期间可能危及旅游者人身、财产安全的事项应当以明示的方式事先做出说明或警示，并在事故发生后进行及时救助，否则应根据其过错承担相应责任。

浙江省杭州市滨江区人民法院依据《中华人民共和国民法典》第五百七十七条、第九百九十六条，《最高人民法院关于审理旅游纠纷案件适用法律若干问题的规定》第三条、第七条、第十七条，《中华人民共和国民事诉讼法》第六十七条之规定，判决如下：

一、某旅游公司于本判决生效之日起十日内赔偿栗某损失172984.31元；

二、驳回原告栗某的其他诉讼请求。

判决后，双方当事人均未上诉，本判决现已生效。

【法官后语】

在旅行社安排固定游玩路线的传统模式之外，在固定线路中增加了更多自由活动时间的新型跟团游模式，成功凭借其灵活性和个性化出圈，受到越来越多旅游者的青睐。新形态旅游合同中旅游经营者和旅游者的权利义务如何调整，是本案争议焦点的落脚之处。

以旅游合同纠纷为视角，有更多自由活动时间的新型跟团游模式具有以下特点：第一，游客自由度更高，行程安排充分体现旅游者对游览的个人偏好。第二，旅游风险更高，游客在部分时间需要自行安排活动，对游客的活动组织能力和应对风险能力都提出更高要求。第三，旅游经营者管理要求更高，如何在自由活动期间对游客进行必要的安全提示、在发生危险时候如何在陌生的旅游地有效安排救助，这些问题都对旅游经营者的管理能力提出了更高要求。

《最高人民法院关于审理旅游纠纷案件适用法律若干问题的规定》第七条第一款规定："旅游经营者、旅游辅助服务者未尽到安全保障义务，造成旅游者人身损害、财产损失，旅游者请求旅游经营者、旅游辅助服务者承担责任的，人民法院应予支持。"该法第十七条规定："旅游者在自行安排活动期间遭受人身损害、财产损失，旅游经营者未尽到必要的提示义务、救助义务，旅游者请求旅游经营者承担相应责任的，人民法院应予支持。前款规定的自行安排活动期间，包括旅游经营者安排的在旅游行程中独立的自由活动期间、旅游者不参加旅游行程的活动期间以及旅游者经导游或者领队同意暂时离队的个人活动期间等。"根据上述规定，旅游经营者应对旅游者尽到安全保障义务，在旅游者自行安排活动期间也应尽到必要的提示义务、救助义务。

审理实践中，对于新形态旅游合同纠纷，首先，应当据实明确责任主体。要充分结合旅游合同内容以及合同实际履行等情况确定适格当事人。其次，应当合理确定旅游经营者责任。旅游者在自行安排活动期间，对行程安排具有较大的自由度，其自身应对活动风险尽到注意义务。而旅游经营者应当结合目的地的经济社会条件、旅游项目的风险预判、旅游者的身体条件等因素进行充分研判，在提供旅行服务时尽到合理的风险提示义务和救助义务。尤其是在高风险的旅游项目中，旅游经营者更要进行详细的安全风险提示，使旅游者能够在充分了解风险的前提下自由选择旅游项目。最后，应当公平分配事故责任。综合考量旅游者与旅游经营者的过错，对没有尽到必要风险提示及救助义务的旅游经营者，应根据其过错程度对旅游者的损失承担相应责任。

编写人：浙江省杭州市滨江区人民法院　赵凉　董晨辰

（二）餐饮服务合同纠纷

47

越证生产经营的食品与不符合食品安全标准的食品区别与分析

——曹某诉某餐饮公司餐饮服务合同案

【案件基本信息】

1. 裁判书字号

北京市第三中级人民法院（2022）京03民终10059号民事判决书

2. 案由：餐饮服务合同纠纷

3. 当事人

原告（上诉人）：曹某

被告（被上诉人）：某餐饮公司

【基本案情】

2021年8月10日，某外卖会员翟先生通过某外卖软件，在某餐饮公司的店铺订购了如下餐品“印度长粒香米 1 份、凉拌拉皮 1 人份、口水鸡 1 人份、黄油烤饼 1 份、印式烩嫩羊肉”，共计 166 元。某餐饮公司认为该订单不是曹某的订单。曹某表示所购餐食都已食用，翟先生是其随便起的名字，并不是身份证上的名字，订单上的电话是实名认证的，其去年在使用，现在不用了。

经查，某餐饮公司食品经营许可证的经营项目为：热食类食品制售；自制饮品制售，限普通饮品；预包装食品销售，含冷藏冷冻食品；特殊食品销售，限保健食品。曹某主张某餐饮公司提供的食品中“凉拌拉皮、口水鸡”因超范围经营不符合食品安全标准，因此根据《中华人民共和国食品安全法》第一百四十八条的规定要求：某餐饮公司退还其 166 元餐费，并赔偿其 10 倍餐费 1660 元。

2021 年 11 月 15 日，北京市顺义区市场监督管理局认定某餐饮公司违反了《网络餐饮服务食品安全监督管理办法》第四条与《网络食品安全违法行为查处办法》第十六条第一款，依法责令其改正上述违法行为，并决定罚款 5500 元，没收违法所得 68 元。

【案件焦点】

超出食品经营许可证范围生产经营的食品能否直接认定为不符合食品安全标准。

【法院裁判要旨】

北京市顺义区人民法院经审理认为：《中华人民共和国食品安全法》第一百四十八条第二款规定：“生产不符合食品安全标准的食品或者经营明知是不符合食品安全标准的食品，消费者除要求赔偿损失外，还可以向生产者或者经营者要求支付价款十倍或者损失三倍的赔偿金；增加赔偿的金额不足一千元的，为一千元。但是，食品的标签、说明书存在不影响食品安全且不会对消费者造成误导的瑕疵的除外。”第一百五十条第一款、第二款规定，食品，指各种供人食用或者饮用的成品和原料以及按照传统既是食品又是中药材的物品，但是不包括以治疗为目的的物品。食品安全，指食品无毒、无害，符合应当有的营养要求，对人体健康不造成任何急性、亚急性或者慢性危害。据此不符合食品安全标准的食品应指食品实质上有毒、有害，不符合应当有的营养标准，对人体健康可能造成任何急性、亚急性或者慢性危害的食品。具体到本案中，虽然某餐饮公司超出其食品经营许可证的范围经营“凉拌拉皮、口水鸡”，但并不代表该食品不符合食品安全标准，食品生产许可与食品安全标准不属于同一范畴，不能简单等同，且曹某表示其已将涉案食品全部食用，亦未有证据显示其食用后出现不适等不良反应，因此其提交的证据不足以证明某餐饮公司制作的“凉拌拉皮、口水鸡”存在食品安全问题，故本院对曹某要求 10 倍赔偿的请求不予支持。关于曹某主张退还餐费 166 元，由于其已将涉案食品全部食用，本院对其请求不予支持。

北京市顺义区人民法院依照《中华人民共和国食品安全法》第一百四十八条、第一百五十条，《最高人民法院关于适用〈中华人民共和国民事诉讼法〉的解释》第九十条之规定，判决如下：

驳回原告曹某的全部诉讼请求。

曹某不服一审判决，提起上诉。

北京市第三中级人民法院经审理认为：同意一审法院的裁判意见，并依照《中华人民共和国民事诉讼法》第一百七十七条第一款第一项之规定，判决如下：

驳回上诉，维持原判。

【法官后语】

食品安全关系到人民群众的身体健康和生命安全，也关系到社会的稳定，食品安全问题备受各界关注。随着食品安全惩罚性赔偿制度的完善，食品安全违法行为导致十倍惩罚性赔偿的规定逐渐深入人们的日常生活认知。但由于对《中华人民共和国食品安全法》第一百四十八条中“食品安全标准”的理解和认识不同，产生了大量的食品安全纠纷，本案就是其中一种类型，即越证生产经营的食品是否代表该食品不符合食品安全标准。

《中华人民共和国食品安全法》第三十五条规定，国家对食品生产经营实行许可制度。从事食品生产、食品销售、餐饮服务，应当依法取得许可……第一百二十二条亦规定了对此的行政处罚措施，并未将惩罚性赔偿纳入其中，可见食品生产经营许可属于行政管理的范畴，认定食品是否属于无证生产经营属于行政机关的职权范围。而食品安全是指食品无毒、无害，符合应当有的营养要求，对人体健康不造成任何急性、亚急性或者慢性危害。为了保证食品安全，需要统一的技术要求，应当制定食品安全标准。《中华人民共和国食品安全法》第二十五条、第二十六条明确了我国食品安全标准是强制执行的标准，包括食品添加剂、卫生、营养、标签、质量等多个方面的强制性标准，只有符合全部强制性标准的食品才属于符合《中华人民共和国食品安全法》规定的安全食品。对于生产或者经营明知是不符合食品安全标准的食品的行为，消费者可依据《中华人民共和国食品安全法》第一百四十八条第二款的规定要求生产者或者经营者支付十倍价款的赔偿金。由此可知，食品生产经营许可与食品安全标准性质不同，所对应的法律责任也不同，二者不应等同视之。

我国通过行政许可的方式对食品生产经营者实行市场准入制度，但食品生产经营许可作为一项事前控制措施，需要与事中、事后相关措施相互配合才能保证取得许可的食品生产经营者生产经营的食品符合规定的食品安全标准，不宜简单以是否取得食品生产经营许可为依据认定食品是否符合食品安全标准，二者之间并无必然联系，即未取得食品生产经营许可而生产经营的食品未必都是不安全的食品，反之亦然，取得食品生产经营许可的食品也未必都是符合食品安全标准的食品。

就本案而言，某餐饮公司虽未取得“凉拌拉皮、口水鸡”的食品经营许可，但食品生产经营许可与食品安全标准不属于同一范畴，不能简单等同。曹某已将涉案食品全部食用，且未有证据显示其食用后出现不适等不良反应，曹某亦未举证证明涉案食品存在有毒、有害，不符合应当有的营养要求，存在对人体健康造成任何急性、亚急性或者慢性危害等影响食品安全的问题。因此，曹某以某餐饮公司超范围经营为由主张其提供的食品不符合食品安全标准，进而主张退还餐费及十倍赔偿，法院不予支持。

编写人：北京市顺义区人民法院　葛连娟　孙鹏

（三）网络服务合同纠纷

48

代练“打手”毁号情形下游戏代练服务经营者的责任认定

——王某诉某网络科技公司网络服务合同案

【案件基本信息】

1. 裁判书字号

北京互联网法院（2021）京0491民初21284号民事判决书

2. 案由：网络服务合同纠纷

3. 当事人

原告：王某

被告：某网络科技公司

【基本案情】

2021年3月3日，原告支付23430元购买手机网络游戏A。2021年4月10日10：07至4月11日14：59，原告共向其游戏账号充值23492.8元。

2021年4月11日，原告在被告经营的涉案店铺付款970元购买了游戏A的代练服务，约定被告提供游戏代练，使该游戏账号“势力值”达到3万元。

原告提交的微信群聊天截图显示：2021年4月11日，被告客服人员邀请原告及代练人员加入微信群。代练人员在询问原告游戏账号区服后，告知原告在代练期间不要上号。4月12日代练人员向原告报告代练进度。4月13日13：12客服人员告知原告“你那边上号查看下进度”，原告随后登录账号，发现该游戏账号中仅余1位角色，名称为B。

原告提交的微信聊天截图显示：2021年4月13日15：31原告添加代练人员为好友，并询问“几个意思？工作室让你毁的？”代练人员回复“店家让我毁的，你找店家赔偿”，并向原告发送微信名片，称此为被告主管，陈述“他们说老板不发工资，让我们打手直接把客户的号给毁了”，在原告称去派出所报警后，代练人员回复“这个和我没关系，不是我毁的，他们主管直接毁的呢”。之后代练人员解除了与原告的好友关系。

法院依原告申请，向某娱乐公司调取了案涉账号的相关情况，案涉账号的玩家登录记录显示：2021年4月10日至11日22：39登录地点均为北京，4月11日23：04登录地点为广东省韶关市，4月13日登录地点为北京；玩家下线时角色B的记录显示2021年4月11日22：46：09角色B的数量为163个，2021年4月13日13：27：26角色B的数量为1个，代码为11028。某娱乐公司回函称：“目前游戏内角色B分解后会转化成战法点，可用于升级战法，稀有角色B分解时游戏会弹出二次确认，确认后即可分解，角色B一经分解无法恢复。”

【案件焦点】

1. 游戏代练行为的正当性审查及代练服务合同的效力认定；2. 代练“打手”恶意毁号导致游戏虚拟财产损失，代练服务经营者是否构成违约；3. 如构成违约，代练服务经营者应当承担何种责任。

【法院裁判要旨】

北京互联网法院经审理认为：原告在被告经营的店铺购买游戏代练服务，双方之间成立网络服务合同关系，系当事人的真实意思表示，且形式和内容不违背法律、行政法规的强制性规定，应为合法有效。

关于被告是否构成违约的问题。根据原告提交的证据，能够证明在原告向被告购买代练服务后，其账号内的角色B被删除。同时，根据某娱乐公司回函中案涉账号的情况可以看出，2021年4月11日22：39前，该账号的登录地址为北京，在该登录地址当日下线时案涉账号内尚有 B 角色 163 个，随后在登录地址变为广东省韶关市之后，发生了案涉账号内 B 角色被删除的情况。结合微信聊天记录，原告提交的证据能够形成完整的证据链条，证明该账号 B 角色被删除的情形发生在代练期间，由被告人员所为具有高度盖然性。原告向被告购买游戏代练服务并支付对价，被告应当按照约定完成该游戏账号的代练目标，至于被告通过何种方式完成该服务，并不影响其责任承担。故在被告提供服务期间，无论是代练人员还是被告的工作人员为上述行为，被告均应对其未按约定履行合同义务承担违约责任，给原告造成损失的，应当予以赔偿。

关于经济损失金额的问题。原告要求赔偿经济损失 46922. 8 元，包括购买案涉账号支付的 23430 元及购买账号后充值的 23492. 8 元两部分，即其为该账号投入成本为 46922. 8 元。在涉案游戏中，B 角色是推进游戏进行的重要因素，对游戏的娱乐价值有重要影响，将 B 角色全部删除将导致该账号的娱乐价值极大减损甚至丧失。在被告未提供相反证据证明该账号发生贬值，同时被告提供代练服务的时间距离原告购买账号仅有月余的情况下，法院认为可以根据原告购买账号和后续充值的投入成本来衡量其损失，对原告主张的损失金额予以支持。

北京互联网法院依照《中华人民共和国民法典》第五百七十七条之规定，判决如下：

被告某网络科技公司于本判决生效之日起七日内支付原告王某 46922. 8 元。

判决后，双方当事人均未上诉，本判决现已生效。

【法官后语】

游戏代练服务的一般模式是游戏玩家寻找代练人员并提供游戏账号，代练人员登录玩家账号，完成目标任务并获得报酬。随着游戏产业的发展，代练服务由传统的个人代打发展为公司经营，电商平台专营游戏代练服务的网店日益增多，许多代练服务经营者在接到订单后，临时招募“打手”为玩家提供代练服务。本案就是代练“打手”恶意毁号导致玩家游戏虚拟财产被删除所引发的纠纷，具有代表性和典型性。

一、游戏代练行为的正当性审查及代练服务合同的效力辨析

司法实践中，有法院认为游戏代练行为属于《中华人民共和国反不正当竞争法》第二条规定的不正当竞争行为。笔者认为，将游戏代练行为认定为不正当竞争行为可能会产生体系效应，根据《中华人民共和国民法典》第一百五十三条第二款之规定，若将游戏代练行为认定为不正当竞争行为，代练服务合同可能因约定实施扰乱市场秩序的行为，进而违背公序良俗而无效。因此，对游戏代练行为的正当性审查，是本案例分析研究的逻辑起点。

首先，游戏代练并未破坏游戏的公平性，真正破坏游戏公平性的不正当竞争行为是违反电子竞技规则的行为。“打手”在代练打单时，需要在游戏中展现超出一般水平的竞技能力才能取得胜利，这种符合电竞精神、积极游戏的行为很难说是不正当的。其次，不正当竞争行为是以竞争行为违背商业道德为前提。在游戏代练关系中，至少存在游戏公司、游戏玩家和代练者三方，仅以游戏公司单方面制定的规则作为判断商业道德的依据明显有失公允。退一步讲，即使商业代练行为属于不正当竞争行为，个别代练服务合同的效力也不因此受到影响。只有大规模的商业代练行为才可能构成对游戏公司的不正当竞争，而个别代练服务合同远不足以影响市场竞争秩序。因此，就本案而言，游戏玩家在代练服务经营者处购买游戏代练服务，如形式和内容不违反法律、行政法规的强制性规定，该代练服务合同有效，游戏玩家签订合同后相关权益受到法律保护。

二、代练“打手”毁号情形下代练服务经营者的责任认定

被告某网络科技公司辩称代练人员系通过网上或内部群招募，并非该公司员工，被告不应对代练人员的毁号行为负责。如果代练“打手”系被告员工，那么将员工行为归责于被告并不存在争议，但本案代练“打手”系被告临时委托不固定的高水平游戏玩家负责代打，“打手”和代练服务经营者之间不存在固定的用工关系，更不存在劳动合同关系，此时游戏玩家是否有权向代练服务经营者主张违约责任仍存在争议。

笔者认为，并非所有的合同均要求债务人亲自提供给付，在劳动分工的背

景下，债务人可以借助其他人帮助自身履行合同义务。本案中，代练“打手”属于代练服务经营者的履行辅助人（一般指遵从债务人的意思辅助债务人履行合同义务的人），基于债务人可以预见和控制履行辅助人履行合同的行为，债权人依据《中华人民共和国民法典》第五百七十七条请求债务人就其履行辅助人的行为承担违约责任并不存在法律上的障碍。按照严格责任原则，无论债务人主观上是否存在过错，只要合同义务被违反，且不存在不可抗力等免责事由，债务人均应当承担违约责任。据此，债务人应当保障合同义务的履行，对其引入的履行辅助人的行为负严格责任。本案支持原告诉请的原因在于，代练“打手”属于被告的履行辅助人，无论代练人员是被告临时雇用人员还是被告员工，均不影响代练服务经营者对“打手”实施的违约行为承担违约责任。

三、游戏虚拟财产的损失认定规则

随着游戏账号和游戏虚拟物交易的普遍化，原本作为游戏组成部分的游戏虚拟财产，在现实世界中逐渐具有了经济价值。如何认定游戏虚拟财产的价值，是本案确定原告所遭受财产损失的关键。

笔者认为，游戏玩家以购买方式获得游戏虚拟财产的，其所支付的金钱即为对价，并能够最直观地反映游戏虚拟财产的市场价值。本案中，原告购买账号支出23430元，后又充值支出23492.8元，故案涉账号的市场价值可以认定为46922.8元。虽然代练“打手”直接毁损的是游戏角色，但是B角色是推进涉案游戏进行的重要因素，对游戏的娱乐价值有重要影响。《中华人民共和国民法典》第五百八十四条所称的损失，不仅限于物理意义上的损失，还应当结合合同目的加以认定。被告作为代练服务经营者，理应按照合同约定完成案涉账号的代练目标，以达到提升原告游戏体验的合同目的。被告的履行辅助人故意违反合同约定，删除原告游戏账号内百余名B角色，导致案涉账号的娱乐价值极大减损甚至丧失。从合同目的角度来看，案涉账号对于原告的价值消失，原告在订立合同前支出的充值费用也因账号娱乐价值丧失而沦为“无用支出”。被告虽辩称案涉账号存在贬值，但未提供证据予以证明，同时本案损害发生的时间距离原告充值的时间间隔较短，由此产生的贬值可以忽略不计，故可以根据原告购买账号成本和后续充值支出确定损失，对原告主张的损失金额予以支持。

本案为适用《中华人民共和国民法典》裁判的新型网络游戏代练服务合同纠纷案件，不仅对游戏玩家谨慎选择游戏代练服务作出了必要提示，还强化了对公民合法权益的保护，同时对网络游戏代练服务的违约行为认定作出了有益探索，有利于引导网络游戏代练服务规范运行，促进数字经济健康发展。

编写人：北京互联网法院　刘慧超

49

买断制网络游戏同时具备商品和服务双重属性不适用七天无理由退货规定

——原某诉甲科技公司、乙科技公司网络服务合同案

【案件基本信息】

1. 裁判书字号

广东省广州市中级人民法院（2023）粤01民终1544号民事判决书

2. 案由：网络服务合同纠纷

3. 当事人

原告（上诉人）：原某

被告（被上诉人）：甲科技公司、乙科技公司

【基本案情】

甲科技公司是游戏A的运营商。该游戏设有官方网站，网站的ICP备案主体为乙科技公司。

2022年2月27日，原某在A游戏官方网站购买A游戏标准版一份，并支

付价款 98 元，收款人为案外人网某公司。同日 9 时，原某在登录游戏 34 秒后，申请退款，详细描述为“我花了 98 元购买的 A 游戏，现在游戏下载体验差，我要退款”，游戏客服回复称“根据您反馈的问题，为您了解到购买后是不支持退款服务的哦”。被拒后，原某遂以七天无理由退货规定，起诉要求甲科技公司、乙科技公司全额退款。

A 官方网站公布了该游戏的英雄、武器、特色玩法等游戏内容、画面信息以及游戏场景、技能效果、武器效果、对战赛事等游戏操作动态画面及视频演示；说明了游戏安装包大小、配置需求等游戏下载及启动的常见问题。游戏“退款政策”载明：“除非法律规定的情形，否则本游戏被购买后不支持任何理由和任何形式的退款，也不适用七天无理由退货。”上述内容除首句外，均以红色字体突出显示。《A 游戏服务条款》载明：“欢迎申请使用甲科技公司提供的在线游戏服务。”

【案件焦点】

买断制网络游戏是否适用七天无理由退货规定。

【法院裁判要旨】

广州互联网法院经审理认为：首先，原某与甲科技公司签订了《A 游戏服务条款》，双方之间为网络服务合同关系。乙科技公司为网站的 ICP 备案主体，不是服务协议的签订主体，与原某之间不存在合同关系。其次，案涉格式条款不存在无效情形，对双方均有约束力。原某未能证明甲科技公司不正确履行合同义务，其退款诉求缺乏依据。

广州互联网法院依照《中华人民共和国民法典》第四百九十六条第一款、第四百九十七条，《中华人民共和国消费者权益保护法》第二条、第九条、第二十五条，《中华人民共和国民事诉讼法》第六十七条第一款之规定，判决如下：

驳回原告原某的全部诉讼请求。

原某不服一审判决，提起上诉。

广东省广州市中级人民法院经审理认为：

第一，涉案买断制网络游戏是商品问题还是服务的问题。网络游戏是指由网络游戏提供者提供的由软件程序和信息数据构成，通过互联网、移动通信等信息网络向公众提供下载或者在线交互使用的游戏产品和服务。一方面，玩家一次性买断的是一款具体的游戏产品，因此，买断制网络游戏可以被视为商品。另一方面，买断制网络游戏提供的是一种长期的娱乐服务，在线服务器会实时提供数据服务。故买断制网络游戏也可被视为服务。故认定涉案网络游戏同时具备商品和服务的双重属性。

第二，买断制网络游戏是否适用七天无理由退货规定。一方面，基于商品属性，网络游戏属于计算机软件的一种特殊类型。根据《中华人民共和国消费者权益保护法》的规定，在线下载或者消费者拆封的音像制品、计算机软件等数字化商品不适用无理由退货。另一方面，基于服务属性，《中华人民共和国消费者权益保护法》规定仅商品可适用七天无理由退货，故不能主张服务七天无理由退货。因此，涉案网络游戏不适用七天无理由退货的规定。

第三，涉案退款条款应否无效。首先，涉案游戏协议“退款政策”属于格式条款，故有关内容不存在因违反法律、行政法规的强制性规定等导致民事法律行为无效的情形，也不存在不合理免除自身责任、加重消费者责任或者排除消费者主要权利的情形。此涉案退款条款应属有效。

第四，原某购买案涉游戏后在线时长仅有 34 秒，且未提供证据证明虚假宣传或质量问题，现仅以个人体验差为由要求甲科技公司退款，理由不充分。

广东省广州市中级人民法院依照《中华人民共和国民事诉讼法》第一百七十七条第一款第一项之规定，判决如下：

驳回上诉，维持原判。

【法官后语】

本案争议的焦点问题在于买断制网络游戏是否适用七天无理由退货的规定。

一、商品还是服务？网络游戏的属性之辨

（一）电子游戏、网络游戏与买断制网络游戏

游戏是趣味性活动形式，分为传统现实游戏与虚拟电子游戏。传统现实游

戏不在本文讨论范围。虚拟电子游戏又可以继续划分为网络游戏和单机游戏。单机游戏则是指不依靠互联网等信息网络即可使用的电子游戏。因单机游戏不需要网络服务器在线服务，通常被认定为计算机软件，这类数字化商品不适用七天无理由退货，一般不存在争议。

网络游戏技术表现形式主要是以移动终端、网页浏览器、电脑客户端及其他终端形式运行的各种网络游戏，即手游、页游、端游。网络游戏收费机制有三类：买断制（一次性买断）、时长制（付费购买游戏时长）和免费制（升级游戏体验需要付费，如花钱购买装备或提升等级）。买断制与时长制仅是游玩时间长短差别，本身并无本质差异，本文中按同一类处理。免费制在不付费的情况下，不会引发退货争议。本案是买断制网络游戏。买断制网络游戏指的是玩家一次性支付费用后即可获得游戏使用权，而非通过持续付费来维持游戏体验，具体分类见图 1。

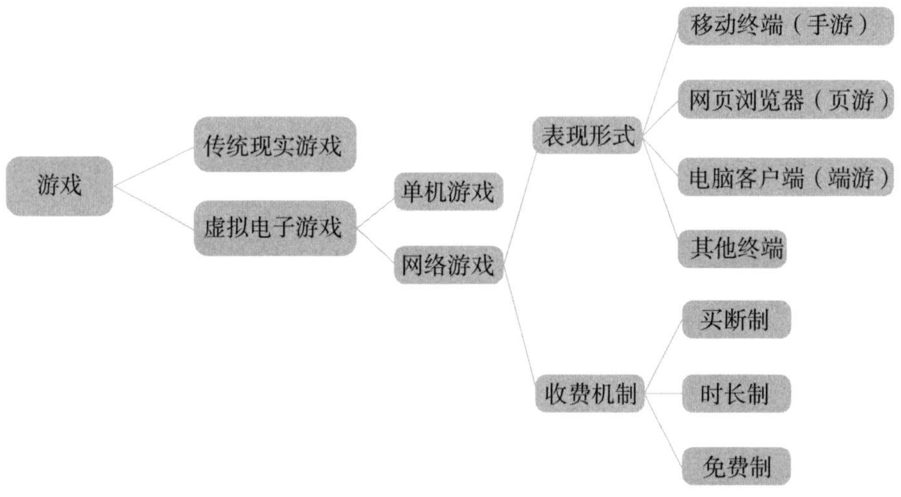

图 1　游戏分类

（二）买断制网络游戏的双重属性

第一，买断制网络游戏区别于其他的商品：一是基于游戏公司提供的网络游戏软件；二是持续提供在线数据服务。一方面，网络游戏以数字软件形式存在，具有具体的编程代码、美术设计、音效等形态。但在买断制下，玩家购买的是一款具体的产品，可被视为商品。另一方面，玩家游玩时，在线服务器会实时提供数据服务。运营商提供的是一种长期的服务，玩家可以持续地享受游戏乐趣。故也可被视为服务，因此认定同时具备商品和服务的双重属性。

第二，双重属性符合行政监管机关对其的定位。通常被网络游戏界定为通过“信息网络提供的游戏产品和服务”。

第三，双重属性符合行业习惯。游戏运营商在进行游戏商标注册时，行业惯例会同时注册商品商标和服务商标。会注册第 9 类“科学仪器”中的计算机游戏软件、可下载的计算机游戏软件、移动电话用计算机游戏软件等商品商标，以及第 41 类“教育娱乐”中在线游戏服务的等服务商标。

二、买断制网络游戏不适用七天无理由退货规定

首先，基于服务属性。网络游戏具有即时性，一旦消费者开始游戏，就已经获得了游戏体验；即便进入游戏的时长非常短暂，相应的游戏内容、游戏价值也已经即刻转移至消费者，无法返还。根据《中华人民共和国消费者权益保护法》的规定，七天无理由退货规定不适用服务。

其次，基于商品属性。买断制网络游戏属于计算机软件的一种特殊类型，此类数字化商品不适用无理由退货。如果允许此类游戏一概适用七天内无理由退款，可能导致消费者免费进行了娱乐，但其享用的数字利益却无法退回经营者。

最后，不适用七天无理由退货符合立法意旨。该制度旨在救济因信息不对称而导致的意思表示不真实问题，并非任由消费者行使单方解除权。甲科技公司在游戏官网已经对游戏内容进行了基本介绍，消费者可以获取案涉游戏的模式和内容，双方之间不存在信息严重不对称的问题。

三、格式退款条款的司法审查进路

首先是格式条款之认定。根据《中华人民共和国民法典》和《最高人民法院关于适用〈中华人民共和国民法典〉合同编通则若干问题的解释》的规定，应准确把握“预先拟定”和“重复使用”为形式特征，“订立合同时未与对方协商”为实质特征。本案中，游戏运营商与游戏玩家签订的合同既符合形式特

征，也符合实质特征，应认定为格式条款。

其次是格式条款无效之审查。格式条款的无效既包括通用合同无效的情形，也包括格式条款特有的无效情形。本案中，退款条款均不存在前述情形，不应认定为无效。

再次是格式条款提示说明义务之审查。履行提示义务应对异常条款采用通常足以引起对方注意的文字、符号、字体等明显标识；履行说明义务是根据对方要求进行解释说明。本案中，有关条款已通过红色字体突出显示，应认定已履行提示义务。

最后是相关约定并非排除消费者合法权益，如游戏存在质量问题等，消费者仍然可以依据《中华人民共和国消费者权益保护法》维护自身权益。综上，游戏经营者与消费者约定不适用无理由退回规定的条款有效，游戏运营商无须退款。

编写人：广东省广州市中级人民法院　黄嵩　张钊

50

消费者与电商平台间会员积分兑换争议的案由确定与管辖规则

——孙某诉某酒店管理公司、某航空服务公司网络服务合同案

【案件基本信息】

1. 裁判书字号

重庆市第五中级人民法院（2023）渝05民辖终203号民事裁定书

2. 案由：网络服务合同纠纷

3. 当事人

原告（上诉人）：孙某

被告（被上诉人）：某酒店管理公司、某航空服务公司

【基本案情】

孙某在某航空服务公司运营的A平台购买产品，按照A平台的购买规则，孙某获得相应的“A平台会员里程”。孙某于2019年8月28日在A平台上申请用“A平台会员里程”兑换积分，孙某称A平台页面告知兑换规则为5000里程兑换1万积分。孙某称其用5000里程兑换了积分，但通过某酒店管理公司运营的平台查询，实际到账1000积分，实际到账积分与A平台显示的兑换规则数量相差巨大。孙某与A平台因“A平台会员里程”兑换积分而产生纠纷，孙某以A平台未履行合同为由提起诉讼，请求判令：某航空服务公司将剩余9999000积分转入孙某在某酒店管理公司处开立的账户。若积分不能转入账户，某航空服务公司按照剩余未到账积分等值金额（价值暂定1万元人民币，实际价值以法院认定为准）对孙某予以补偿。某航空服务公司在提交答辩状期间提出管辖权异议，认为本案属于网络服务合同纠纷，而非买卖合同纠纷，应由被告住所地或者合同履行地人民法院管辖。本案中无明确的合同履行地，被告住所地为杭州市余杭区，本案应由杭州互联网法院进行管辖。

重庆市大渡口区人民法院于2022年12月14日以（2022）渝0104民初7245号，裁定某航空服务公司提出的管辖权异议成立，本案移送杭州互联网法院处理。重庆市第五中级人民法院于2023年4月6日以（2023）渝05民辖终203号民事裁定：驳回上诉，维持原裁定。

【案件焦点】

1. 本案案由应确定为网络服务合同纠纷还是信息网络买卖合同纠纷；2. 本案管辖法院如何认定。

【法院裁判要旨】

重庆市大渡口区人民法院经审理认为：A平台作为网络交易平台是为用户物色交易对象，就相关服务交易进行协调等提供服务的平台，被告某航空服务公司作为A平台的运营商不是网络购物合同的当事人，故本案案由应为网络服务合同，应当按照合同纠纷的一般管辖原则进行处理。

重庆市大渡口区人民法院依照《中华人民共和国民事诉讼法》第二十四条、第一百三十条第一款、第一百五十七条第一款第二项，《最高人民法院关于适用〈中华人民共和国民事诉讼法〉的解释》第十八条第二款之规定，裁定如下：

某航空服务公司对管辖权提出的异议成立，本案移送杭州互联网法院处理。

孙某不服一审裁定，提起上诉。

重庆市第五中级人民法院经审理认为："A平台会员里程"兑换服务，是会员增值权益的一种实现方式，并非消费者使用虚拟货币在A平台购买产品。因此，孙某与某航空服务公司因积分兑换服务产生的纠纷，属于消费者与网络服务商就增值服务内容产生的争议，本案案由应确定为网络服务合同纠纷而非信息网络买卖合同纠纷。网络服务合同纠纷属于合同纠纷的范畴，无论是依照被告住所地还是合同履行地，本案均属于杭州互联网法院集中管辖的范围，故本案应由杭州互联网法院管辖。

重庆市第五中级人民法院依照《中华人民共和国民事诉讼法》第一百七十七条第一款第一项、第一百七十八条之规定，裁定如下：

驳回上诉，维持原裁定。

【法官后语】

随着互联网消费场景已经深入人民群众衣食住行的方方面面，消费者与电商平台之间基于网络消费积分兑换产生的法律纠纷逐渐增多，但对于如何界定网络消费积分的法律性质，以及如何确定积分兑换行为所对应的法律关系，司法实践中认识不一，导致人民法院对如何确定此类案件的管辖规则产生困扰。

本案认为网络消费积分既不属于虚拟货币也不属于虚拟物品，其法律属性系电商平台向消费者提供的增值服务；积分兑换是会员增值权益的一种实现方式，积分兑换法律关系属于网络服务合同关系，因积分兑换产生的纠纷应属于网络服务合同纠纷。本案对网络消费积分性质及积分兑换法律关系作出的司法认定，对于确定此类案件的案由、树立类案管辖规则能够起到一定的引导作用，为进一步推动网络空间及平台经济治理规范化、法治化发展提供助力。下文对此进行简要分析。

一、网络消费积分的法律属性系电商平台提供的增值服务

当前互联网经济中，网络消费积分已成为一种被互联网平台或者商家广泛使用的商业策略，其应用场景主要为，用户注册会员并消费满一定额度后即可获赠一定数额的消费积分，用户可以用获赠的积分在线兑换商品、抽奖或者抵扣消费。电商平台公司提供会员消费积分，其目的是用于促进用户继续购买服务、增强用户忠诚度、提高消费者黏性。在积分兑换商品或者抵扣消费的过程中，虽然从形式上看网络积分产生了与数字货币类似的支付效果，但其不能作为一种变相的支付结算工具，也不属于平台向会员提供的虚拟货币或者虚拟物品。从网络消费积分产生的商业场景和使用功能来看，网络消费积分实质上为消费者使用平台提供服务后获得的个人权益增值，故其法律属性应认定为互联网平台向会员提供的增值服务。

二、因积分兑换行为产生的纠纷应属于网络服务合同纠纷而非信息网络买卖合同纠纷

信息网络买卖合同的特点在于买卖双方通过信息网络方式订立买卖合同，其本质依然是出卖人转移标的物所有权于买受人，买受人支付标的物的对应价款给出卖人。网络服务合同与信息网络买卖合同不同，网络服务合同是指网络服务商通过互联网给消费者提供通路以使消费者与因特网连线的中介服务或者提供内容服务的合同，其合同的标的是提供无形化的服务产品，而不是转移交付物的所有权。

如前所述，网络消费积分并非虚拟货币，不能产生货币支付的法律效果，

“积分兑换”并不属于支付标的物的对应价款，其行为的法律属性不能认定为信息网络买卖合同。因网络消费积分系互联网平台向会员提供的增值服务，消费者使用积分兑换商品或者兑换服务的行为，其在本质上也属于会员增值权益的一种实现方式，消费者与电商平台之间关于积分兑换的法律关系应为网络服务合同关系，因积分兑换行为产生的纠纷应认定为网络服务合同纠纷。

三、涉积分兑换类网络服务合同纠纷的管辖法院确定规则

一般而言，确定合同纠纷管辖法院应按照专属管辖、约定管辖、法定管辖的逻辑顺序展开。即首先判断是否涉及专属管辖（或者专门管辖）；其次查看合同双方是否存在合法有效的约定管辖；如果既不涉及专属管辖或者专门管辖，也不涉及约定管辖，则依据法定管辖规则，由被告住所地或者合同履行地人民法院管辖。

本案涉积分兑换类网络服务合同，属于合同纠纷的范畴，应遵循上述逻辑顺序确定案件管辖法院。《最高人民法院关于互联网法院审理案件若干问题的规定》第二条第二项规定，签订、履行行为均在互联网上完成的网络服务合同纠纷，属于北京、广州、杭州互联网法院集中管辖的范畴。该规定系关于特殊类型案件的集中管辖规定，应属于专门管辖的特别规定，在确定案件管辖时可优先适用。本案中，互联网平台发布积分兑换规则属于要约，消费者使用积分进行兑换构成承诺。可见，涉积分兑换类网络服务合同的签订、履行行为均在互联网上完成，该类案件应由互联网法院集中管辖。

编写人：重庆市第五中级人民法院　黎明

（四）教育培训合同纠纷

51

预付式消费合同中债权转让与合同义务转移的效力认定

——胡某诉庄某、某幼儿园教育培训合同案

【案件基本信息】

1. 裁判书字号

福建省泉州市中级人民法院（2024）闽05民终682号民事判决书

2. 案由：教育培训合同纠纷

3. 当事人

原告（被上诉人）：胡某

被告（上诉人）：庄某

被告：某幼儿园

【基本案情】

某教育咨询公司系自然人独资有限责任公司，经营范围为教育信息咨询服务等，于2013年4月11日成立，于2022年1月27日注销。注销时，庄某为公司法定代表人、股东。2021年3月7日，某教育咨询公司出具一份定金500元的收款收据交胡某收执。2021年4月9日，胡某共计购买127节课程服务（含赠课2节），其中向案外人邱某双受让65节课，向某教育咨询公司直接购买60节课（另有赠课2节），同日胡某向邱某双的银行账户转账5500元，向某幼儿园的微信账户转账9000元，某教育咨询公司于当日出具了一份金额为9000元的收款收据交胡某收执。另某教育咨询公司与胡某于同日签订了一份《课程销售协议》，协议约定剩余课时数为“60 节+65 节+2 节赠课”，课程总金额9500 元。

另查明，2022 年 1 月 27 日，某教育咨询公司与某公司签订《债务转让协议》，双方同意将某教育咨询公司在 2022 年 1 月 26 日前签订的未到期学员课程协议确定为债务转移给某公司承担。

【案件焦点】

1. 案涉《课程销售协议》课时数及课时费的认定；2. 案涉《课程销售协议》应否解除；3. 庄某应否退还胡某课程费。

【法院裁判要旨】

福建省石狮市人民法院经审理认为：某教育咨询公司于《课程销售协议》到期前注销，其行为明显违约，胡某要求解除合同，合法有据。除某教育咨询公司出具收据确认的 9500 元外，本案中胡某还主张其另外支付给案外人 5500 元，但该笔付款未经某教育咨询公司确认，根据在案证据亦无法体现与本案具有关联性，对该笔款项不予认定。对于已支付的课程费 9500 元，综合考虑合同期限、总课时、课程费用、胡某确认的已上课时等因素，酌定可退还 7854 元课程费。某教育咨询公司被注销，但未依法清算，庄某系某教育咨询公司的股东，应对某教育咨询公司案涉债务承担清偿责任。

福建省石狮市人民法院依照《中华人民共和国民法典》第一百四十三条、第五百六十三条、第五百六十六条，《最高人民法院关于适用〈中华人民共和国公司法〉若干问题的规定（二）》第二十条，《中华人民共和国民事诉讼法》第一百四十七条，《最高人民法院关于适用〈中华人民共和国民事诉讼法〉的解释》第六十四条、第九十条之规定，判决如下：

一、解除胡某与某教育咨询公司签订的《课程销售协议》；

二、庄某应退还胡某课程费 7854 元，并支付该款自 2023 年 8 月 10 日至实际清偿之日止，按年利率 3.55%计算的利息。

庄某不服一审判决，提起上诉。

福建省泉州市中级人民法院经审理认为：首先，关于课时数与课时费的认定问题。胡某购买的课时包括两部分，其一，为向某教育咨询公司直接购买60节课，其二，为向案外人邱某双受让65节课。胡某与某教育咨询公司签订的《课程销售协议》载明课时数为60节+65节+2节赠课，可认定案外人邱某双与胡某之间的债权转让已通知某教育咨询公司，某教育咨询公司对此知情并在双方的协议中予以确认，故胡某向某教育咨询公司实际购买的课时数为127节课，实际支付课时费15000元。其次，案涉《课程销售协议》是否应解除的问题。庄某自认该债务转移协议未告知胡某，而某教育咨询公司在未经债权人同意的情况下将案涉债务转移给第三人，并于当天办理注销登记，属于明显违约，胡某主张解除案涉合同，理据充分。最后，关于庄某是否应退还胡某课程费的问题。由于某教育咨询公司未经依法清算即注销，而庄某作为某教育咨询公司的股东，应对某教育咨询公司案涉债务承担清偿责任。

一审仅按照案涉《课程销售协议》约定的课时费9500元为基数计算应退课程费为7854元，胡某未提起上诉，系对其权利的处分。

福建省泉州市中级人民法院依照《中华人民共和国民事诉讼法》第一百七十七条之规定，判决如下：

驳回上诉，维持原判。

【法官后语】

预付式消费是指在零售、住宿、餐饮、健身、出行、理发、美容、教育培训等生活消费领域，经营者收取预付款后多次或者持续向消费者兑付商品或提供服务的交易方式。随着预付式消费模式的普及，充值办卡、按次扣费的消费模式已经深入生活的方方面面。实践中，经营者“卷款跑路”“套路营销”或“恶意逃债”等行业乱象时有发生，导致消费者“谈卡色变”。本案同时涉及债权转让、义务转移、合同解除、清算义务人等法律适用问题，系典型的预付式消费民事纠纷。

一、预付式消费合同债权的转让

根据《中华人民共和国民法典》第五百四十六条第一款的规定，债权转让是否对债务人发生效力的关键在于是否通知债务人。债权人转让合同权利无须经债务人同意，债务人接到权利转让通知后，转让行为即产生外部效力。本案中，胡某既是预付式消费合同的签订主体也是受让主体，其购买的课时包括两部分，其一，为向某教育咨询公司直接购买60节课，其二，为向案外人邱某双受让65节课。对于受让部分的效力，一、二审观点不一。一审法院未认识到向案外人受让课时属于债权转让的法律属性，直接以该笔付款未经某教育咨询公司确认不予认可，认定有误。胡某与某教育咨询公司签订的《课程销售协议》载明课时数为"60节+65节+2节赠课"，二审法院据此认定案外人邱某双与胡某之间的债权转让已通知某教育咨询公司，对胡某作为受让人的该部分债权予以确认，并确认胡某支付的总课时费为15000元，更有利于保护预付式消费合同债权受让人的合法权益。

二、预付式消费合同义务的转移

《中华人民共和国民法典》第五百五十一条规定："债务人将债务的全部或者部分转移给第三人的，应当经债权人同意。债务人或者第三人可以催告债权人在合理期限内予以同意，债权人未作表示的，视为不同意。"经营者某教育咨询公司在消费者胡某不知情的情况下，与某公司签订《债务转让协议》，未经消费者同意即将预付式消费合同义务转移给第三人，尽管胡某在不知情的情况下仍在原门店接受培训服务，但该合同义务转移对消费者自始不产生效力，且该行为属于明显违约行为，在合同义务受让者因经营不善无法继续提供培训服务时，胡某要求解除与某教育咨询公司签订的《课程销售协议》并要求退还其未消费的培训费用，法院应予支持。

三、清算义务人责任主体的认定

经营者收到预付款后因经营困难不能按照合同约定兑付商品或者提供服务的，应当及时清理资产和负债，并通知消费者办理返还预付款等事宜。本案中，某教育咨询公司与某公司签订《债务转让协议》后，于同日办理注销登记，在未经依法清算的情况下即注销，而合同义务受让者因经营不善无法继续提供培训服务时也未能主动向消费者退还预付款。庄某作为预付式消费合同相对方某教育咨询公司的股东，应依据《最高人民法院关于适用〈中华人民共和国公司法〉若干问题的规定（二）》第二十条的规定，对某教育咨询公司给消费者造成的损失承担民事责任，消费者胡某主张合同相对方某教育咨询公司的清算义务人庄某退还其未消费的培训费用，理据充分，应予支持。

编写人：福建省泉州市中级人民法院　孙玉纯　庄丽娜

52

教培类双务合同中双方违约责任的具体认定

——白某诉某教育科技公司教育培训合同案

【案件基本信息】

1. 裁判书字号

北京市海淀区人民法院（2023）京0108民初28987号民事判决书

2. 案由：教育培训合同纠纷

3. 当事人

原告：白某

被告：某教育科技公司

【基本案情】

2021年9月15日，白某与某教育科技公司签订《线上培训协议书》，协议约定：课程服务费为7249元，共17次课，每节课约60分钟；课程名称为“产品经理系统课”，目标为互联网产品经理岗位，包括实习、秋招、春招、社招；课程服务，包括但不限于学习课程、简历修改与定制、模拟面试、入职跟进等服务；系统课有效期为3个月，若超过课程有效期，课次没有核销完，需按照已报名课程总课时−实际上课课时×每次课费用进行补缴；自课程结课起6个月内，学员若未获得岗位，公司将退还学员缴纳的学费并提供续学优惠活动；退费政策：学员课消超过一半时，不予退费。

经询，双方当事人均认可：（1）白某现已付清全部培训费用7249元，但因白某单方原因逾期支付最后两期培训费。（2）白某已接受涉案协议约定的11次课程服务。（3）汤某是在白某上课期间与其全程对接的任课老师，汤某老师离职后，某教育科技公司并未为白某安排其他对接的任课老师。

白某主张自2022年5月起，某教育科技公司即不再向其提供课程服务，任课老师汤某离职，其他工作人员亦处于失联状态，某教育科技公司拒绝提供服务的行为构成违约，导致其无法找到工作，合同目的无法实现，故该公司应当退还全部培训费用7249元，并应支付违约金2174.7元。

某教育科技公司抗辩主张：（1）双方明确约定了培训服务有效期为3个月，而白某预约上课的时间明显超过课程有效期。后白某在购课约8个月之后不再预约课程，此后便主张退费。白某是因自身原因中断学习，并非公司方拒绝提供培训。（2）根据协议，白某需以分期付款的形式支付培训费用，但其存在逾期付款情形，属于违约在先，对于合同的履行存在明显过错。（3）合同约定消课一半即不退费，白某不符合该退费条件。故认为白某的诉讼请求没有事实及法律依据，请求驳回其全部诉讼请求。

关于培训情况，白某提交其汤某、某教育科技公司其他员工的微信聊天记录，老师及学员的微信群聊天记录等，证明其已接受培训服务的模式均为："汤某先与其预约上课时间—其回复确认上课时间—汤某按预约时间安排培训课程"，汤某离职后再无其他老师与其预约上课时间、为其安排培训课程。关于逾期付款，白某主张某教育科技公司向其催要逾期两期培训费后，其已付清，后该公司继续提供服务，故在该公司催缴全部培训费用后，仍应继续提供全部培训服务。关于消课一半不予退费的条款，白某主张为格式条款，某教育科技公司并未尽到提示告知义务，故不认可该条款作为不予退费的依据。

【案件焦点】

双务合同中，互负合同义务的合同双方均存在违约情形，违约责任应当如何认定。

【法院裁判要旨】

北京市海淀区人民法院经审理认为：白某主张某教育科技公司自2022年5月起唯一与其对接的任课老师汤某离职，其他工作人员亦处于失联状态，该行为构成违约，导致其无法找到工作，故该公司应当退还全部培训费用7249元，并应支付违约金2174.7元。某教育科技公司抗辩主张其提供培训服务模式为“白某先预约课程，公司后提供培训服务”，而白某超出课程有效期未预约课程，系因自身原因中断学习，且白某存在逾期支付培训费的行为违约在先，故不同意退费。白某对此不予认可，并提交微信聊天记录等证明其已经接受培训的11次课程服务均是由老师主动与其预约上课时间后才上课，且其付清逾期培训费后双方继续沿用上述模式履行合同，故主张某教育科技公司应当按此提供全部培训服务。

首先，某教育科技公司并未举证证明其在3个月课程有效期内进行了合理的课程及服务的规划与设置，以保障白某可以学完约定的17节课。其次，根据已提供的11次课程服务模式，可以看出在合同约定的3个月有效期内，以及在白某付清逾期培训费用后，双方一直采取“公司先向学员预约上课时间—双方确认时间后公司提供培训服务”的灵活上课模式进行实际履行，且双方均予以接受，故该公司应当继续沿用该模式提供服务。白某主张与其对接的唯一任课老师汤某离职后，与某教育科技公司失去联系，该公司亦未就其继续积极履行合同提交证据予以证明，故白某主张其违约，导致合同目的无法实现，法院予以采信。关于退费金额，考虑到白某作为教育培训接受方，亦负有按期足额支付培训费用的义务，现其逾期支付培训费用，虽后续已足额补交，违约过错程度较小，但亦应在退费中予以考量。最后，法院综合考量合同履行情况、双方违约的过错程度、双方违约给对方造成的实际损失等因素，酌情判令某教育科技公司向白某退还培训费6500元，未支持违约金的诉讼请求。

北京市海淀区人民法院依照《中华人民共和国民法典》第四百六十五条、第四百九十条、第五百零九条、第五百四十三条、第五百七十七条、第五百九十二条，《中华人民共和国民事诉讼法》第六十七条第一款之规定，判决如下：

一、某教育科技公司于本判决生效之日起七日内向白某退还培训费用6500元；

二、驳回白某的其他诉讼请求。

判决后，双方当事人均未上诉，本判决现已生效。

【法官后语】

双方违约是指合同双方均违反了各自的合同义务，存在两个违约行为，双方均应各自承担相应的违约责任。根据《中华人民共和国民法典》第五百九十二条的规定，当事人都违反合同的，应当各自承担相应的责任。当事人一方违约造成对方损失，对方对损失的发生有过错的，可以减少相应的损失赔偿额。

一、认定双方违约，应区分违反的合同义务类型

双务合同具有当事人互负义务、有偿合同、合同义务之间存在牵连关系等特征。合同义务除具有对价型的主合同义务，还有《中华人民共和国民法典》第五百零九条第二款规定的附随义务，第五百五十八条规定的后合同义务。据此，以违反合同义务性质的不同，存在违反对价型合同义务的双方违约行为和违反非对价型合同义务的双方违约行为。本案中，培训提供方违反了依约提供培训服务的主合同义务，培训接受方违反了依约按期支付培训费用的主合同义务，应属违反对价型合同义务的双方违约行为。笔者认为，除该种情形外，在一方违反主合同义务，另一方违反非主合同义务的情况下，附随义务、后合同义务等虽与主合同义务不具有对价性，但仍属于法定合同义务，在责任认定时，亦应作为裁判的考量因素。但违反附随义务、后合同义务等法定合同义务，应当承担的是赔偿损失等法定责任，而非违约责任。

二、双方违约情形下，合同解除权的行使需综合考量导致合同不能履行的原因、违约过错程度等因素

在一方违反主合同义务，另一方非主合同义务的情况下，因违反非主合同

义务并不必然导致合同目的无法实现，故对方并不因此享有法定合同解除权。例如，在买卖合同关系中，买受人未能依约按期支付货款，而出卖人按期交付货物，却未能按期同时移交货物使用说明、合格证照或未能在约定时间内开具发票等，买受人以出卖人存在违约行为，导致其无法正常使用货物，亦无法依据发票支付货款为由，主张出卖人违约，从而主张合同解除的，一般在双方无特别约定的情况下，该诉请不应得到支持。因在买卖合同关系项下，支付货款及交付货物是具有对价型的主合同义务，上述违反非主合同义务的行为往往属于可以补救的瑕疵行为，一般不影响合同目的之实现。

在双方均违反主合同义务的情况下，则须区分违约的过错程度。考虑法定解除权的立法本意，在一方严重违约，对方亦存在违约，但对方违约程度较轻，属于一般违约、轻微违约，则严重违约方亦不应因此享有法定解除权。此类案件中，焦点问题应当关注合同目的是否无法实现，解除权的行使一般应以合同目的无法实现为条件。本案中，学员主张培训方未能依约提供培训服务，培训方亦主张学员未能依约按期支付培训费用，支付培训费用与提供培训服务虽在合同义务类型上属于对价型合同义务，但学员在 12 期分期付款中仅逾期支付 2 期培训费用，后经催交后，在较短时间内已补齐培训费用，从双方沟通证据来看，培训方亦已认可且在收齐培训费用后又多次为学员按照以往上课模式继续提供服务。合同未能继续履行的根本原因，应在于与学员唯一对接的培训老师离职，学员身处外地，多方联络要求培训方继续提供服务无果，从而导致合同目的无法实现。故培训方在收齐培训费用后未能提供全部培训服务，较之学员虽有逾期但短期内予以补缴的违约行为，违约严重程度较高，学员应享有合同的法定解除权，但在违约责任认定中，较轻程度的违约行为亦应在违约责任认定中予以考量。

在双方均违反主合同义务，违约程度相当的情况下，合同约定有先后履行顺序的，负有先履行义务的一方应当先行履行合同义务，因其未能先行履行合同义务，导致合同目的无法实现的，对方享有合同的法定解除权。双方互负债务，没有先后履行顺序的，则应同时履行，否则一方享有同时履行抗辩权。特殊情况下，在先后履行顺序约定不明，则应结合合同性质、导致合同不能继续履行的根本原因等因素，综合判定何种违约行为系导致合同目的无法实现的根本原因，从而合理判定合同解除权的行使方式。

编写人：北京市海淀区人民法院　王媛媛

53

影响违约方行使司法解除权的条件

——刘某诉某文化体育公司教育培训合同案

【案件基本信息】

1. 裁判书字号

北京市第二中级人民法院（2024）京 02 民终 1870 号民事判决书

2. 案由：教育培训合同纠纷

3. 当事人

原告（被上诉人）：刘某

被告（上诉人）：某文化体育公司

【基本案情】

原告在被告处花费 22800 元购买儿童小轮车会员卡一张，卡内包含课时 1095 节（含赠课 730 节），有效期为 1 年，双方未签订书面教育培训合同。2023 年 3 月原告最后一次上课结束后，剩余课时 918 节及有效期 5 个月。原告认为接受训练过程中被告有频繁更换教练、多位经常授课教练离职且新教练专业水平低，案涉培训场地大面积缩减的情况，被告已不具备履行合同能力，故要求解除其与被告的教育培训合同关系。其购买的虽为特价卡，但系被告经营策略，不能成为被告拒绝退费的理由，主张退还剩余费用 13300 元。被告表示其公司售卖次卡和时间卡两种类型价格差异巨大，次卡单价固定且可延期，剩余课时未使用可以退费，允许冻结时效。但时间卡单价便宜，因该类卡价格极低所配套的次数为最大可用次数，即在有效期内不限次数但限制时间，其系统内也仅标记次数，并不对应单次价格，因此对有效期内未使用完的次数不予退费。原告办理的系时间卡，课程单价极低，双方虽未签订书面培训合同，但在原告购买课程时其已经告知该特价课不退不换，并要求在有效期内使用，过期作废。课程培训中，原告曾向被告提出停卡要求，被告予以答应但未在系统中记录，现同意按照之前对原告的承诺，延长原告课程有效期。案涉的培训场地确有缩减，但原告训练的项目主要集中在室内，案涉校区整体正常经营，且其他校区关闭后师资及其他资源会向丰台校区倾斜，并不影响原告继续接受课程训练。对于教练员师资问题，公司也配备具有相应资质的教练员可继续提供服务，故认为其具备继续履行合同能力，不同意解除合同及退还剩余费用。

【案件焦点】

1. 案涉教育培训合同是否达到解除条件；2. 退还费用是否恰当。

【法院裁判要旨】

北京市丰台区人民法院经审理认为：首先基于双方合法有效的培训合同，刘某与某文化体育公司约定的培训期限虽形式上届满，但实际上因某文化体育公司内部管理的原因导致刘某延长的培训期限并未在其公司系统中予以体现，故对于案涉培训合同的剩余期限，在刘某提出解除案涉培训合同时尚未届满。其次从案涉培训合同的性质来看，该合同中的债务标的属非金钱债务，刘某支付并购买的培训课程具有预付费性质；从合同履行的情况来看，刘某具有配合某文化体育公司履行培训服务的义务，某文化体育公司具有提供培训的义务，双方均应依约履行各自义务方能实现合同目的。但现刘某明确表示不愿继续履行合同，鉴于案涉合同的债务标的具有较强的人身属性，刘某继续接受某文化体育公司的培训服务的义务不适于强制履行，进而无法实现合同目的，对于刘某主张解除合同的诉讼请求予以支持，但案涉培训合同的解除并不免除刘某对违约责任的承担，对于刘某主张某文化体育公司退还剩余的培训费用的诉讼请求，一审考虑合同剩余期限、刘某违约解除的过错、某文化体育公司的运营成本、合同的履行情况酌情予以确定。

北京市丰台区人民法院依照《中华人民共和国民法典》第一百六十条、第五百六十六条、第五百六十七条、第五百八十条，《中华人民共和国民事诉讼法》第六十七条第一款，《最高人民法院关于适用〈中华人民共和国民事诉讼法〉的解释》第九十条之规定，判决如下：

一、解除刘某与某文化体育公司之间的案涉教育培训合同；

二、某文化体育公司于本判决生效之日起七日内向刘某退还培训费7000元、报名费158元；

三、驳回刘某的其他诉讼请求。

某文化体育公司不服一审判决，提起上诉。

北京市第二中级人民法院经审理认为：一审法院鉴于案涉培训合同具有较强的依附属性且在一方明确表示不愿继续履行合同的背景下，判令解除双方之间的教育培训合同并无不当，对于解除权行使的主体及行使的原因，二审表示：刘某以某文化体育公司违约为由主张解除合同并要求退还费用，但其在本案中提交的证据并不足以证明某文化体育公司存在违约行为，且已经导致合同目的无法实现。故一审法院认定案涉培训合同解除系因刘某的单方退费行为导致并无不当。对于某文化体育公司应否向刘某退还培训费用的问题，根据合同解除的法律后果而言，合同解除后，债权人享有请求赔偿损失或其他补救措施的权利，然后根据北京市关于单用途预付卡的管理规定，双方虽没有签订书面的培训合同，但某文化体育公司于刘某办理购买该培训卡时告知的剩余费用不退的表述内容，因属于对消费者不公平、不合理的规定而导致该声明应属无效，某文化体育公司表示对于其他案外人签订的合同中均有类似表述的标注，但此类条款系公司事先拟定，并用于所有办卡用户的合同条款，属于格式条款，此声明或标识因为不合理的免除或减轻其责任、加重对方责任、限制对方主要权利，亦与相关行政管理条例规定内容相悖，故刘某提出要求某文化体育公司赔偿剩余培训费用具有法律依据。对一审法院认定某文化体育公司退还刘某的费用，认为亦无不当。

北京市第二中级人民法院依照《中华人民共和国民事诉讼法》第一百七十七条第一款第一项之规定，判决如下：

驳回上诉，维持原判。

【法官后语】

本案主要涉及如何认定刘某作为违约方具备解除合同的条件和影响司法解除权行使因素的问题。根据《中华人民共和国民法典》第五百八十条第二款的规定，违约方对非金钱债务于满足该条第一款规定的三种除外情形时，享有司法解除权。法院在裁判中如何厘清司法解除权在实体界限和程序界限中的适用问题，以及如何认定“合同目的无法实现”这一情形。

长期以来对于违约方是否享有合同解除权争议较大，通说认为，在违约方已经不能履行合同的情况下，违约方虽然可援引《中华人民共和国合同法》（已失效）要求守约方的实际履行，但双方的合同关系并没有因此消灭，债务在合同预定的期限内始终存在。即守约方可以解除合同，但若拒绝行使解除权，违约方想要终止合同却苦于无法律依据，如此便形成了合同僵局。《中华人民共和国民法典》第五百八十条第二款的规定应运而生。本案中，刘某认为某文化体育公司不具备继续履行合同的能力，培训期限尚未届满即提出解除合同，但某文化体育公司认为其公司现具备继续履行合同的能力，不同意解除合同，因此双方陷入合同僵局。

违约方行使解除权解除案涉合同关系是否破坏了合同解除的体系，将合同解除实为一种违约救济的方式，理应由守约方享有的权利，但现由违约方开启是否侵害守约方权益？其实不然，合同解除的本质不应是违约救济，而应是终止双方的给付与对待给付义务，赋予违约方司法解除权，让双方有机会从当前合同僵局中解脱出来，并非对解除体系的破坏，反而是对合同解除体系的丰盈和充实。且相较违约方行使司法解除权解除合同关系后，守约方享有损害赔偿请求权，或要求违约方赔偿信赖利益或请求履行利益的赔偿，并不影响债权人的自由意志。本案中，法院支持刘某作为违约方解除合同的诉讼请求，一方面，基于合同较强的人身依附属性和预付费的消费模式特点，且刘某主观上不存在恶意违约；另一方面，某文化体育公司不同意解除合同且曾作出不预退款的声明因不当限制了消费者的主要权利，属格式条款中减轻自己责任或加重了对方责任，该声明应属无效的考量。

稳定的合同关系是有助于社会经济发展的，故为了促使交易繁荣经济，对于解除权的行使条件成就和影响“无法实现合同目的”等因素亦是法院审查的重点，第一，是否存在替代交易的可能性，合同履行中守约方是否能找到替代交易是影响和维持合同效力的关键因素，若是守约方很容易找到替代性交易，则在违约方提出解除合同时通常不会对守约方的利益产生过度的影响，且根据《中华人民共和国民法典》第五百九十一条的规定，一方违约后另一方也具有避免损失扩大的义务。但若相反情形，守约方无法找到替代交易或替代交易费用过高，则解除合同通常会对对方的利益产生不利影响，也会违背合同的效率内含价值，但守约方拒绝解除合同的行为是否违反诚实信用原则也是需要综合衡量的一个因素。本案中，某文化体育公司不愿解除合同的主要原因是出于运营成本、商业利益的考虑，同时拓客压力也是影响原因之一。第二，合同履行的不可苛求性，继续性合同具有较长的履行期，合同履行所依赖的缔约基础会随着履行期限的延长而发生双方当事人在订立合同时难以预料的变化，这部分变化属于当事人意思自治的空白地带，允许合同的解除反而是对当事人意思自治的尊重和保护。合同的信赖关系是该因素判断的核心要素，继续性合同的履行需要依靠彼此的信赖关系维持，但如果出现信赖关系障碍，则强制履行合同可能会造成双输的局面。本案中，基于考虑刘某和某文化体育公司之间的信赖基础已经发生动摇，故若强迫合同继续履行实属对于不能履行交易，以鼓励交易的名义强制履行，并不是真正的鼓励交易，而应当允许违约方通过起诉的方式行使解除权解除案涉合同。第三，司法解除权的行使并不要求违约方存在过错但《全国法院民商事审判工作会议纪要》中要求违约方不能存在恶意违约的情形，虽然过错和合同解除权之间没有必然关联，但确是法院衡量双方当事人利益的一个关键点。本案中，虽支持了刘某解除合同的诉求，但并没有支持其全部的退费金额也是基于该因素。第四，合同剩余期限。时间在持续性合同中具有核心意义，剩余合同的期限也影响合同履行的成本，剩余的合同期限越长，履约成本就越高，相应解除合同的正当性权重也会更高。

综上，违约方解除合同在满足一定条件的前提下可以得到支持，法院在审查司法解除权行使的条件是否成就时会参考上述多种因素，其目的在于交易，即时为当事人止损，保障双方利益均衡。

编写人：北京市丰台区人民法院　王淑贞

54

教培机构聘用无教师资格人员从事教学是否构成欺诈

——孟甲、孟乙诉某培训学校教育培训合同案

【案件基本信息】

1. 裁判书字号

河南省洛阳市中级人民法院（2022）豫03民终656号民事判决书

2. 案由：教育培训合同纠纷

3. 当事人

原告（被上诉人）：孟甲、孟乙

被告（上诉人）：某培训学校

【基本案情】

孟甲、孟乙系父女关系。2020年7月，孟甲为孟乙报名了某培训学校的一对一培训班，对高中数学、化学及生物三门学科进行辅导培训。孟甲分别于2020年7月29日、2020年11月22日及2020年12月22日分三次刷卡向某培

训学校支付学科培训费8350元、2820元、22000元，加上税费共计33444元。孟乙在某培训学校培训近半年后，成绩未出现明显提高，孟甲得知某培训学校为孟乙进行学科培训的三科老师均没有教师资质，故以此为由向区教育体育局举报，要求某培训学校立即整改并退还其培训费用。区教育体育局于2021年6月21日下发《民办教育机构整改通知书》，要求某培训学校立即关停，针对存在的“有教师未取得教师资格证上岗”问题限期15日内进行整改，上报整改措施，并于15日内接受复检。某培训学校于2021年7月8日向孟甲退还未完成教学部分的培训费共计12320元。某培训学校的工商登记信息显示企业类型为民办非企业单位，营业期限为2017年6月15日至2021年6月15日，且具体负责实施教学的某培训学校分支机构现已停业，处于关门状态。某培训学校为孟乙安排的生物老师于2010年6月15日取得高级中学生物教师资格证；化学老师于2021年7月取得高级中学化学教师资格证；数学老师尚未取得教师资格证，但于2019年考过“数学学科知识与教学能力”、2021年上半年考过“教育知识与能力”。某培训学校提交的聊天记录显示，自2020年7月26日起至2021年5月7日止，某培训学校多次向孟乙的监护人反馈辅导和孟乙的学习情况。

孟甲、孟乙提出如下诉讼请求：（1）判令某培训学校退还培训费用共21124元；（2）判令某培训学校支付三倍赔偿金63372元；（3）本案诉讼费、保全费等由某培训学校承担。

【案件焦点】

教育培训机构聘用无教师资格教师从事教学是否构成欺诈，是否适用“退一赔三”的惩罚性规定。

【法院裁判要旨】

河南省洛阳市洛龙区人民法院经审理认为：原告虽未与被告签订“一对一”专科辅导教育培训合同，但原告为其女原告孟乙在被告处缴纳了相应培训费用，其与被告某培训学校之间已形成教育培训合同关系，原告履行了支付培训费的义务，被告亦应按要求提供相应培训辅导。另外，教师的资质条件系影响教育培训合同中接受服务一方当事人权益的重要因素。作为教育培训机构，外界有理由相信被告对外提供的教育培训辅导及配备的师资有较强的权威性。本案中，原告孟甲基于对被告师资及名气的信任，为其女在被告处报名了培训班，而被告某培训学校在履行义务时不仅提供了没有专业资质的教师，还隐瞒了三位培训人员均无教师资质的事实。根据2018年国务院办公厅发布的《关于规范校外培训机构发展的意见》中“校外培训机构必须有相对稳定的师资队伍……从事语文、数学、英语及物理、化学、生物等学科知识培训的教师应当具有相应的教师资格”的相关规定及区教育体育局对被告作出的《民办教育机构整改通知书》，被告某培训学校存在聘用无教师资格教师从事教学的问题，其行为已构成欺诈。《中华人民共和国消费者权益保护法》第五十五条第一款规定：“经营者提供商品或者服务有欺诈行为的，应当按照消费者的要求增加赔偿其受到的损失，增加赔偿的金额为消费者购买商品的价款或者接受服务的费用的三倍……”故对于原告要求被告退还剩余培训费用及承担三倍赔偿的诉讼请求，本院予以支持。被告经本院合法传唤未到庭参加诉讼，也未提交证据予以反驳原告的诉讼请求，视为放弃答辩、举证、质证等相关诉讼权利，由此产生的不利法律后果应由其自行承担。

综上所述，河南省洛阳市洛龙区人民法院依照《中华人民共和国民法典》第五百零九条，《中华人民共和国消费者权益保护法》第五十五条，《中华人民共和国民事诉讼法》第六十四条、第一百四十四条之规定，判决如下：

被告某培训学校于本判决生效后十日内退还原告孟甲、孟乙培训费21124元，并赔偿二原告63372元。

某培训学校不服一审判决，提起上诉。

河南省洛阳市中级人民法院经审理认为：关于某培训学校是否应按照已授课部分培训费的三倍63372元承担赔偿责任的问题，一审法院判令某培训学校承担三倍赔偿责任的依据为《中华人民共和国消费者权益保护法》第五十五条，适用该条的前提应当认定经营者提供服务具有欺诈行为。对于欺诈行为的认定，在本案中应当证实某培训学校在与孟甲订立合同时明知自己的行为会使孟甲、孟乙陷入错误认识，仍然故意为之。二审庭审中，孟甲与孟乙认可双方在口头商定订立合同时并未对老师是否具有教师资格向某培训学校进行询问，依据现有证据不能认定某培训学校系通过虚假宣传、故意隐瞒等欺诈手段使孟甲与其订立培训服务合同，一审法院认定某培训学校具有欺诈行为的事实依据不足。对于已上课时费21124元是否应予退还的问题，根据本案审理查明的情况，孟甲及孟乙在近一年的合同履行过程中未对某培训学校提供的授课老师资质提出异议，结合孟甲为孟乙续费的事实，应当认定其二人以行为认可合同的实际履行。但根据国务院办公厅发布的《关于规范校外培训机构发展的意见》的相关规定，某培训学校聘用的老师应当具备教师资格，因某培训学校安排给孟乙授课的三名老师在给孟乙授课时，仅有生物老师取得了相应学科的教师资格证，数学及化学老师尚未通过全部考试并取得教师资格证，应当认定某培训学校对于合同的解除存在过错，本院酌定按照已授课时费的一半判令退还，即某培训学校应退还孟甲、孟乙的费用为10562元。

河南省洛阳市中级人民法院依照《中华人民共和国消费者权益保护法》第二条，《中华人民共和国民法典》第五百六十六条，《中华人民共和国民事诉讼法》第一百七十七条第一款第二项之规定，判决如下：

一、撤销河南省洛阳市洛龙区人民法院（2021）豫0311民初9924号民事判决；

二、某培训学校于本判决生效后十日内退还孟甲、孟乙培训费10562元；

三、驳回孟甲、孟乙的其他诉讼请求；

四、驳回某培训学校的其他诉讼请求。

【法官后语】

一、教育培训领域欺诈的认定标准

认定培训机构是否构成欺诈，重点要明确以下三点：第一，是否故意提供了虚假信息，通过公共社交平台发布与教育培训相关的虚假信息，虚假宣传师资力量，如取得教师资格证、拥有多年从教经验、拥有高级或一级教师职称等。第二，是否故意隐瞒真实情况，如宣传介绍某老师为资深老师，但该老师却因为其他原因被注销了教师资格证，教育培训机构对此予以隐瞒。如果教育培训机构只是未向家长或学生主动告知老师资质、提供的老师取得教师资格证的情况，而没有故意提供虚假信息、虚假宣传或在家长询问时故意隐瞒，并且提供了真实、有效的培训服务，则很难认定其具有欺诈行为。第三，是否向学生家长传递学生在培训机构的虚假正面信息。鉴于教育培训的特殊性，学生在培训机构的情况往往只有培训机构的老师知晓，且家长对老师往往具有信任感，更容易相信老师反馈的情况。教育培训具有长期性的特点，并非一次性交易，机构反馈的信息通常是家长决定是否维持培训合同关系的重要考量因素。

在审判实践中认定教育培训机构是否为欺诈，需对教育培训机构的主观目的、客观行为、合同约定及家长或学生的认识能力等进行综合判断。本案中，某培训学校在与孟甲、孟乙订立合同前安排了试听课，且未对其老师均具有教师资格证进行宣传或故意隐瞒，孟甲、孟乙亦未对老师是否具有教师资格证进行询问，并进行多次续费，故现有证据不能认定孟甲、孟乙在某培训学校的诱导下作出错误的意思表示，某培训学校不构成欺诈。

二、教育培训欺诈是否适用“退一赔三”的规定

在教培领域，培训机构存在欺诈行为，能够适用三倍惩罚性赔偿，存在一定争议，主要有以下两种观点：一是教育培训属于生活消费，适用三倍惩罚性赔偿规定。根据《国务院办公厅关于规范校外培训机构发展的意见》的规定，从事学科知识培训的教师应具有相应的教师资格。教育培训属于生活消费，可适用《中华人民共和国消费者权益保护法》关于惩罚性赔偿的规定，培训机构向消费者隐瞒教师未取得教师资格证的事实，构成消费欺诈，应承担“退一赔三”的民事责任。二是教培机构具有公益属性，且不属于“为生活消费需要接受服务”，不适用消费者保护法中的三倍惩罚性规定。该观点认为教育培训机构为民办非企业单位，根据国务院《民办非企业单位登记管理暂行条例》的规定，其为从事非营利性社会服务活动的社会组织，并非营利法人。《中华人民共和国民办教育促进法》第三条第一款规定，民办教育事业属于公益性事业，是社会主义教育事业的组成部分。因具有公益性、义务性的特征，不能适用

《中华人民共和国消费者权益保护法》。并且《中华人民共和国消费者权益保护法》属于经济法范畴，该法第二条规定消费者为生活消费需要购买、使用商品或者接受服务，其权益受本法保护。接受校外学科培训、提高雅思成绩、提高学历等服务，双方之间形成的是教育培训法律关系，目的在于为提高成绩或获得某种技能而接受教育培训机构的培训服务，不属于“为生活消费需要接受服务”，故不属于《中华人民共和国消费者权益保护法》的调整范围。

笔者认为，教育培训服务属于生活消费，若构成欺诈，应适用三倍惩罚性赔偿规定，原因有以下几点：一是提高教培违法成本，规范行业发展的现实需要。近年来，教育培训消费一直呈快速上升趋势，尤其是线上培训业务快速发展，足不出户就可以享受到各种教育培训服务。教育培训行业快速发展、营利颇丰，以及违法成本低的特点也带来了负面问题，导致培训机构的服务质量良莠不齐，不少教育培训机构在被监管部门查处并限期整改后，“时限”一过又继续营业。为减少类似上述不规范现象，基于对教育培训行业规范、长期健康发展的考虑，除健全法律法规，明确监管部门的职责划分外，适用《中华人民共和国消费者权益保护法》三倍惩罚性赔偿的规定，也可以提高教育培训机构的违法成本，促进教育培训行业健康和稳定发展。二是生活消费不仅限于物质生活，也应当包括精神生活消费。随着人民生活水平的提高，物质生活得到极大满足，对精神生活的追求显得更为重要，法条所表述的“生活消费”，不仅应包含物质生活消费，也应包含精神生活消费。无论是上课外培训班，还是接受某种技能培训，都是一种发展型的消费，属于精神生活消费的范畴，对教育培训的投入应属于生活性支出。

编写人：河南省洛阳市中级人民法院　刘静　赵金金

（五）医疗服务合同

55

特殊医疗机构的安全保障义务判定标准

——王某诉某医院医疗服务合同案

【案件基本信息】

1. 裁判书字号

重庆市第一中级人民法院（2023）渝01民终11411号民事判决书

2. 案由：医疗服务合同纠纷

3. 当事人

原告（被上诉人）：王某

被告（上诉人）：某医院

【基本案情】

原告王某之女赵某（生于1997年）因患精神分裂症于2022年10月7日入住被告某医院（系从事精神医疗救治的民营医院）进行封闭式住院治疗，并予以二级护理。赵某入院后，因行为冲动、无故打人、不服管教于2022年11月17日进行单间隔离治疗。2022年11月17日医生的查房记录显示：患者意识清楚，接触合作、问话回答、注意力部分集中、现患者病情较为反复，加强观察患者情况变化，加强巡视、防伤人、毁物等内容。同日，《精神科风险评估量表》显示，冲动行为风险为高风险，其他风险评估为中度风险。2022年11月24日《精神科风险评估量表》显示，赵某冲动行为风险为高风险，其他风险评估为高风险。2022 年 11 月 25 日 20 时，赵某被发现用衣服自缢于窗户铁栅栏上（该铁栅栏横向第一根距离地面 217 公分），因抢救无效，赵某于当日宣布临床死亡。2022 年 11 月 25 日，某医院医生于 9 时 27 分进行查房，护理人员在当天分别于 17 时 50 分、17 时 53 分、18 时 05 分、18 时 27 分对赵某进行巡视。

【案件焦点】

某医院是否存在违约行为，是否应当对赵某的死亡承担赔偿责任以及承担赔偿责任的比例。

【法院裁判要旨】

重庆市璧山区人民法院经审理认为：赵某被送到某医院住院治疗，双方形成医疗服务合同关系。某医院存在以下违约行为：第一，赵某《精神科风险评估量表》显示自伤风险为中度，医生查房记录显示病情较为反复，要求加强观察其情况变化、加强巡视后，从 2022 年 11 月 19 日后的四天无查房记录。第二，某医院举示的《精神科护理学》载明有自伤的患者，应给予一级护理，将患者安置在护士易于观察的病室内，每 30 分钟巡视一次，某医院没有对赵某进行一级护理，且自 18 时 27 分至 19 时 57 分未对赵某进行巡视，让赵某有时间实施自缢行为，未尽到医护责任。第三，某医院未举证证明对赵某进行护理的人员有精神科护士执业证，对赵某心理治疗人员有心理咨询师执业证。第四，铁栅栏安装存在安全隐患，给赵某自缢提供了条件，说明其未配备适宜的设施。据此，重庆市璧山区人民法院认为某医院应承担赵某死亡的全部赔偿责任。

重庆市璧山区人民法院依照《中华人民共和国民法典》第五百七十七条、第九百九十六条、第一千一百七十九条，《中华人民共和国精神卫生法》第二十五条、第三十八条，《中华人民共和国民事诉讼法》第六十七条第一款之规定，判决如下：

一、被告某医院于本判决生效后十日内赔偿原告王某各项损失共计 993663 元；

二、驳回原告王某的其他诉讼请求。

某医院不服一审判决，提起上诉。

重庆市第一中级人民法院经审理认为：某医院作为精神卫生医疗机构，收治患者具有特殊性，故对于患者安全保障义务应高于一般医疗机构，因其未尽到足够的注意义务，导致赵某自缢身亡，应承担服务不到位的责任。对于其责任的比例问题，首先，赵某对常见事物的理解能力、判断能力正常，没有完全丧失行为能力的表现，不存在一级护理的必要；其次，某医院医护人员配备符合规定，且内因是赵某死亡的主要原因；最后，某医院工作人员的查房、巡查没有超过护理必须，铁栅栏安装符合规范，赵某使用贴身衣物作为自伤工具超出某医院可预防、可预见的范围。据此，重庆市第一中级人民法院综合赵某死亡因果关系和某医院的违约责任大小等因素，酌定某医院对赵某死亡承担25%的责任。

重庆市第一中级人民法院依照《中华人民共和国民事诉讼法》第一百七十七条第一款第二项之规定，判决如下：

一、撤销重庆市璧山区人民法院作出的（2023）渝0120民初785号民事判决；

二、某医院支付王某各项损失235915.75元。

【法官后语】

本案中，某医院作为精神卫生医疗机构，其负有合同义务的同时作为公共场所管理者还依法负有安全保障义务。因其服务对象的特殊性，精神卫生医疗机构的安全保障义务要高于一般医疗机构，与一般医疗机构中提供安全的物理环境不同，精神卫生医疗机构还需要特别注意患者的心理健康，要预防患者因疾病发生的伤人或自伤等事件的发生。当侵权事故发生后，精神卫生医疗机构是否承担责任以及承担责任的多少应从以下几个方面进行考虑：

第一，精神卫生医疗机构负有合同义务，其合同中关于免除自身责任的条款应为无效条款。因收治患者的特殊性，精神卫生医疗机构收治患者治疗期间多为封闭式管理，但其为规避相关责任，在其提供的格式条款合同中，均约定有免予医疗机构责任的条款。根据《中华人民共和国民法典》第五百零六条的规定，合同中对于造成对方人身伤害或因故意或重大过失造成对方财产损失的免责条款无效。所以即便合同中有关于在治疗期间发生患者自伤、自残等事件时，精神卫生医疗机构不承担责任，该条款也应无效。精神卫生医疗机构是否承担赔偿责任应综合考虑其是否按约履行了合同义务以及是否依法履行了安全保障义务。

第二，精神卫生医疗机构的安全保障义务应高于一般医疗机构。精神卫生医疗机构中，因其患者均患有精神类疾病，且其患病期间多为无行为能力或限制行为能力人，故需要特别注意患者的心理健康，预防患者因疾病发生的伤人或自伤等事件的发生。《中华人民共和国精神卫生法》对开展精神障碍诊断、治疗活动的医疗机构的医护人员资质，设施、设备等进行了规定，同时还要求保护就诊和住院治疗的精神障碍患者的人身安全，防止其受到伤害，并要求为住院患者创造尽可能接近正常生活的环境和条件。故对于精神卫生医疗机构是否履行了安全保障义务应从其病房设置、人员配备、诊疗行为等方面进行审查。

第三，精神卫生医疗机构的安全保障义务应在合理限度内。审查精神卫生医疗机构是否合理地履行了安全保障义务，还应当从其是否采取了合理的防范措施以及侵权行为发生后是否采取有效性防止损失扩大等方面进行考虑。就本案而言，赵某在作出自伤等行为时其病房中并未有一般人看来可用于自伤的工具，其利用自身贴身衣物作为自伤的工具，超出了某医院可以预防和预见的程度，若把这种超出防范和预防范围的高度风险责任完全归咎于某医院，将有失公平。

编写人：重庆市璧山区人民法院　杨晓静　刘晓旭

（六）网络直播经纪服务合同

56

MCN 公司①与主播之间的法律关系界定

——某文化传媒公司诉吴某网络直播经纪服务合同案

【案件基本信息】

1. 裁判书字号

江苏省南通市中级人民法院（2023）苏06民终5661号民事裁定书

2. 案由：网络直播经纪服务合同纠纷

3. 当事人

原告（上诉人）：某文化传媒公司

被告（被上诉人）：吴某

【基本案情】

2022年9月10日，原告（甲方）某文化传媒公司与被告（乙方）吴某签订《艺人合作协议》约定：甲乙双方经充分沟通，一致同意由甲方作为乙方在全球范围内的互联网演艺经纪公司，并由甲方独家代理乙方的互联网演艺经纪及互联网经纪事宜。乙方在甲方指定平台直播，礼物提成为基础45%的平台奖励，每月由直播平台结算。需要完成平台直播每月累计时长156小时，每月直播26天。甲方支付1万元人民币签约费给乙方。该协议附件包括《个人直播行

① MCN公司是一种专门从事网络视频内容创作与营销的机构。

为规范》《稳定直播协议》。《稳定直播协议》中约定：乙方直播时长。因甲方对乙方前期投入并支付签约金1万元人民币整。乙方签约主播在甲方指定平台每月有效直播时间累计不低于156小时，或单次出勤时间不低于5小时，规定出勤天数为每月26天/人。合作期内，非客观因素，乙方多次未达到有效出勤数，经甲方多次协商无效的情况下，必须退还甲方1万元签约金，并支付甲方投资款的两倍罚款。

2022年9月6日，原告通过其法定代表人邓某账户向被告吴某转账1万元，并在摘要处备注“艺人签约费”。被告主张该费用为原告为挖被告而直接支付给第三方的赔偿金。

签订合同后，被告吴某在其扬州住处进行直播。被告在2022年10月、12月、2023年1月、2月、3月直播时长均未达到双方合同所约定的直播时长。

【案件焦点】

原告（MCN公司）与被告（主播）之间是何法律关系。

【法院裁判要旨】

江苏省南通经济技术开发区人民法院经审理认为：原告与被告签订的《艺人合作协议》（含附件《个人直播行为规范》《稳定直播协议》），系双方当事人的真实意思表示，内容不违反法律、法规的强制性规定，属合法有效，双方均应按照合同约定履行各自的义务。本案中，依照双方签订的合作协议，被告吴某对自己的直播时间、地点、内容均有一定的自主决定权，与劳动、劳务合同的人身依附性及管理隶属关系特征不同，其收入不是直接来源于原告，而是来源于直播平台中用户对主播打赏的网络增值服务收益分成，与劳动、劳务合同中的劳动、劳务报酬有明显区别，故认定原、被告双方为合同法律关系，是经纪合作关系，而非劳动关系。被告吴某在2022年10月、12月、2023年1月、2月、3月均未达到双方合同所约定的直播时长，构成违约。根据双方合同第八条的约定，原告有权要求解除合同。双方合同约定，合作期内，非客观因素，被告多次未达到有效出勤数，经原告多次协商无效的情况下，必须退还原告1万元签约金，并支付原告投资款的两倍罚款。法院认为，双方合同对违约金的约定明显高于原告的损失。关于原告主张被告返还签约费1万元，原告已实际支付该费用，且符合双方约定，故法院予以支持。关于原告主张被告赔偿双倍投资款共计92288元，法院结合原告所提交的被告在2022年10月、12月、2023年1月、2月、3月的直播时长及流水、原告提成比例及被告达到直播时长后原告获得的返点比例，考虑原告的预期利润，酌情调整为1万元。

江苏省南通经济技术开发区人民法院依照《中华人民共和国民法典》第五百六十二条、第五百六十六条、第五百八十五条之规定，判决如下：

一、解除原告某文化传媒公司与被告吴某于2022年9月10日签订的《艺人合作协议》（含附件《个人直播行为规范》《稳定直播协议》）；

二、被告吴某于判决发生法律效力之日起十日内返还原告某文化传媒公司签约费1万元并赔偿损失1万元，合计2万元；

三、驳回原告某文化传媒公司的其他诉讼请求。

某文化传媒公司不服一审判决，提起上诉，后其撤回上诉，江苏省南通市中级人民法院裁定：

准许其撤回上诉。

【法官后语】

随着互联网技术的普及和成熟，直播行业发展迅速，MCN公司也随之应运而生，并获得巨大的发展空间。MCN公司通过签约、管理、培养主播，提供营销推广、刷流量、接商单等各方面的直播服务，成为主播背后不可或缺的推手。正是这一新兴行业的兴起，也随之带来了一系列的法律问题，最基础的就是MCN公司与主播之间的法律关系界定。

由于主播的收益与其直播时长密切相关，所以MCN公司在合同中往往会规定主播的直播时长、地点、方式等。因此，当双方发生争议时，主播可能会主张双方构成劳动关系，从而要求MCN公司给予相应的劳动保障。但实践中，MCN公司不会与主播直接签订劳动合同，而是签订合作协议或经纪合同，究竟如何界定两者之间的关系，应考量以下几个方面因素。

一、身份管理方式

MCN公司对主播都会存在管理行为，但管理行为的具体方式直接影响管理行为的定性。因此，主要是看MCN公司对主播是否实施了具有明显人身隶属性的管理。

如MCN公司对主播进行考勤管理、工作纪律约束、请假管理等与一般用人单位规章制度相似的管理，或对主播的直播时长、地点、内容等有绝对控制权的，主播对直播活动缺乏自主决定权，超出平等主体间合作关系的权利义务范畴，通常认为两者之间成立劳动关系。

当然，并不是所有规定直播时长的情形，都能认定为成立劳动关系。如本案中，MCN公司虽然在合同中约定了主播的直播时长，但这并不意味着就构成了劳动法意义上的人身关系。多数情况下，双方签订的合作协议中都会约定主播的直播时长，这也是由其行业的特殊性决定的。主播以及其背后的孵化机构MCN公司，主要的收入来源是直播时的打赏、提成、平台返点等，这与直播的时长几乎是成正比的。因此，MCN公司在合同中规定主播的直播时长，主要是为了保障双方合作协议的顺利履行，但在此情况下则不能视为是劳动关系。

二、收益分配方式

主播在直播活动中的收益，通常为直播打赏、粉丝礼物或者品牌商家根据带货情况给予的坑位费、佣金等。因此，主要是看主播与MCN公司之间是否存在明显的经济依附性。

如MCN公司完全掌握主播的直播收益，同时通过给予主播固定薪酬或者底薪加上提成的方式，给予主播相对较为稳定的收益，这就类似于传统的用人单位和劳动者之间的收入分配方式，则可认为双方之间存在较强的经济依附性，从而认定两者之间存在劳动关系的特征。

如主播的直播收益并非由MCN公司控制，而是由其所在的直播平台自动分账，或者其直播收入虽由MCN公司支付，但主要是主播通过网络直播或者粉丝打赏所得，MCN公司仅是按照其与直播平台和主播之间的约定比例进行收益分配，则通常不会被认定为两者之间成立劳动关系。如本案中，主播的收入主要源于直播平台中用户对主播打赏的网络增值服务收益分成，与劳动、劳务合同中的劳动、劳务报酬有明显区别，如果MCN公司无法掌控主播的收入金额，则不能视为是劳动关系，而是经纪合作关系。

三、具体业务组成

MCN公司主营业务范围通常包括电商销售、制作广告、演出经纪代理、文化艺术交流活动策划等。因此，主要是看主播提供的直播服务是否为MCN公司的业务组成。

如果主播提供的直播内容，属于MCN公司的主营业务范围，则符合劳动关系的特征。但是，在直播带货的模式下，不仅要考量直播活动本身是否包含在MCN公司经营的范围内，还要注意主播直播销售的货物或服务是否包含在MCN公司的主营业务之中。只有在两者均满足条件的情况下，才能认定构成劳动关系。

就目前MCN公司与主播之间的合作模式而言，多数情况下，两者之间是平等主体之间的经纪合作关系，成立劳动关系的往往是少数。因此，双方在签订合同时，应更审慎、明确地约定双方的权利义务，包括工作安排、收益分配方式、合作方式、知识产权的权属界定、违约责任等，从而保障双方的合法权益，让该行业在法律框架内良性发展，让该新型业态更好地服务于社会生活。

编写人：江苏省南通经济技术开发区人民法院　黄晓莉

（七）其他热点类型服务合同

57

代运营方是否履行“涨粉”义务的司法认定

——王某诉周某等服务合同案

【案件基本信息】

1. 裁判书字号

河北省石家庄市中级人民法院（2023）冀01民终8728号民事判决书

2. 案由：服务合同纠纷

3. 当事人

原告（反诉被告、被上诉人）：王某

被告（反诉原告、上诉人）：周某、马某、刘某、孟某

【基本案情】

某公司为有限责任公司，注册资本为50万元，于2022年10月24日注销，股东有：刘某，认缴出资17.5万元；周某，认缴出资12.5万元；孟某，认缴出资10万元；马某，认缴出资10万元。

2021年1月1日，原告（甲方）和某公司（乙方）签订《某社交软件达人孵化代运营合同》。该合同约定：甲方委托乙方为个人账号提供某社交软件运营服务；乙方保证服务周期内，甲方个人账号实现从0粉丝增长到30万粉丝数的目标；委托期限为2021年1月1日至4月30日；合同总价款为21万元；运营周期结束后，如粉丝数未达到30万，乙方退还甲方50%服务费用。运营周

期结束后，如粉丝数未达到10万，乙方全额退款。

合同签订后，某公司运营7××0某软件账号。2021年1月4日至7月25日，原告向被告周某转款23万元。8月2日，某软件账号更换绑定手机，更换为王某手机号。此时，该账号首页显示粉丝数30.2万。11月19日，涉案账号首页仍显示粉丝数30.2万。

原告称2021年11月22日使用某软件自带的自助清粉功能进行检测、清理，某软件清粉视频截屏显示，自助清粉功能检测发现违规粉丝144203个，占比49.7%。清理后，涉案账号首页显示粉丝数15.8万。

经搜索，某软件账号当前粉丝量15.4万，作品36个，最后一个作品发布时间为2021年11月22日，前一个作品发布时间为2021年7月27日。

四被告称，原告仍欠付被告服务合同价款16050元。原告称，对欠付的16050元，其在后续已向被告支付12000元。

现原告起诉要求四被告向原告返还服务费21万元并支付相应违约金；四被告提出反诉请求，主张原告支付被告合同价款16050元。

【案件焦点】

1. 如何认定某公司履行合同义务，增加涉案账号粉丝的质量标准；2. 原告对某公司交付的涉案账号中粉丝的数量及质量提出的异议是否在合理期限内。

【法院裁判要旨】

河北省石家庄市裕华区人民法院经审理认为：对于某公司是否依约全面履行了自己的义务问题，虽然涉案合同中未对粉丝质量的具体标准进行约定，但该合同中约定的粉丝应为真实粉丝，不包括某平台认定的虚假粉丝，主要原因有以下几点：一是在当今网络时代，粉丝数量的增长是网络平台电商的主要利益增长点，也是本案合同中某公司的主要义务。对于王某来说，订立合同的本意无疑是想获得更多的真实粉丝，为以后的电商直播增加更多人气奠定基础。虚假粉丝虽然能够增加粉丝数量，一定程度上增加账号的吸引力，但会对账号产生受到垃圾行为骚扰等多种不良影响，甚至有可能造成账号直播间被封禁。

某公司作为代运营公司，对王某的真实意思表示是应当知道的。故根据合同双方的真实意思表示，合同中的粉丝应为真实粉丝。二是当合同双方对粉丝质量约定不明时，应作出正向价值取向的理解。清理虚假粉丝会保护用户免受垃圾行为的骚扰，并远离钓鱼网站、虚假营销等带来的潜在威胁，用户也能通过真实的粉丝量判断账号的价值，这也将鼓励更多账号创造出优质的内容和服务，从而提升网络平台的整体质量，为用户提供更多有价值的内容。故真实粉丝是创造优质网络环境的应有之义，也是合同内涵的应有之义。王某自2021年8月2日至11月21日运营涉案账号期间没有发布作品，且在粉丝没有大幅增长的情况下，于2021年11月22日通过某平台检测出违规粉丝144203个，足以认定该144203个违规粉丝系某公司运营所导致。故某公司实际完成增长粉丝数量约为15.8万。

关于王某提出异议是否超出合理期限。某公司作为代运营公司，相对于王某来说，具备更专业的社交平台运营知识，应当知道涉案账号的部分粉丝是不符合约定的。故王某对某公司提出异议的期间不受合理期间的限制。即使认定王某应当在交付之日就使用自助“清粉”功能进行检测，那么从交付的2021年8月至王某提出异议的2021年11月为四个月，相对于涉案账号的使用期限来说也是比较短暂的期间。故不能认定王某提出异议超出合理期限。综上，根据合同约定，某公司应退还王某50%的服务费用，即10.5万元（21万元/2）。

某公司已于2022年10月24日自行清算后注销，王某的债权确定时间在该公司注销登记之后，属于可补充申报的债权。四被告作为该公司的股东均未实缴出资，应在未缴出资范围内对公司债务承担连带清偿责任。故周某、刘某、孟某、马某应在未缴出资范围内对王某10.5万元的债权及违约金承担连带清偿责任。

河北省石家庄市裕华区人民法院依照《中华人民共和国民法典》第五百零九条、第五百七十七条、第五百八十四条、第六百二十一条，《最高人民法院关于适用〈中华人民共和国公司法〉若干问题的规定（二）》第十四条、第二十二条，《中华人民共和国民事诉讼法》第六十七条之规定，判决如下：

一、周某（在未出资 12.5 万元范围内）、刘某（在未出资 17.5 万元范围内）、孟某（在未出资 10 万元范围内）、马某（在未出资 10 万元范围内）于本判决生效之日起十日内退还王某合同款 10.5 万元，并支付违约金（违约金以 10.5 万元为基数，自 2021 年 11 月 22 日起至实际付清之日止，按中国人民银行授权全国银行间同业拆借中心 2023 年 4 月即原告起诉时公布的一年期贷款市场报价利率计算）；

二、王某于本判决生效之日起十日内支付周某、刘某、孟某、马某装修款 4050 元；

三、驳回王某的其他诉讼请求；

四、驳回周某、刘某、孟某、马某的其他反诉请求。

周某、刘某、孟某、马某不服一审判决，提起上诉。

河北省石家庄市中级人民法院经审理认为：同意一审法院裁判意见，依照《中华人民共和国民事诉讼法》第一百七十七条第一款第一项之规定，判决如下：

驳回上诉，维持原判。

【法官后语】

在当今网络信息时代，数字经济运行新模式的不断涌现给民商事审判提出了新要求，也带来了新挑战。如何坚持鼓励和规范并重，既能为激发数字经济活力留出空间，又能助力营造干净安全的法治化网络营商环境，是司法实践中值得探讨的问题。

本案的核心在于，如何审查认定某软件账号代运营公司的服务成果是否符合合同约定。合理审查该服务成果的属性才能促进代运营经济活动的有序良性发展，激发数字经济的健康活力。代运营合同的服务成果作为一种智力成果，目前还没有相应的国家标准、行业标准或通常标准，因而在运营合同对质量标准没有明确约定的情况下，无法适用《中华人民共和国民法典》第五百一十条、第五百一十一条的规定来确定服务成果的质量。结合代运营经济活动的实际履行情况，根据合同法律法规的相关规定，笔者认为可以按照以下审理思路对代运营的服务成果是否符合合同约定进行审查认定：

一、代运营的服务成果形式上是否符合合同约定

审查代运营的服务成果是否符合合同约定首先应进行形式上的审查。代运营合同大多约定服务提供方在服务需求方账号上一定期限内发布短视频的数量、粉丝量或直播达到的观看量、产品销售量等。这些数据可以较为直观地呈现，若代运营的服务成果形式上与合同约定内容不一致，则可以按照合同约定判定服务提供方的违约责任。若代运营的服务成果形式上与合同约定内容一致，可再进行下一步的深入审查。

二、代运营的服务成果实质上是否实现合同目的

代运营的服务成果虽具有一定程度的直观体现，如粉丝数量、直播观看量等，但其作为一种虚拟资产，还涵盖账号影响力等无形资产的价值。而形式上的审查并不能涵盖无形资产价值的审查。因此，在审查认定代运营的服务成果是否符合合同约定时，在形式审查的基础上，还应进一步从实质上对服务成果的价值进行审查。笔者认为，该实质审查可以结合服务成果是否能够实现合同目的进行判定。

在司法实践中，代运营合同一般很少明确约定合同目的，但可以通过日常生活经验法则进行推定。在代运营经济活动中，服务需求方的真实目的无疑是增加账号的影响力，服务提供方作为专业的代运营服务方，对服务需求方签订合同的目的应当是明知的，故代运营合同双方的合同目的均应为实现服务需求方影响力的提升。

因此，当代运营的服务成果形式上已经符合合同约定后，还应进一步审查该成果是否达到增加账号影响力的目的。比如，在本案中，某平台认定的涉案账号虚假粉丝数量的增长虽然能够实现粉丝数据上升的直观性，表面上有增加账号吸引力的成果，但实质上会使涉案账号受到“垃圾行为”骚扰等多种不良影响，甚至导致账号被封禁，显然不能实现代运营合同的目的。类似于本案的社交媒体账号的影响力除体现在粉丝数量的增长外，还可能涉及作品点赞量、互动指数、直播间观看粉丝量等媒体运营考核数据以及产品销售业绩数据，此

类因素均应按照上述思路纳入审查范围，综合判断涉案因素呈现的服务成果实质上是否实现了合同目的，以客观、合理认定服务提供方是否全面履行了合同义务。

三、服务需求方对代运营服务成果检验期限的认定

经审查认定服务成果不符合合同约定时，还应继续审查服务需求方对代运营服务成果提出异议的期间，即检验期限是否在合理期限内。《中华人民共和国民法典》对于服务合同的检验期限没有具体规定，根据本法第六百四十六条“法律对其他有偿合同有规定的，依照其规定；没有规定的，参照适用买卖合同的有关规定”之规定，亦可以参照适用本法第六百二十一条关于买受人检验义务的规定，服务需求方认为服务成果不符合要求的，应当在检验期限内将此情形通知服务提供方。若服务需求方怠于检验和通知，则视为服务成果符合合同约定。那上述检验期限在代运营经济活动中应如何认定？笔者认为，根据合同约定及履行情况的不同，应区别审查认定。

当代运营合同未约定检验期限时，应首先确定检验的合理期限，即发现成果瑕疵所需时间和进行瑕疵通知所需时间。其中，发现瑕疵所需时间极限可界定为服务需求方应当发现瑕疵所需要的时间。在代运营经济活动中，对服务成果形式上瑕疵的审查方式较为容易和直观，服务需求方应在收到服务成果时即时进行审查并通知；对服务成果实质上是否实现合同目的的审查，发现瑕疵所需要的时间应区分不同种类服务成果检测的难易程度，并结合服务成果的使用程度、服务需求方的受益程度等因素综合判定。确定合理期限后，服务需求方也未在合理期限内通知成果瑕疵的，应当适用《中华人民共和国民法典》第六百二十一条第二款关于最长质量异议期的规定，即服务需求方在收到服务成果之日起二年内未通知服务提供方的，视为服务成果符合合同约定。另外，服务提供方知道或应当知道提供的服务成果不符合约定的，服务需求方不受上述合理期限及最长质量异议期的限制。

综上，在代运营经济活动中，审查认定服务成果是否符合合同约定首先需要对服务成果形式上是否符合合同约定进行审查；之后需对服务成果实质上是

否符合增加账号影响力等合同目的进行审查。若服务成果在形式上和实质上均符合合同约定，则认定服务提供方全面履行了合同义务；若服务成果在形式上或内容上有任意一项不符合合同约定或合同目的时，还应结合代运营活动的性质和履行情况对服务需求方提出质量异议的期限进行审查，并根据其异议提出时间是否在合理期限内，认定服务成果是否符合合同约定。

编写人：河北省石家庄市裕华区人民法院　郭爱民　甄宇音

58

预付式健身会员可因私教离店主张解除合同

——郑某诉某健身公司服务合同案

【案件基本信息】

1. 裁判书字号

上海市第二中级人民法院（2023）沪 02 民终 11664 号民事判决书

2. 案由：服务合同纠纷

3. 当事人

原告（被上诉人）：郑某

被告（上诉人）：某健身公司

【基本案情】

2021 年 9 月至 12 月，郑某和某健身公司签订 3575 号、3583 号、3637 号、3676 号、3838 号、3839 号共六份私教健身合同。其中，3637 号、3676 号合同分别系由 3575 号、3583 号合同升级而来。

六份合同名称均含“私教”字样，均含课程次数及有效期的约定，合同均为预付式消费。六份合同第一条第五项均约定：会所将根据您的身体情况及要求，提供团队服务。如您指定的私人教练因休假、调店或离职等原因无法完成课程时，会所可以为您更换适合的私人教练。第八项中约定：私教合同签订之日起，如会员单方面提出解除训练课程，视为违约，须按照课程剩余金额的30%支付违约金。2022年2月12日之前基本由徐某或欧某为郑某上课，此后二人均至其他门店。

因某健身公司变更私教并作出其他安排，郑某于2022年2月12日在微信群中提出异议，并向欧某发送微信表示要求退费。后于2022年2月18日询问徐某如何办理退费，于2022年2月22日询问欧某课程事宜，于2022年3月12日再次询问徐某能否为其办理退款。郑某于2022年2月12日至3月12日8次接受其他私教的课程服务，末次上课时间为2022年3月12日。全部合同剩余课程费用为111560元。

郑某认为，双方曾约定由徐某、欧某为其提供私教服务，因二人已至其他门店，故某健身公司在未进行事前沟通的情况下通知郑某要更换教练，属违约行为。郑某曾于2022年2月12日向某健身公司提出解除合同并退还剩余课程费用。后因双方协商未果，故郑某起诉要求确认六份合同已于2022年2月12日解除，并要求某健身公司返还111560元及利息。

【案件焦点】

郑某是否有权解除六份合同，以及某健身公司应向郑某退还课程费的数额。

【法院裁判要旨】

上海市虹口区人民法院经审理认为：因郑某于2022年2月12日之前的授课私教相对固定，故虽然六份合同中并未明确约定私教人选，亦应推定双方曾作出明确约定。六份合同第一条第五项之约定，属违反《中华人民共和国民法典》第四百九十七条第三项所规定的情形，应为无效格式条款。且六份合同具有较强的人身属性，不宜强制履行。因徐某、欧某至其他门店，郑某不愿再接受某健身公司的私教课程服务，故合同目的已无法实现，郑某享有合同解除权。在2022年2月12日至3月12日，虽然郑某有退款之表述，但其解除合同的意思并不明确，且仍有上课记录，故双方合同并未解除。郑某于2022年3月12日明确向徐某要求退费，此后亦未再上课，但此时3838号合同有效期已届满，3575号合同、3583号合同因升级而终止，故仅3637号合同、3676号合同和3839号合同于2022年3月12日解除。

六份合同第一条第八项之约定，属违反《中华人民共和国民法典》第四百九十七条第二项所规定的情形，应为无效格式条款。加之，原为郑某提供私教课程服务的健身教练徐某、欧某确已至其他门店，郑某因此提出解除合同并要求退费，并非出于恶意，且郑某已尽力协商并多次尝试接受其他私教的课程服务。故此，3637号合同、3676号合同和3839号合同解除后，某健身公司应当向郑某退还剩余全部课程费用109640元，且郑某无须支付违约金。

上海市虹口区人民法院依照《中华人民共和国民法典》第一百一十九条、第四百九十六条、第四百九十七条、第五百六十三条、第五百六十五条、第五百六十六条之规定，判决如下：

一、确认3637、3676、3839号私教健身合同于2022年3月12日解除；

二、某健身公司于判决生效之日起十日内，向郑某退还109640元；

三、驳回郑某的其余诉讼请求。

某健身公司不服一审判决，提起上诉。

上海市第二中级人民法院经审理认为：六份合同中约定的某健身公司可更换教练、郑某撤换教练需经公司允许、郑某单方提出解除训练课程视为违约并应支付课程剩余金额30%的违约金等格式条款应属无效。双方签订的合同均系私教合同，该合同具有很强的人身属性。徐某及欧某均离开门店后，郑某订立合同的目的已无法实现。郑某主张解除合同，并非违法解除，无须支付违约金。鉴于部分合同期限已因届满或升级而终止，故一审法院判决双方剩余合同解除，由某健身公司退还剩余私教课程费用共计109640元，并无不当。

上海市第二中级人民法院依照《中华人民共和国民事诉讼法》第一百七十七条第一款第一项之规定，判决如下：

驳回上诉，维持原判。

【法官后语】

处理私教合同案件时，在判断私教合同条款的效力、确定合同解除时间及违约责任承担等方面，应遵循明晰处理思路。首先判断合同是否明确约定私教人选，其次判断合同是否可解除及解除时间，最后确定退费的数额。

一、判断是否明确约定私教人选

实践中，有的健身合同明确约定了私教人选，此类合同当然属于私教合同。也有健身合同没有明确约定私教人选，但合同名称及条款约定中涉及私教之内容。从合同性质角度出发，后者亦应属于私教合同。由此引出私教合同可区分为明确约定私教的合同和未明确约定私教的合同。对于后者的判断标准，在商家抗辩称合同中虽有私教签名，但实质为其履行销售职责时，法院尚可根据实际授课情况、合同名称及约定内容以判断双方是否已确定私教人选①，故其中的“实际授课情况”是核心问题。

当会员以选定私教已离职，要求解约退费时，商家往往以书面合同未约定私教人选、书面合同约定商家可更换私教为由主张继续履行合同。因此，法院应当审查会员的上课记录、会员与商家或私教的聊天记录等，以对双方是否约定私教人选作出认定。在授课私教相对固定的情况下，即应以高度可能性标准认定会员曾与商家明确约定私教人选。

二、判断是否可以解除合同

由“健身房有权更换私教”条款引发争议后，法院存在多种处理意见。一种观点认为，该条款免除己方责任、排除对方主要权利，属无效格式条款。②另一种观点认为，相关条款亦赋予会员有要求更换教练的权利，并不存在排除或限制一方的权利，减轻或免除己方义务的情形③，故不认为相关条款无效。

本案例采第一种观点。因会员选择私教合同的核心目的是在私教的指导下

---

① 参见重庆市第四中级人民法院（2022）渝04民终1225号民事判决书。本案脚注所列文书均来自中国裁判文书网，最后访问时间：2025年1月20日。

② 参见吉林省长春市中级人民法院（2020）吉01民终5111号民事判决书。

③ 参见浙江省杭州市中级人民法院（2020）浙01民终3997号民事判决书。

健身，故双方合同中会员的主要权利系由其本人确定私教。而“有权更换私教”条款系将会员的主要权利予以排除，故为无效格式条款。

考虑到私教合同有较强的人身属性，商家本应按照双方的真实合意履行合同。在会员与商家约定私教人选、私教已离店、商家无权随意更换私教的情况下，因会员对商家的信赖基础丧失，且会员订立合同的目的不能实现，故其应享有合同解除权。

三、判断商家向会员退费的数额

本案六份合同均约定“如会员单方面提出解除训练课程，视为违约”。对此，多数观点认为，此种条款亦属于无效格式条款，相关约定存在不合理免除己方责任、加重对方责任的情形。[①] 也有观点认为，违约条款系合同中的常见条款，并无免除己方责任、加重对方责任、排除对方主要权利的情形，故并非无效格式条款。[②]

本案例采第一种观点。该类条款系在“一经售出，概不退款”类条款的基础上产生，其违约条件过于苛刻。如该条款有效，则无论商家出现何种履约瑕疵，亦不论是否出现不可抗力，会员都不能以商家违约为由主张全额退款。因而，此类条款与“一经售出，概不退款”条款的实质相同，属于不合理加重会员责任，故为无效格式条款。

在会员享有合同解除权且向商家提出解除合同时，会员并无违约行为，故商家应向会员退还全部剩余课时费，且会员无须向商家支付违约金。

编写人：上海市虹口区人民法院　徐丹阳

① 参见北京市第一中级人民法院（2020）京01民终5922号民事判决书。

② 参见江苏省南京市中级人民法院（2020）苏01民终7406号民事判决书。

59

商家未经消费者同意将预付式消费合同义务转移给第三人，消费者有权拒绝并解除合同

——骆某诉夏某服务合同案

【案件基本信息】

1. 裁判书字号

重庆市北碚区人民法院（2023）渝0109民初9829号民事判决书

2. 案由：服务合同纠纷

3. 当事人

原告：骆某

被告：夏某

【基本案情】

2022年6月28日，骆某参加了夏某经营的养生馆“365元减肥1年（保持到店300次以上减10斤）”活动。因另行购买的100元2次塑形体验效果较好，又于当月购买了1980元塑身套盒服务，共计15次，包含手法、仪器配合套盒产品。2022年9月6日，骆某在养生馆通过案外人曾经理的介绍花费14000元向夏某购买包干服务包括塑形、疏通经络、除湿和排毒、减肥至120斤，并且融入之前365元减肥1年的促销活动、1980元塑身套盒服务。在此之前，夏某已向骆某提供8次塑身服务。此后，夏某向骆某提供每天三小时的减肥、塑形、除湿排毒项目服务，一段时间后因骆某形体达到较好效果，塑形频率变更为一周一次。至2022年11月前，骆某体重为139.8斤，与最初体重减少10.6斤。

后因养生馆员工身体不适以及加盟公司撤销其经营的养生馆，夏某无法再向骆某提供服务。

骆某认为，截至 2023 年 2 月，其只减肥 10.6 斤，后养生馆关闭，夏某以各种理由推诿不再提供减肥服务，并提出由自己完全不了解的第三方继续履行合同，构成违约，故诉请法院解除双方服务合同关系，判令夏某返还扣除试减 10 斤活动的 365 元后的 16080 元费用。

夏某辩称，夏某无法继续为骆某提供服务亦提出解决方案，即由距离近 600 米处的同品牌分店继续履行。对已提供服务对应的项目及应扣减的费用，夏某认为，已经减去的 10.6 斤不能视为 365 元活动所对应的服务成果，同期 365 元一年减肥客户单次减肥流程简单，仅为手法加精油减肥，需要很长时间才能出效果。而骆某仅在两个月内就减重 10.6 斤，且身形有明显的变化，系使用包干服务塑身产品和塑形仪器的结果，故有理由认为骆某付款 14000 元减至 120 斤的要求是除“365 元减 10 斤”活动的单独邀约，在约定之初也与骆某进行了明确。综上，应驳回原告骆某的诉讼请求。

【案件焦点】

骆某是否有权解除合同，并要求夏某退还相应款项。

【法院裁判要旨】

重庆市北碚区人民法院经审理认为：关于商家未经消费者同意将预付式消费合同义务转移给第三人，消费者是否有权拒绝并解除合同，同时要求商家退还相应款项。首先，预付式消费服务合同属于无名合同，当然适用《中华人民共和国民法典》第五百六十三条关于合同法定解除的规定，消费者得以在不可抗力、预期违约、迟延履行、其他违约行为、法律规定的其他等情形下行使法定解除权。其次，根据《中华人民共和国消费者权益保护法》第五十三条的规定，经营者未能按照约定提供商品或者服务的，消费者有权要求经营者退回预付款及其他损失。2024 年 7 月 1 日起施行的《中华人民共和国消费者权益保护法实施条例》第二十二条也明确规定，经营者未按照约定提供商品或者服务的，应当按照消费者的要求履行约定或者退还预付款。经营者决定停业或者迁移服务场所的，应当提前告知消费者和公告有效联系方式。消费者依照国家有关规定或者合同约定，有权要求经营者继续履行提供商品或者服务的义务，或者要求退还未消费的预付款余额。且《最高人民法院关于审理预付式消费民事纠纷案件适用法律若干问题的解释》[①] 第十三条第一款第二项规定，经营者未经消费者同意将预付式消费合同义务转移给第三人，消费者请求解除预付式消费合同的，人民法院应予支持。

本案中夏某因为自身原因（经营不善以及加盟公司不再与其合作）无法继续履行涉案合同，且该合同的履行具有较强的人身属性，骆某基于对原有门店服务的信任与夏某建立合同关系，有理由拒绝到其他不了解的门店继续接受服务，据此，对于骆某解除合同的诉求，本院予以支持。

至于解除合同的时间，依据《中华人民共和国民法典》第五百六十五条第二款的“当事人一方未通知对方，直接以提起诉讼或者申请仲裁的方式依法主张解除合同，人民法院或者仲裁机构确认该主张的，合同自起诉状副本或者仲裁申请书副本送达对方时解除”之规定，在本案诉讼前，双方之间一直在沟通涉案合同的履行，并未协商一致解除合同，故本院以夏某收到诉状副本的时间即 2023 年 9 月 6 日作为解除合同的时间。

至于退还金额。根据《中华人民共和国民法典》第五百六十六条第一款、第二款的规定，合同解除后，尚未履行的，终止履行；已经履行的，根据履行情况和合同性质，当事人可以请求恢复原状或者采取其他补救措施，并有权请求赔偿损失。合同因违约解除的，解除权人可以请求违约方承担违约责任，但当事人另有约定的除外。根据查明的事实，骆某 100 元购买塑形体验卡，2 次塑形体验，夏某已履行完毕，不存在退款。1980 元塑身套盒服务，在支付 14000 元之前已享受 8 次服务，之后与“365 元减 1 年”一并融入 14000 元的服务合同中。综上，根据夏某提供服务情况、违约程度、骆某损失情况，本院酌情支持夏某向骆某退还服务费 8000 元，超过部分，本院不予支持。

---

① 注：本解释自 2025 年 5 月 1 日起施行。

【法官后语】

近年来，预付款方式消费在美容美发、健身、减肥、教培等行业领域逐趋流行。此类预付式消费服务合同的特殊性在于合同的形成及后续履行以信赖关系为基础，并具有预付性、持续性、不可替代性及人身专属性等特征。同时，与一般商品买卖不同，服务具有无形性及返还困难性等特性，因而一旦出现高额预付后商家“跑路”或变更等情形，消费者退款难现象并不罕见，司法实务中引发的纠纷也时有发生。

本案审理的关键在于预付式服务提供方因经营不善等原因难以继续履行原合同义务，将合同义务转移至第三人，消费者是否能主张解除权，合同相对方能否以更换服务方来阻却消费者的解除权。

一、从法律规定层面分析

《中华人民共和国消费者权益保护法实施条例》第二十二条明确规定，经营者未按照约定提供商品或者服务的，应当按照消费者的要求履行约定或者退还预付款。经营者决定停业或者迁移服务场所的，应当提前告知消费者和公告有效联系方式。消费者依照国家有关规定或者合同约定，有权要求经营者继续履行提供商品或者服务的义务，或者要求退还未消费的预付款余额。《最高人民法院关于审理预付式消费民事纠纷案件适用法律若干问题的解释》第十三条第一款第二项规定，未经消费者同意将预付式消费合同义务转移给第三人，消费者请求解除预付式消费合同的，人民法院应予支持。

二、合同特殊性层面分析

服务合同具有较强的人身属性，合同的履行需要相对方的配合，不属于可强制履行的合同类型。消费者往往是基于对门店服务能力的信任选择与其订立合同，如发生商家变更经营场所、更换经营者、变更服务人员至消费者信赖丧失等情形的，消费者有权拒绝“更换服务方”的替代服务方案。

综上，预付款消费服务模式中，经营者决定停业或迁移服务场所的，消费者享有解除权并有权要求经营者退回未消费的预付款余额。

值得注意的是，服务类产品一般系非基本生活消费必需品，属于较高层次消费，且这类预付卡充值金额往往较大，一旦交付预付款，因信息不透明处于劣势地位的消费者往往容易陷入被动，面临大额消费资金被套牢的风险。有鉴于此，法官也提醒大家谨慎选择商家，尽量避免大数额充值，在签订服务合同时，应根据《中华人民共和国消费者权益保护法实施条例》及《最高人民法院关于审理预付式消费民事纠纷案件适用法律若干问题的解释》的规定，与服务者签订并认真审阅书面合同并保留消费凭证。

编写人：重庆市北碚区人民法院　王璟玥　李开

60

代驾平台在无合同约定情况下封禁司机账户应承担违约责任

——尚某诉某信息技术公司合同案

【案件基本信息】

1. 裁判书字号

北京市第二中级人民法院（2023）京 02 民终 5588 号民事判决书

2. 案由：合同纠纷

3. 当事人

原告（上诉人）：尚某

被告（被上诉人）：某信息技术公司

【基本案情】

2021 年 11 月，尚某通过某信息技术公司的应用软件注册成为代驾司机，并线上签订《用户服务协议（司机端）》，其中约定某代驾平台，该代驾平台为某信息技术公司持有并负责运营的代驾服务平台，本平台为符合代驾承运资质的代驾司机提供来自代驾服务需求用户的订单匹配、派送及相关服务。

注册后，尚某作为其代驾司机，开始接单代驾。

2022 年 2 月 25 日，尚某在某信息技术公司代驾工作的应用软件账户被封禁。

2022 年 8 月 23 日，当庭经双方确认尚某的上述账户已被解禁。

2022 年 10 月 9 日，尚某称其上述账户又被封禁，某信息技术公司称因其未按管理需要录入代驾司机的身份信息，故账户暂被封禁。

另查明，尚某于 2021 年 12 月通过某科技公司应用软件注册为代驾司机。

2022 年 2 月 5 日，尚某通过某科技公司应用软件接单为用户提供服务。在服务过程中，尚某与用户发生争执。尚某遂与某科技公司客服沟通要求取消订单。某科技公司将该订单取消后，尚某另行接单。此后，某科技公司客服告知尚某已被用户投诉并报警，该公司将依据公安机关调查结果对投诉予以处理。2022 年 2 月 7 日，某科技公司将尚某工作账户封禁并自该账户扣除 500 元作为支付用户的损害赔偿金。后尚某将某科技公司起诉至法院。

【案件焦点】

某信息技术公司对尚某采取封禁账户的行为是否构成违约，及若成立违约，对尚某的经济损失赔偿应如何认定。

【法院裁判要旨】

北京市房山区人民法院经审理认为：依法成立的合同，受法律保护。当事人应当按照合同约定全面履行自己的义务。当事人一方不履行合同义务或者履行合同义务不符合约定的，应当承担继续履行、采取补救措施或者赔偿损失等违约责任。本案中，尚某与某信息技术公司签订的《用户服务协议（司机端）》系双方的真实意思表示，不违反法律法规的强制性规定，应属合法有效。从《用户服务协议（司机端）》和尚某的履行情况来看，某信息技术公司在尚某并无过错的情况下对其账户自 2022 年 2 月 25 日至 8 月 22 日持续采取限制措施的行为已构成违约。

某信息技术公司辩称因尚某在案外网约车平台（科技公司）曾发生纠纷，

后平台基于风险，对尚某的账户进行封禁，并且某信息技术公司表示其已授权平台对其进行管理。根据《用户服务协议（司机端）》的约定，虽尚某在案外网约车平台上存在与乘客发生争执被投诉的行为，但该行为并不能直接导致尚某在某信息技术公司管理的代驾平台上存在违约行为，若某信息技术公司与案外平台签订有统一管理协议，亦应向尚某明确告知，故对于某信息技术公司的辩称不予采纳。

本案中需要注意的是，作为电子商务平台运营者，某信息技术公司既要保障乘客人身、财产安全，也不能损害司机的合法权利。对于某信息技术公司因其封禁尚某账户的行为对尚某造成的损失（自2022年2月25日至8月22日），本院参照同类行业的一般收入水平、预期收益和本案的具体案情，酌情予以确定。

综上所述，北京市房山区人民法院依据《中华人民共和国民法典》第五百七十七条、第五百八十四条，《中华人民共和国民事诉讼法》第六十七条之规定，判决如下：

一、确认某信息技术公司自2022年2月25日至8月22日将尚某工作账户封禁；

二、某信息技术公司于本判决生效后七日内赔偿尚某经济损失3000元；

三、驳回尚某的其他诉讼请求。

尚某不服一审判决，提起上诉。

北京市第二中级人民法院经审理认为：尚某与某信息技术公司签订的《用户服务协议（司机端）》系双方的真实意思表示，不违反法律、行政法规的强制性规定，合法有效，双方均应遵约履行。二审中，某信息技术公司亦提交《代驾服务平台用户服务协议》，经对比核实，与尚某提交的《用户服务协议（司机端）》存在不一致的情况，应以司机端显示为准。

本案的争议焦点为：一审判决确认的经济损失数额是否妥当。尚某上诉称一审酌定数额过低，应以其账户被封禁前一日的营运收入作为计算依据。本院认为，首先，代驾司机的行业性质决定其可以同时与多个服务平台建立服务合同关系，从哪个平台接单具有一定的随机性与不确定性；其次，尚某应就其主张的营运损失承担举证责任，尚某向本院主张的损失计算标准仅为其账户封禁前一日收入，不具有长期性和稳定性；最后，一审法院参照同类行业的一般收入水平、预期收益和本案的具体案情酌情确定损失数额，并无明显不妥，本院予以维持。关于封禁期间，一审法院确认无误，法院亦予以确认。

综上所述，尚某的上诉请求不能成立，法院予以驳回。

北京市第二中级人民法院依照《中华人民共和国民事诉讼法》第一百七十七条第一款第一项之规定，判决如下：

驳回上诉，维持原判。

【法官后语】

依法订立的合同对当事人具有约束力，双方的一切履行过程都要服从约定、信守约定。《中华人民共和国民法典》第五百零九条第一款、第二款规定："当事人应当按照约定全面履行自己的义务。当事人应当遵循诚信原则，根据合同的性质、目的和交易习惯履行通知、协助、保密等义务。"本条是对履行合同原则的规定，是当事人在履行合同时应当遵循的基本准则，包括全面履行和诚实信用两项基本准则。全面履行原则要求合同当事人按照合同所约定的各项条款，全部而完整地完成合同义务，即合同约定什么内容就履行什么，一切违反约定的行为都属于对合同的违背。诚实信用原则要求一方当事人对对方当事人履行合同给予必要的协助，包括及时通知、互相协助与保守秘密等。

本案中，在《用户服务协议（司机端）》履行的过程中，没有证据和事实表明，尚某存在因履行代驾工作造成他人损害的过错情形，或者其他违反协议内容需要采取封禁账户措施的行为。某信息技术公司虽主张因尚某在案外公司存在与客户发生纠纷的行为，而某软件基于风险规避，对尚某采取封禁账户的限制措施。但需要注意的是，《用户服务协议（司机端）》中并未约定某信息技术公司与案外平台签订有统一管理协议的事项，某信息技术公司亦未在签约之时明确告知尚某若在案外平台发生纠纷将直接导致其在本平台的账户被封禁的后果。因此，即使尚某在其他网约车平台上被乘客投诉，某信息技术公司也无权据此封禁尚某账户。在封禁账户后，某信息技术公司亦未在第一时间告知尚某封号原因、补救措施、申诉或复议的途径。

根据《中华人民共和国民法典》第五百七十七条的规定，当事人一方不履行合同义务或者履行合同义务不符合约定的，应当承担继续履行、采取补救措施或者赔偿损失等违约责任。某信息技术公司在没有合同约定的情况下无正当理由强行封禁尚某账户，对尚某的正常接单造成影响，故某信息技术公司的行为属于履行合同义务不符合约定的行为，应依法承担相应的违约责任。

一、尚某被封禁账户期间的经济损失如何确定

违约损害赔偿责任方式包括补偿性损害赔偿和惩罚性损害赔偿。一般的合同违约责任适用补偿性损害赔偿，惩罚性损害赔偿只在法律规定的特殊情况下才可以适用，不得随意扩大适用范围。《中华人民共和国民法典》第五百八十四条规定，当事人一方不履行合同义务或者履行合同义务不符合约定，造成对方损失的，损失赔偿额应当相当于因违约所造成的损失，包括合同履行后可以获得的利益；但是，不得超过违约一方订立合同时预见到或者应当预见到的因违约可能造成的损失。本条规定了确定违约补偿性损害赔偿范围的基本规则，即赔偿实际损失规则和可预期损失规则。由此可知，违约责任中的损害赔偿责任的目的是对违约行为所造成的损害进行补偿，从而保护合同当事人的可期待利益，而非通过赔偿额外获益。换言之，在合同纠纷中，违约方仅就其违约行为给对方造成的损失承担赔偿责任，对由于市场风险和机会选择等因素造成的、双方当事人均不能预见到的损失，由于与违约行为之间不存在因果关系，故违约方对此不承担赔偿责任。

针对违约损害赔偿证明责任的分配问题，《最高人民法院关于适用〈中华人民共和国民事诉讼法〉的解释》第九十条第一款规定，当事人对自己提出的诉讼请求所依据的事实或者反驳对方诉讼请求所依据的事实，应当提供证据加以证明，但法律另有规定的除外。具体到本案中，尚某主张经济损失赔偿，应当举证证明“损失已经产生”和“损失金额的合理性”，如举证不力，则由尚某承担不利后果。

本案中，尚某认为应以其账户被封禁前一日的营运收入作为计算封禁账户期间每日财产损失的依据。但是显然，尚某主张的赔偿金额不具有合理性。

首先，代驾收入与其工作方式有关。由于代驾司机可以同时与多个代驾平台建立服务合同关系，司机可以按照自己的意愿选择代驾平台接单并获取收益，具有较强的独立性和自主决定权。也就是说，某信息技术公司对其账户的封禁并不会导致尚某无单可接，尚某仍可通过在其他代驾平台接单并获得收入报酬。

其次，代驾收入会受到市场因素的影响。影响代驾司机收入的因素包括司机的个人习惯，如在线时长、服务水平等，还有客观因素，如住所周边环境、淡旺季、天气状况等，其收入的稳定性相较一般服务行业不高。尚某主张的损失计算标准仅为账户封禁前一日收入，不具有通常性和长期性，不能作为确定一段时期经济损失的参考标准。

最后，根据举证责任原则，尚某应就其主张的营运损失承担举证责任。现尚某不能提供其被封禁前一年度的月/日平均收入作为计算经济损失标准的证据，应承担举证不能的法律后果。在此种情况下，当损失数额难以计算时，由法院依靠自由心证和经验法则进行合理判断，综合考虑尚某在他处的工作收入、同行业一般收入水平、市场风险因素、成本支出因素等酌情确定某信息技术公司对尚某的经济损失赔偿数额。

二、代驾司机的合法权益应如何保护

随着互联网技术的快速发展，网约车平台不仅给消费者的出行带来了巨大便利，而且给广大司机提供了工作岗位和经济收入。为最大限度地保障公众的出行安全，代驾平台有责任加强安全管理，但与此同时，对于代驾司机合法权益的保障同样不容忽视。

本案中，尚某虽在案外平台与乘客发生冲突，但尚无证据表明尚某存在过错或者有违反法律法规的行为，在某信息技术公司与尚某并无明确约定实行统一管理、牵连责任和某信息技术公司对尚某未尽到告知、通知义务的前提下，某信息技术公司无权封禁尚某账户。某信息技术公司以“我的地盘我做主”的姿态随意处置尚某账户，其行为已违反合同约定，侵犯了尚某的合法权益。

代驾司机是代驾平台主要的服务用户群体之一，代驾平台应对司机的基本劳动权益予以保障。结合本案案情来说，代驾平台应在服务协议中对代驾司机采取处置措施的情形进行提前约定，对于平台联合统一管理的情况还应当着重提示和说明；在采取处置措施后应详细告知司机原因和理由，并给予司机申诉的机会；代驾平台在采取处置措施时还应坚持措施大小与违规程度相适应的原则，对于处置措施明显超过必要限度的，应就此给司机造成的损失承担适度的赔偿责任。只有切实履行好平台职责，保护司乘双方的合法权益，才能推动代驾行业长久良性发展。

此外，对于代驾司机等新就业形态劳动者的合法权益还需要从法律司法层面予以保障。既要加快出台相关法律法规合理确定企业与劳动者的权利义务，还要在司法实践中尽快统一审理裁判尺度，以司法力量支持和规范新业态新经济，为代驾司机等新业态劳动者撑起“法治后盾”。

编写人：北京市房山区人民法院　房昕

61

网约车司机“绕路”行为的司法认定

——王某诉某科技公司、某人力资源服务公司服务合同案

【案件基本信息】

1. 裁判书字号

浙江省杭州市西湖区人民法院（2023）浙 0106 民初 6458 号民事判决书

2. 案由：服务合同纠纷

3. 当事人

原告：王某

被告：某科技公司、某人力资源服务公司

【基本案情】

某科技公司系某人力资源服务公司经营者。原告注册代驾平台成为会员时，平台自动生成用户、平台方（某科技公司）、服务方（某人力资源服务公司）三方签订的《代驾服务协议》。代驾司机与某人力资源服务公司签订劳务协议。2021年11月至2023年6月，原告使用某人力资源服务公司下单代驾服务合计82次，其中起点为某大厦终点为某小区的代驾服务共10次，该10次代驾费用为84元至151元不等。根据2022年9月20日行驶轨迹图显示，当日司机的实际驾驶路线与预估路线存在明显不合理偏差。该笔订单原告实际支付费用148元，其中3元使用优惠券抵扣。两被告自认经核查，该次服务司机确实存在行驶路线与规划路线不一致情形，当日预估收费为99元。

原告诉称，其因工作所需饮酒后常在夜间乃至凌晨使用某科技公司提供的代驾服务，使用过程中，发现司机经常有绕路不合理收费的情况，其支出100元以上的费用均为绕路所致。两被告应按诚实信用基本原则履行服务合同。因司机至少绕路20次，其行为构成欺诈。根据《中华人民共和国消费者权益保护法》第五十五条第一款之规定，两被告应按每次500元的标准赔偿原告1万元，并退回多收费用。诉请判令：（1）两被告向原告书面道歉。（2）两被告返还多收取的费用合计224元。（3）两被告赔偿原告1万元。两被告对原告的上述主张均不同意。

【案件焦点】

1. 司机代驾行为是否构成绕路；2. 绕路行为是否构成欺诈。

【法院裁判要旨】

浙江省杭州市西湖区人民法院经审理认为：根据某科技公司提交的订单信息及轨迹图，2022年9月20日的订单与其他同起讫点的相比，存在司机未按原规划路线行驶且实际行驶轨迹与规划路线有明显大幅偏移情形。某人力资源服务公司自认当日服务的预估费用为99元，其虽对代驾服务收费的构成及可能导致费用浮动的原因进行了说明，但原告当日支付的费用远远高于其他同时段、同起讫点行程收取的费用，且超过预估费用的50%，明显超出费用计算的合理浮动区间。同时，在案并无任何证据证明代驾司机与原告曾就当日的行程路线变动有过协商。据此，2022年9月20日代驾司机确属存在绕路行为。原告关于司机存在多次绕路行为的主张依据不足，法院未予采信。鉴于司机是履行某人力资源服务公司的合同义务，实为某人力资源服务公司合同义务的履行辅助人。故司机行为之法律后果应由某人力资源服务公司承担。

欺诈行为是指经营者在提供商品或者服务中，采取虚假或者其他不正当手段欺骗、误导消费者，使消费者的合法权益受到损害的行为。具体到本案中，如前所述，代驾司机在2022年9月20日的代驾服务中存在绕路行为，既没有按照规划路线行驶，也没有经过与原告协商对路线进行调整，最终向原告收取畸高的费用，存在隐瞒、欺骗、误导原告之故意，且导致原告利益受损，构成欺诈行为。原告要求按照《中华人民共和国消费者权益保护法》第五十五条第一款规定增加赔偿的请求，法院予以支持。

浙江省杭州市西湖区人民法院依照《中华人民共和国消费者权益保护法》第五十五条第一款及《中华人民共和国民事诉讼法》第六十七条第一款之规定，判决如下：

一、某人力资源服务公司返还王某费用52元；

二、某人力资源服务公司赔偿王某损失500元；

三、驳回王某的其他诉讼请求。

判决后，双方当事人均未上诉，本判决现已生效。

【法官后语】

网约车作为分享经济代表带来新经济红利的同时，新情况、新问题、新风险也随之而来，如对司机约束力不足，投诉渠道不畅、侵犯个人信息权、未及时消除安全隐患等。满足用户便捷、高效的需求、坚守民众安全、放心的底线，才是永恒的主题。只有在良性互动中强化规则导向，才能推动由粗放低效向经济规范的治理升级。随着《关于深化改革推进出租汽车行业健康发展的指导意见》《网络预约出租汽车经营服务管理暂行办法》《关于深化道路运输价格改革的意见》的陆续出台，国家对网约车发展规范与支持并重的态度进一步明晰。在此大背景下，笔者以期通过对个案的梳理与分析，在“个案—规范”的分析框架中，助推涉网约车市场主体权利义务关系的重构、平台责任框架的重建及行业的健康有序发展。

一、关于司机是否存在绕路行为的举证责任分配

绕路，即不走最直接的路，改由其他途径迂回过去。实践中，绕路主要表现为乘客凭借行程时长、费用收取、个人经验等因素对乘车体验的主观判断和最终得出的结论。在传统交通运输服务合同案件中涉及认为司机绕路发生的纠纷并不少见。而随着互联网技术的发展，地图类应用软件及打车软件内嵌导航规划路线系统的出现和优化使得乘车路线更为科学化、可视化及可对比化，司机是否绕路的判断标准变得更为透明、客观。据此，部分网约车平台即明确将绕路行为定义为不按照平台规划路线或者乘客指定的路线行驶。

司法实践中，该类案件的审理难点之一在于大多数乘客证据收集难度大，提交证据多停留于投诉记录、支付记录截图等层面，很少能够提交规划路线与实际行驶路线比对图等较为直观的证据证明存在绕路行为。同时，乘坐车次频繁，使用应用软件时间长，起讫点不一，司机隶属不同公司，行驶轨迹图、规划路线图、行程录音录像保存于平台公司乘客客观无法直接取得等因素，均导致乘客举证难上加难。民事诉讼证明责任分配的一般规则“谁主张，谁举证”已经不能完全保障此类案件中消费者的合法权益，反而容易成为平台公司推卸责任的理由。因而，关于举证责任分配，《最高人民法院关于认真学习贯彻实施消费者权益保护法的通知》中指出，人民法院要合理分配当事人的举证责任，既要充分运用举证责任倒置，解决当事人商品信息不对称的问题，充分保护消费者的合法权益，又要明确消费者的初步举证的义务，及时查明案情，分清是非责任。经营者不能提交充分证据证明商品没有质量问题，或者损害是由于消费者使用不当等原因造成的，应承担举证不能的不利后果。

基于此，因本案原告所诉司机存在多次绕路行为，法院在审理过程中，即先要求由原告明确其认为存在绕路的时间段、起讫点、不合理价格区间等要素

以固定其诉称绕路行为的具体情形，再由两被告就原告提交的信息要素一一查证、核实后台保存的行程时间、行程时长、行程地点、规划及行驶路线图、司机隶属情况等，并将查证内容作为证据提交质证、辩论。本案中，2021年11月至2023年6月，原告使用某人力资源服务公司下单代驾服务合计82次，其中起点为某大厦终点为某小区的代驾服务共10次，费用超过100元的共计四次。2022年9月20日原告支出的费用为151元。

二、关于司机是否存在绕路行为的认定

由于规划及实际行驶路线图属于电子证据，具有不稳定，易被破坏、篡改等特性，且实践过程中存在乘客更改路线未及时标注的可能性，因此，仅以规划路线与实际行驶路线对比图认定司机是否存在绕路行为并不周全。对绕路是否构成的认定应结合同起讫点类似时段的行程对比，价格构成要素变化情况、价格合理浮动区间、行程录音录像、投诉反馈信息等具体的其他在案证据综合判断。

回到本案中，根据某科技公司提交的订单信息及轨迹图，2022年9月20日的订单与其他同起讫点的相比，存在司机未按原规划路线行驶且实际行驶轨迹与规划路线有明显大幅偏移情形。虽然当天的代驾行程未录音录像，但从原告于次日向某科技公司投诉及平台工作人员反馈的微信聊天记录截图中可看出，原告并未要求司机于该次行程中更改路线，司机亦未就路线的变更与原告有过协商。同时，某人力资源服务公司自认当日服务的预估费用为99元，其虽对代驾服务收费的构成及可能导致费用浮动的原因进行了说明，但原告当日支付的费用远远高于其本人行程记录中其他同时段、同起讫点行程收取的费用，且超过预估费用的50%，明显超出费用计算的合理浮动区间。因此，根据在案证据，认定司机2022年9月20日的代驾行为构成绕路。关于其余三次费用超过100元的行程。行车轨迹显示，三次均不存在实际行程偏离规划轨迹的情形；三次行程产生的实际费用分别为103元、110元、116元，对应的行驶时长为51分钟、39分钟、34分钟。一般而言，司机绕路的目的是通过增加行驶里程获取更多费用，客观上而言，该行为会一定程度延长行驶时间。但从上述三组数据的比对中，未发现费用上涨与时间延长的正相关联系。另外，上述三次行程的后两次均发生于凌晨0时后，某人力资源服务公司就此平台公示的实际计费以发单时间为准，凌晨0时之后的基础起步价与其他时段起步价有所区别，该区别主要由不同时段的等候费变化导致，等候费的计算则涉及该时段能够提供服务的司机人数等变量。考虑到凌晨0时后在线司机数量的实际情形，其解释能够一定程度对上述费用的收取进行合理说明。另外，行驶路线及收费的不一致可能由当日实际路况、天气情况、途经红绿灯数量及等待时长等具体变量导致。现有证据无法就原告所称代驾司机存在多次绕路的主张予以佐证，故原告的该项主张依据不足，法院未予采信。

三、关于司机绕路行为是否构成欺诈

欺诈行为是指经营者在提供商品或者服务中，采取虚假或者其他不正当手段欺骗、误导消费者，使消费者的合法权益受到损害的行为。《中华人民共和国消费者权益保护法》第五十五条第一款规定："经营者提供商品或者服务有欺诈行为的，应当按照消费者的要求增加赔偿其受到的损失，增加赔偿的金额为消费者购买商品的价款或者接受服务的费用的三倍；增加赔偿的金额不足五百元的，为五百元。法律另有规定的，依照其规定。"《中华人民共和国价格法》第十四条规定："经营者不得有下列不正当价格行为……利用虚假的或者使人误解的价格手段，诱骗消费者或者其他经营者与其进行交易……"国家市场监督管理总局《侵害消费者权益行为处罚办法》第五条规定："经营者提供商品或者服务不得有下列行为……（十）骗取消费者价款或者费用而不提供或者不按照约定提供商品或者服务。"第十六条第二款规定："经营者有本办法第五条第（七）项至第（十）项、第六条和第十三条规定行为之一的，属于欺诈行为。"

从上述法律、法规、规范性文件可知，《中华人民共和国消费者权益保护法》视域中"欺诈"的内涵及外延与民法范畴中的并不完全一致，这也直接导致《中华人民共和国消费者权益保护法》中关于欺诈的惩罚性赔偿制度不同于民法理论上的补偿性赔偿，其更加强调经营者对自己实施的欺诈行为应承担加重后果，强调对经营者利用消费者信息不对称地位利用、诱使消费者作出错误意思表示的行为的惩罚，并因经营者的过错允许消费者获得实际损害赔偿之外的额外赔偿。结合上述要点及法律适用的效果，对于网约车经营范畴内欺诈的认定，应当综合考虑两个方面的因素：一是主观方面，欺诈者是否具有欺诈的故意；二是客观方面，欺诈者是否实施了虚构事实、隐瞒真相、采取虚假或者其他不正当手段欺骗、误导消费者的行为。同时，还可以考量消费者是否基于上述行为陷于错误判断并作出错误意思表示、与欺诈人进行民事交易行为。将最后一条考量因素单列、不作为必须考量的内容，系因为实践中，部分出行平台采取了捆绑信用卡且免密码支付的便捷结算方式，之后又拓展到支付软件代扣的支付方式，无须乘客结束形成后点击确认，导致乘客无法就其是否陷于错误判断作出错误意思表示进行合理充分说明。另外，平台等也设置了必须完成上一单结算方可开启下一轮服务的门槛，导致乘客为使用系统只能先行结算再投诉反馈。故而，过于强调最后一条考量因素将加重消费者的负担，不利于其权益的合法保障。

具体到本案中，客观上而言，2022 年 9 月 20 日，代驾司机在代驾服务中存在绕路行为，通过不按照规划路线行驶的方式增加实际行驶路程，未按照约定提供服务，利用信息不对称的优势，最终向原告收取畸高的费用，其绕路行为构成采取虚假或者其他不正当手段欺骗、误导消费者的行为。主观上来看，如何证明经营者主观上是否存在欺诈的故意则涉及前文提及的举证责任分配问题。根据《最高人民法院关于认真学习贯彻实施消费者权益保护法的通知》的规定，有关举证责任的分配，消费者承担初步举证责任，只要消费者证明产品存在缺陷及经营者未告知即可初步认定经营者具有欺诈故意，若经营者提出不存在主观故意应由其对该主张承担举证责任，若无相反证据则应认定欺诈的故意成立。该条亦可参照适用于经营者提供服务的场景。本案中，在案证据能够初步证明司机未予原告协商未按照约定提供服务，两被告也自认当日司机确实存在行驶路线与规划路线不一致情形，当日预估收费为 99 元，而向原告实际收取的费用为 151 元。两被告虽抗辩原告主张绕路行为属欺诈无事实及法律依据，但无法提供证据进一步证明司机不存在通过该行为获取不合理费用之故意，其抗辩不成立。综上，代驾司机 2022 年 9 月 20 日的绕路行为构成欺诈。

编写人：浙江省杭州市西湖区人民法院　宋歌

62

服务合同中消极行为构成欺诈的认定

——王某诉陈某服务合同案

【案件基本信息】

1. 裁判书字号

广东省云浮市中级人民法院（2023）粤 53 民终 1399 号民事判决书

2. 案由：服务合同纠纷

3. 当事人

原告（被上诉人）：王某

被告（上诉人）：陈某

【基本案情】

某美容中心为陈某经营的个体工商户，其经营范围为美容服务、零售化妆品、保健按摩服务、健康咨询等，该美容中心现已注销登记。

陈某在经营某美容中心期间，在其微信朋友圈发布了再生发宣传资料。王某获知后，于 2020 年 4 月 21 日通过微信向陈某咨询再生发服务事宜。当问及如何生发时，陈某回复用产品刺激已萎缩的毛囊。陈某在未确定王某是否具备再生发条件的情况下，与王某约定，由某美容中心为王某提供再生发服务，一个疗程提供 3 次服务，服务费为 7800 元，王某依约支付了上述费用。收款后，某美容中心于 2020 年 5 月至 8 月为王某提供了一个疗程共 3 次的再生发服务。

在接受再生发服务期间，王某向陈某或其店员提出再生发效果不好的疑问。对此，陈某于2020年5月29日回复是因未激活的原因，且生发需要等待6个月的时间，而陈某的店员在2020年6月17日则表示需要再次激活，一个疗程是3次，一个疗程可以长出小毛发，但是能长多少要看毛囊基础，不会一点都不长。王某在某美容中心完成了一个疗程3次的再生发服务后，认为没达到再生发效果，要求陈某退还服务费。陈某表示，某美容中心的再生发服务是进行毛囊激活，没有毛囊的地方是做不了的，需要做毛囊移植才能长发，王某属于此种情形。因未达到再生发效果，王某要求陈某退款未果，遂起诉要求陈某退还服务费并进行三倍赔偿。

【案件焦点】

陈某经营某美容中心期间，为王某提供再生发服务是否存在欺诈。

【法院裁判要旨】

广东省新兴县人民法院经审理认为：王某在陈某经营的某美容中心接受了再生发服务，陈某在与王某交谈以及对外宣传，称其提供的美容服务具有生发的医疗效果，使王某陷入错误认识并向其购买再生发服务，构成欺诈。

广东省新兴县人民法院根据《中华人民共和国消费者权益保护法》第二十条、第五十二条、第五十五条第一款，《中华人民共和国民事诉讼法》第六十七条第一款之规定，判决如下：

陈某应于本判决发生法律效力之日起七日内返还服务费7800元及赔偿损失23400元给王某。

陈某不服一审判决，提起上诉。

广东省云浮市中级人民法院经审理认为：陈某通过微信朋友圈发布再生发服务广告的方式宣传再生发服务，王某据此向陈某了解再生发服务，得到了“用产品刺激已萎缩的毛囊再生发”的回复，王某为此向对方支付了7800元的再生发服务费。基于再生发服务的消费者是以再生发为目的，作为服务的提供者，在与消费者确立服务合同时，应查看消费者的实际状况，并据此对是否符合再生发条件作出判断后如实告知消费者。但本案中，陈某在与对方确立服务合同前并未就王某当时的情形能否再生发告知对方。而在王某发现没有再生发效果，向陈某及其员工咨询时，被告知需要再次激活，但经过一个疗程的激活后仍未达到再生发的效果。据此，由于陈某在经营过程中宣传可刺激已萎缩的毛囊再生发，而在确立合同前和履行合同过程中，陈某及其员工未就王某是否符合再生发条件如实告知王某，存在欺诈行为。根据《中华人民共和国消费者权益保护法》第五十五条第一款之规定，应当按照消费者的要求增加赔偿其受到的损失，增加赔偿的金额为消费者接受服务费用的三倍。据此，陈某应返还服务费 7800 元，并按上述服务费金额的三倍即 23400 元向王某予以赔偿。

广东省云浮市中级人民法院依照《中华人民共和国民事诉讼法》第一百七十七条第一款第一项之规定，判决如下：

驳回上诉，维持原判。

【法官后语】

我国民法的赔偿原则以填补损失为主，惩罚性为辅，但对于消费领域的欺诈行为，法律作了惩罚性的明确规定，《中华人民共和国消费者权益保护法》第五十五条第一款规定了经营者提供商品或者服务有欺诈行为的，消费者可向经营者主张三倍以内的赔偿。经营者的欺诈行为是适用惩罚性赔偿的条件，消费者要求经营者三倍赔偿的，关键在于审查经营者的行为是否构成欺诈。

民事法律领域的欺诈，指一方以欺诈手段，使对方在违背真实意思的情况下实施的民事行为。一般表现为积极的行为，但满足一定条件的，消极行为也构成欺诈。对此，《最高人民法院关于适用〈中华人民共和国民法典〉总则编若干问题的解释》第二十一条规定，负有告知义务的人故意隐瞒真实情况，致使当事人基于错误认识作出意思表示的，构成欺诈，实际是承认了消极行为构成欺诈的法律依据。根据前述法律规定可知，消极欺诈的表现是指行为人有义务说明而故意不作说明，其后果是误导了对方作出错误的判断，损害了对方当事人的知情权与选择权。

在消费服务领域中，对于积极行为的欺诈，需审查的是行为人是否实施了欺骗性质的行为，如作虚假的宣传。对于消极行为的欺诈，由于其表现形态为不作为，故何时的不作为才能达到欺诈的要求是值得思考的。笔者认为，在司法实践中应就当事人是否存在以下情形进行审查：首先，应审查是否违反法律规定。例如，某些行业规定了经营许可制度，但经营者未取得相关许可的。其次，应审查当事人是否违反合同约定。合同是双方确立合同关系的凭据，反映当事人的意思表示，在合同规定了一方当事人应履行告知义务，而该当事人隐瞒了真实情况，且误导对方作出意思表示的。最后，应审查是否违反诚实信用原则。诚实信用原则是确立民事行为的基本原则，消费服务涉及广大消费者的权益，更应遵循此原则性规定。有些专业性较强的服务合同，常要求服务对象需满足一定的客观条件，否则无法达到服务效果，基于诚实信用原则的要求经营者应向对方说明。又如，在合同履行过程中，某些情况发生变化导致合同履行无法达到消费者原来设想效果的，经营者也应向对方如实告知。

本案中，陈某经营的某美容中心提供的再生发服务的方法是激活毛囊，即以服务对象的激活区域存在毛囊为前提。再生发服务合同内容本身具有较强的专业性，对于该专业性判断并不能苛求消费者独立完成，本案中涉及的“是否存在毛囊”的判断本身就属于专业性较强的问题，需由经营者作出判断。据此，在与消费者确立合同前，经营者应该查看对方是否具备上述条件并如实告知对方。陈某认为王某进行再生发服务的区域没有毛囊，故无法激活再生发，但在确立合同及履行合同过程中均未如实告知王某，隐瞒真实情形，其行为构成了消费欺诈。

编写人：广东省云浮市中级人民法院　李艳徽

63

直播带货领域中的行业交易习惯如何认定

——某科技公司诉某健康管理公司服务合同案

【案件基本信息】

1. 裁判书字号

北京市第三中级人民法院（2023）京03民终3342号民事判决书

2. 案由：服务合同纠纷

3. 当事人

原告（被上诉人）：某科技公司

被告（上诉人）：某健康管理公司

【基本案情】

2021年2月26日，某科技公司（乙方）与某健康管理公司（甲方）分别签订两份《电商直播合作协议》和一份《合同补充协议书》，约定甲方于2021年3月5日为“A品牌海苔卷虾”产品提供直播服务、于2021年3月20日为A品牌鱼皮产品提供直播服务，主播为B，单品直播时长不低于行业通行标准5分钟。同时，合同还对双方的佣金比例及违约金进行了约定。

关于“海苔卷”直播，某健康管理公司于2021年3月3日通知某科技公司改期，后某科技公司与某健康管理公司协商取消该产品的直播服务。

关于“鱼皮”直播，双方均认可该产品的直播时间在2021年3月21日凌晨00：26，全长约6分钟，某健康管理公司称该主播是从2021年3月20日18时到2021年3月21日不间断的同一场直播，属于行业里约定俗成，某科技公司不认可。

2021 年 3 月 1 日，某科技公司分两笔向某健康管理公司支付两款产品的直播服务费合计 20 万元，某健康管理公司于 2021 年 3 月 22 日、4 月 13 日已向某科技公司退还共计 81945.39 元（海苔卷服务费 10 万元扣除鱼皮产品的佣金 18 054.61 元）。

【案件焦点】

某健康管理公司未按规定安排“鱼皮”在 2021 年 3 月 20 日进行直播是否属于违约。

【法院裁判要旨】

北京市朝阳区人民法院经审理认为：合同生效后，当事人就合同履行内容没有约定或约定不明确的，可以协议补充；不能达成补充协议的，按照合同相关条款或者交易习惯确定。本案中，关于“鱼皮”直播，某健康管理公司称“合同没有约定任何排期放在第多少个，只要是 B 主播 20 日 18：00 的连续性直播带货一直到下播为止，这是行业约定俗成的规定”，某健康管理公司提出该主张来支持其不存在违约行为之抗辩，就应该对此“交易习惯”及某科技公司在订立合同时应该知道该“行规”等承担举证责任，但某健康管理公司未在法定期限内提交相关证据，应承担举证不能的后果；某科技公司据此要求某健康管理公司承担违约责任 2 万元，于法有据，一审法院予以支持。关于某科技公司所称 3 月 20 日安排人员跟进产生损失 2 万元，未提交证据佐证，一审法院不予支持；虽未在约定时间，但某健康管理公司已安排了直播，某科技公司要求重新直播，于法无据，一审法院不予支持。鉴于某健康管理公司安排了直播，但未在约定的时间直播，应承担违约责任，某科技公司要求返还服务费，于法无据。

北京市朝阳区人民法院依照《中华人民共和国民法典》第五百零九条、第五百一十一条之规定，判决如下：

一、某健康管理公司于判决生效后七日内赔偿某科技公司违约金 2 万元；

二、驳回某科技公司的其他诉讼请求。

某健康管理公司不服一审判决，提起上诉。

北京市第三中级人民法院经审理认为：合同生效后，当事人就合同履行内容没有约定或约定不明确的，可以协议补充；不能达成补充协议的，按照合同相关条款或者交易习惯确定。本案中，关于《电商直播合作协议》及《合同补充协议书》项下“A 品牌鱼皮”产品直播，某健康管理公司主张合同没有约定具体产品排期放在第多少个，只要 B 主播 20 日 18：00 的连续性直播带货一直到下播为止前播出“A 品牌鱼皮”即可，即便 21 日凌晨直播亦应视为某健康管理公司按合同约定履行了合同义务，这是行业约定俗成的规定。某科技公司对此不予认可，认为某健康管理公司应当按照合同约定的时间履行合同义务，产品播出的时间亦直接影响产品的销售额。根据《电商直播合作协议》及《合同补充协议书》有关约定，再结合某健康管理公司自称其专业从事直播经纪活动来看，某健康管理公司应就此“交易习惯”以及某科技公司在订立合同时应该知道该“行规”予以举证证明。现某健康管理公司未能提交相关证据证明，应承担举证不能的后果。某健康管理公司未按照合同约定的时间进行直播，构成违约。综合合同的实际履行情况，一审法院判定某健康管理公司支付的违约金数额适当，本院予以维持。某健康管理公司主张其不存在违约，缺乏依据，本院不予支持。

综上所述，某健康管理公司的上诉请求不能成立，应予驳回；一审判决认定事实清楚，适用法律正确，应予维持。依照《中华人民共和国民事诉讼法》第一百七十七条第一款第一项之规定，判决如下：

驳回上诉，维持原判。

【法官后语】

作为近年来新兴起的商业模式，直播带货的热度持续居高不下。不同于传统销售的规范，直播带货在商业模式、交易结构等方面均处在摸索阶段，在保证市场规范经营、公平竞争之余，如何引导产业良性发展、激发生产要素活动与动力亦是司法机关不可忽视的命题。

本案的争议焦点在于某健康管理公司未按规定安排“鱼皮”在 2021 年 3

月20日进行直播是否属于违约？某科技公司在抗辩中主张2021年3月21日凌晨00：26分的直播系与2021年3月20日晚间开始的直播为同一场，符合直播带货行业的交易习惯，故其不存在违约的情形。故如何认定直播带货行业中的交易习惯成为本案审理的关键。

交易习惯是对民商事主体在实践中反复适用的做法的归纳、抽象，能够得到普遍的认可和尊崇。但并非所有的反复性做法均能被认定为交易习惯，依据《最高人民法院关于适用〈中华人民共和国民法典〉合同编通则若干问题的解释》第二条，交易习惯分为当事人间的惯常做法、特定地域（行业）习惯两类。前者的范围限定在当事双方，应当从当事人之间是否形成了此种经常使用的习惯做法、当事人是否具有受其约束的内心确信，以及此种习惯做法是否合法有效等方面加以审查认定；后者的范围不局限在当事双方间，而是扩大至特定的地域（行业）。在认定时，一方面，需要满足“在交易行为当地或者某一领域、某一行业通常采用”的客观要件；另一方面，需满足“为交易对方订立合同时所知道或者应当知道”的主观要件。就适用顺位而言，当事人间的惯常做法较之后者更具针对性，也更接近于当事人之间的合意，因此当事人间的惯常做法应优先特定地域（行业）习惯进行适用。本案中，某健康管理公司所主张的交易习惯实际为特定直播带货领域的交易习惯，其需满足客观及主观两项要件。

交易习惯并不具有普遍意义上的约束力，在性质上仍属于“事实”的范畴，原则上仍应适用“谁主张，谁举证”的民事诉讼一般规则。提出交易习惯主张的一方当事人应当对交易习惯是否存在、具体内容以及是否可以约束相关主体完成举证，否则将承担诉讼上的不利后果。《最高人民法院关于适用〈中华人民共和国民法典〉合同编通则若干问题的解释》第二条第二款对此予以了明确的规定。本案中，主张直播行业领域交易习惯的某健康管理公司应就该等交易习惯是否存在、某科技公司是否知晓等进行举证，在某健康管理公司举证不能的情况下，人民法院判定应以合同约定时间进行直播并无不妥。

值得注意的是，司法机关在审查交易习惯时，不仅要注意认定的交易习惯不能违反法律、行政法规的效力性强制性规定，也要注意结合交易领域的特点对交易习惯的公平合理性进行考量，只有合法、合理的习惯才能成为解释合同的依据和填补漏洞的方法。如此才能引导合同当事人形成符合公平原则和诚信原则的交易习惯，构建和维护公平和诚信的交易秩序。

编写人：北京市朝阳区人民法院　江宇

二十三、准合同纠纷

64

错误汇款所有权归属的司法认定

——周某诉何甲、某银行涪陵分行不当得利案

【案件基本信息】

1. 裁判书字号

重庆市第三中级人民法院（2024）渝03民终61号民事判决书

2. 案由：不当得利纠纷

3. 当事人

原告（被上诉人）：周某

被告（上诉人）：某银行涪陵分行

被告（被上诉人）：何甲

第三人：何乙

【基本案情】

周某与第三人何乙系合伙人，共同开办了某食品厂，第三人何乙负责该厂的财务管理，2023年10月16日，周某欲将其收回的榨菜销售款32万元通过手机银行转账给第三人何乙，用于发放该厂20余名职工1月至8月的工资。当日11时11分30秒，周某通过手机银行将其在某银行涪陵分行处开设的账户中的

32 万元转给第三人何乙，但因操作失误将该款转入了被告何甲在被告某银行涪陵分行处开设的账户中，同日 11 时 11 分 40 秒，某银行涪陵分行的系统自动将该款扣划至某银行涪陵分行开设的账户中。事后，周某通过电话询问第三人何乙是否收到转账 32 万元，得知第三人何乙未收到此款后，同时电话询问何甲，被告何甲告知本人并不知情，且何甲通过查询，其账户中并不存在 32 万元存款。周某遂于当日 15 时 8 分向重庆市涪陵区公安局报警，同时通过法院执行局查询，得知何甲开设的账户未被司法机关查封。后，周某通过多方查证才发现该款已转账至某银行涪陵分行的账户中，经周某向某银行涪陵分行、何甲追索无果，遂起诉法院。

另查明，何甲与某银行涪陵分行签订了《最高额担保个人借款合同》，合同约定，借款人未按约定及时归还借款本息，贷款人可直接从借款人在某银行涪陵分行各机构开立的账户中划收。截至 2023 年 11 月 13 日，何甲仍尚欠某银行涪陵分行借款本息 2139552.55 元未还，某银行涪陵分行在划走涉案款项前已将何甲在某银行涪陵分行开设的账户设置为自动划收账户。

【案件焦点】

某银行涪陵分行扣划周某误转入何甲银行账户的钱款是否构成不当得利。

【法院裁判要旨】

重庆市涪陵区人民法院经审理认为：《中华人民共和国民法典》第一百二十二条规定，因他人没有法律根据，取得不当利益，受损失的人有权请求返还不当利益。周某因操作不当将款项错误转入了何甲的银行账户中，同时，某银行涪陵分行将何甲的涉案账户设置了自动划收款项功能，因此周某转出的款项实际被某银行涪陵分行占有，导致周某利益受损，虽然周某将款项转入了何甲账户中，但仅 10 秒钟被银行系统划走，何甲并不知晓，也无占有或处分的意思表示，更无将该款用于归还某银行涪陵分行借款的行为，故何甲未实际取得不当利益，依法不构成不当得利，不应承担返还责任；某银行涪陵分行虽然与何甲之间存在合同约定可以直接扣划何甲账户中款项用于归还借款的权利，但是，周某因错误转入何甲账户的款项并非系何甲的合法财产，而某银行涪陵分行划走的款项属周某的款项，导致周某利益受损，某银行涪陵分行划走该款相对于周某来说没有法律根据，周某请求某银行涪陵分行返还该款，但某银行涪陵分行拒绝返还的行为构成不当得利，依法应承担返还不当利益的民事责任。

重庆市涪陵区人民法院依照《中华人民共和国民法典》第一百二十二条和《中华人民共和国民事诉讼法》第一百四十七条之规定，判决如下：

一、某银行涪陵分行在本判决生效后五日内返还周某不当得利 32 万元；

二、驳回周某的其他诉讼请求。

某银行涪陵分行不服一审判决，提起上诉。

重庆市第三中级人民法院经审理认为：本案应把握以下关键问题。

一、关于案涉款项是否为误转

要判定周某就案涉款项是否享有民事权益，须以判定案涉款项的归属为前提；而本案中案涉款项的归属，取决于周某向何甲账户转款的行为是否确系误转。本案中，从周某、何甲、何乙的陈述，可以看出周某错转账后当即发现错误，即向收款人何甲告知错误转账事实，随后报警，向一审法院查询执行情况，故能够认定周某系错误转账。从周某手机银行页面显示亦能看出，何甲与何乙的首字母均为 H，又因查询时均在同一界面，极容易造成混淆，实践中通过手机银行汇款后再次给该账户汇款无须重新输入收款人信息，致使错误汇款成为可能。周某在发现转错款项后与何甲取得联系，何甲认可上述款项系误转，并已用实际行动表示其无接受、占有上述款项的意思表示。故周某关于案涉款项系误转的诉讼主张符合常理和日常逻辑，且与上述事实相符，应予认定。

二、周某对案涉款项享有何种权利；案涉款项能否纳入何甲的责任财产

货币系种类物，在通常情况下，占有即所有，应当以占有状态确定货币的权利。但在本案中，由于周某向何甲转款 32 万元系误转所致，周某对于转款行为不具有真实的意思表示，何甲亦缺乏接受该款项的意思表示，该误转行为仅系事实行为，并非法律行为，因此周某的误转款并不当然产生该款项实体权益变化的法律效果，该款项的实体权益仍属周某所有，周某对案涉款项享有所有

权。案涉款项虽转入何甲账户，但因该账户已被某银行涪陵分行设为自动划扣账户，何甲对误转入该账户的涉案款项并未实际占有、控制或支配，周某误转入案涉账户的款项并未与何甲财产出现混同，使其得以与其他款项相区别，已属特定化款项，不宜认定何甲为该款项的实际权利人，案涉款项不应纳入何甲的责任财产。在涉案款项不属于何甲的责任财产的情况下，某银行涪陵分行依据其与何甲的约定，划扣周某的财产就构成不当得利，其应当予以返还。

在已经查明案涉款项的实体权益属周某的情况下，直接判决停止对案涉款项的划扣以保护权利人的合法权益，该处理方式符合立法目的，也有利于节省司法资源和当事人的诉讼成本；如认为何甲在本案中构成不当得利，仍要求周某再通过另一个不当得利之诉寻求救济，除增加当事人诉讼成本、浪费司法资源外，并不能产生更为良好的法律效果和社会效果。

重庆市第三中级人民法院依照《中华人民共和国民事诉讼法》第一百七十七条第一款第一项之规定，判决如下：

驳回上诉，维持原判。

【法官后语】

为了保障资金安全，控制交易风险，银行在出借款项时往往会和借款人在金融借款合同中约定"借款人未按约定及时归还借款本息，贷款人可直接从借款人在某银行涪陵分行各机构开立的账户中划收"，即在未按约定偿还借款本息的情况下，银行有随时扣划的权利，避免不良债权的产生。但银行扣划他人误转入借款人银行账户的钱款，该行为关系到债权人、债务人、第三人合法权益的保护，笔者结合本案案例，对此进行探讨。

一、错误汇款返还请求权基础

认定错误汇款，应具备以下条件：存在合理的错误汇款原因、符合一般理性人的汇款常识、汇款人与受款人无恶意串通等逃避债务行为。汇款人因错误汇款如何救济，笔者认为错误汇款法律关系本质上构成不当得利。《中华人民共和国民法典》第九百八十五条规定"得利人没有法律根据取得不当利益的，受损失的人可以请求得利人返还取得的利益"，不当得利是指无法律根据使他人受到损失而自己获得利益的事实。错误汇款行为是不当得利之债产生的原因，所涉及的法律关系为指示给付关系，属于给付型不当得利的类型之一，其构成要件同样要满足以下五个要件：(1) 一方获得利益，在错误汇款问题中，利益实际上是当事人自他方受领的给付，应有之义是产生增加他人权益的法律效果。(2) 一方遭受损失，“损失”之要件在传统不当得利与错误汇款导致不当得利并无本质区别，类型范畴相同。(3) 无法律上的原因，是否具有法律上的原因是不当得利构成的关键。(4) 因果关系。(5) 多方参与，传统不当得利仅有双方参与，错误汇款情形中汇款人、汇出银行、汇入银行、受款人存在多方参与不当得利法律关系。

二、错误汇款所有权归属

正是因为错误汇款存在这种多方情况，从而引出本文探讨的核心问题，即在满足不当得利构成要件的情况下，错误汇款人应向谁主张不当得利返还，扣划银行还是受款人。

我国在法律上并没有对货币所有权归属作出明确的规定，民法学研究通说采：货币占有即所有原则，即货币之占有与所有合二为一，这是因为货币的固有本质属性是流通，所以在流通过程中以及在现实占有之外，不宜存在其他人拥有所有权。同时，因为交易上的需要，使得货币之占有与所有不得相分离，以此来保障货币的流通机能，使交易得以顺利进行。故货币之所有权必须与其占有相融合、一致的原因是为了交易上的需要。但是在现在以存款货币转账汇款为主的货币流转中，错误汇款的所有权归属问题却日益增多。结合本案案例，本案只对存款货币所有权归属进行分析。存款货币就是通过网上银行进行流转的货币，其本质上也是属于货币。不同于传统的实物货币如现金交易的流转方式，存款这一货币形式主要依靠账户转账、平台支付等方式实现流转。但在错误汇款的情况下，若该错误汇款符合“特定性”要件，则不适用“占有即所有”原则，对于特定化的判断标准，司法实践中有三种认定标准，第一种是账户要以特户、封金、保证金等特殊形式特定化；第二种是错汇款项未与其他资金混同；第三种是错汇款项进入账户之前账户已被冻结。前述三种从严到宽的认定，其中第一种标准过于严苛，实践中错误汇款很难满足该特定化条件。第二种标准重点在于该账户在错汇款项之前未存在其他款项。第三种标准相对于第二种进一步放宽了对账户内其他款项的要求，认为在账户已被冻结的情况下，款项转入时间、金额银行系统均能显示，使得错汇款项特定化。

银行从借款人账户内扣划资金的权利来源于与借款人的合同约定，但该权利的行使并不是不受限制，在错误汇款特定化的情况下，银行便不能对该笔汇款进行扣划，否则将侵犯汇款人合法权益。

三、关于本案的具体分析

本案中，在何甲对银行所欠债务到期未偿还的情况下，案涉银行账户已被某银行涪陵分行设定为自动扣划账户，该账户的款项何甲无法支配，所以即出现本案在汇款人周某错误汇款后10秒内，银行即自动扣划。对何甲本人来说，其根本不知道钱款汇入，欠缺占有的主观意思表示，案涉银行账户被设定为自动扣划账户，受款人无法对账户内的款项进行支配，故何甲并未实际控制、占有和支配款项，且案涉款项在转入该银行账户时并未与何甲的财产发生混同，符合特定化的判断标准，故不适用“占有即所有”原则。案涉错汇款项并不属于何甲的责任财产，仍属于汇款人周某的财产，某银行涪陵分行依据其与何甲的约定，划扣周某的财产就构成不当得利，其应当予以返还。

编写人：重庆市第三中级人民法院　余云中
重庆市涪陵区人民法院　董怡

ISBN 978-7-5216-5062-4

图书在版编目（CIP）数据

中国法院2025年度案例. 合同纠纷 / 国家法官学院，最高人民法院司法案例研究院编. -- 北京 : 中国法治出版社，2025. 4. -- ISBN 978-7-5216-5062-4

Ⅰ. D920. 5

中国国家版本馆CIP数据核字第20256M2W66号

策划编辑：李小草　韩璐玮　白天园

责任编辑：孙　静　　封面设计：李宁

中国法院2025年度案例. 合同纠纷

ZHONGGUO FAYUAN 2025 NIANDU ANLI. HETONG JIUFEN

编者/国家法官学院，最高人民法院司法案例研究院

经销/新华书店

印刷/三河市紫恒印装有限公司

开本/730毫米×1030毫米　16开　　印张/21　字数/245千

版次/2025年4月第1版　　2025年4月第1次印刷

中国法治出版社出版

书号 ISBN 978-7-5216-5062-4　　定价：79.00元

北京市西城区西便门西里甲16号西便门办公区

邮政编码：100053　　传真：010-63141600

网址：http：//www.zgfzs.com　　编辑部电话：010-63141787

市场营销部电话：010-63141612　　印务部电话：010-63141606

（如有印装质量问题，请与本社印务部联系。）